동양사상과
탈현대의 죽음

동양사상과 탈현대의 죽음

정재걸 외

| 동양사상과 탈현대 연구회 지음 |

계명대학교 출판부
Keimyung University Press

머리말

누구나 한 번쯤 '죽고 싶다'라는 생각을 해 본 적이 있을 것입니다. 그러나 이 생각을 실행에 옮기는 사람은 다행히도 그리 많지는 않습니다. 일이 뜻대로 풀리지 않을 때, 사랑하는 사람이 떠났을 때, 자신의 소유라고 생각하며 아끼던 것들, 예컨대 재산, 명예, 직장을 잃었을 때, 이 때 사람들은 죽음을 생각합니다. 그리고 자신의 죽음이 이 문제들을 해결해 줄 수 있을 것이라고 생각합니다.

그러나 '죽고 싶다'라는 생각은 문제의 해결이 아니라 도피에 불과한 것입니다. 정말로 문제 해결에 도움을 주는 것은 '죽고 싶다'는 생각이 아니라 '죽음 그 자체'입니다. 즉 당면한 문제를 자신의 죽음에 비추어보는 것입니다. '만약 당장 내가 시한부 삶을 선고 받았을 때 이 문제가 나에게 갖는 의미는 무엇인가?'라고 자신에게 물어보는 것입니다. 우리는 누구나 시한부 삶을 선고 받아 살고 있습니다. 그러나 아무도 그것을 항상 의식하고 살지는 않습니다. 그렇지만 죽음은 우리에게 무엇이 정말로 중요한 것인지 가르쳐 주는 가장 확실한 기준입니다. 우리의 삶에 있어서 무엇이 본질적인 가치를 가지고 있는지 가르쳐 주는 가장 중요한 선택 준거입니다. 오늘날 이루어지고 있는 대부분의 죽음교육은 모두 이러한 목표를 가지고 시행되고 있습니다. 그러나 죽음과 죽음교육은 이것보다도 더 중요한 의미가 있습니다.

동양사상과 탈현대 연구모임은 15년 전에 만들어졌습니다. 우리는 현대문명이 지금 심각한 위기에 처해 있고, 그 해결은 과거 근대 계몽주의자들이 현대문명을 설계한 것처럼 새로운 탈현대문명을 설계함으로써 이루어질 수 있다고 생각했습니다. 그리고 과거 계몽주의자들이 고대 그리스 로마 문명에서 현대문명의 기본적인 요소를 발견해내었듯이, 동양사상에서 탈현대의 주요 요소를 발견해낼 수 있을 것으로 생각했습니다.

우리가 도달한 결론은 탈현대문명의 핵심은 분리 독립된 개체로서의 개인의식, 즉 에고의 소멸에 있다는 것입니다. 분리 독립된 개체로서의 개인의식은 문명과 더불어 시작된 것입니다. 그러나 현대문명 이전에는 개인의 존재가 집단에 파묻혀 분명하게 드러나지 않았습니다. 현대문명은 분리 독립된 개인과 그 개인이 가지고 있는 최고의 능력으로서의 이성, 그리고 분리 독립된 개체로서의 자아를 완성하는 수단으로서의 노동이라는 세 가지 기둥을 통해 성립되었습니다. 현대

문명을 설계한 계몽주의자들은 이 세 가지 기둥을 통해 인류의 행복은 극대화될 수 있을 것으로 생각했습니다.

그러나 이들의 바람대로 인류는 과연 행복을 누리고 있는가요? 개인의식의 확장은 욕망의 고삐를 풀어 놓았고, 충족되지 못한 욕망으로 개인과 개인, 집단과 집단, 국가와 국가, 종교와 종교 간의 갈등은 더욱 치열해지고 인간의 내면은 황폐화되고 말았습니다. 또한 인간의 욕망 충족을 위한 과학과 기술의 발전은 자연을 황폐화시키고 말았습니다. 우리는 지금 갈림길에 놓여 있습니다. 지구상의 다른 모든 종과 함께 공멸하느냐, 아니면 새로운 존재로 다시 태어나느냐 하는 기로에 서 있습니다.

죽음은 인간의 에고를 소멸하기 위한 가장 강력한 수단입니다. 자신이 소유하고 있다고 생각하는 것의 상실은 에고의 작은 소멸에 지나지 않습니다. 그러나 죽음은 자기 자신이라고 믿는 전 존재의 소멸을 의미합니다. 더구나 어느 누구도 죽음을 피할 수 없기 때문입니다. 동양 사상 속에는 이러한 에고의 소멸을 위한 강력한 수단으로서 죽음에 대한 많은 아이디어가 내재되어 있습니다.

이 책은 크게 4부분으로 되어 있습니다. 서론에서는 왜 우리가 동양사상 속에서 탈현대의 죽음관을 모색하는가를 다루고 있고, 제1부에서는 동양 사상의 핵심인 유불도의 죽음관을 살펴보고 있습니다. 그리고 제2부에서는 이러한 동양사상 속의 죽음관을 통해 현재 이루어지고 있는 죽음교육이 아니라 새로운 죽음교육을 어떻게 해야 하는지 살펴보고 있습니다. 그리고 결론에서는 이러한 새로운 죽음관을 통해 나타나는 탈현대적 삶이란 무엇인지 살펴보고 있습니다. 아무쪼록 이 책이 여러분들의 에고의 소멸에 조금이라도 기여할 수 있기를 진심으로 바랍니다.

끝으로 이 책이 햇빛을 보는데 많은 도움을 주신 계명대 출판부 관계자 여러분께 심심한 감사의 뜻을 전합니다.

2010년 1월

저자를 대표하여 정 재 걸

목차

서론

동양사상과 탈현대 죽음관 모색의 필요성

동양사상과
새로운 죽음관 모색의 필요성

Ⅰ. 왜 지금 우리는 새로운 죽음관을 모색해야 하는가

이 글은 동양사상의 바탕 위에서 새로운 죽음관을 제시하고자 합니다. 이 글에서 새로운 죽음관을 찾는 작업을 시도하고자 하는 까닭은 무엇일까요? 그 이유는 현대인에게 소외된 죽음관이 팽배해 있기 때문입니다. 그리고 이로 인해서, 현대인은 비인간적이고 고통스럽게 죽어가며, 살아있는 동안에도 죽음에 대한 공포와 불안으로부터 자유로울 수 없기 때문입니다.

현대사회에서 죽음의 소외 문제는 심각합니다. 현대인은 죽음을 부정적이고 파괴적인 관점으로만 바라봅니다. 그래서 죽음을 외면하려고만 하고, 늦추려고만 하며, 때로는 극복하려고 합니다. 현대인에게 죽음을 창조적으로 해석하고 자신의 삶에 받아들이는 것은 거의 불가능한 일이 되었습니다. 그래서 죽음은 현대인의 삶에 부정적이고 파괴적인 영향을 미칩니다.

인간을 포함해서 모든 생명체들에게 있어서 죽음은 필연적입니다. 하지만 역사적으로 볼 때, 죽음을 바라보는 관점은 다양합니다. 예를 들자면, 전현대사회에서는 죽음에 대해서 현대사회와는 판이한 관점을 갖고 있었습니다. 서구 중세사회를 생각해보면, 사람들은 육신이 죽고 나면 영혼이 내세에서 삶을 계속한다고 보았습니다. 중세인들에게 있어서 현세에서의 삶은 그냥 스쳐지나가는 덧없는 것이고, 진정한 삶은 내세에서의 삶을 의미했습니다.

그렇다면 서구 중세와 현대라는 역사의 두 시점에서 '죽음 이후' 에 대한 명백하게 다른 두 관점이 존재함이 확인됩니다. 이 두 관점 중에서 어떤 것이 옳은 것일까요? 그 답은 어떤 것이 옳은 것이 아니라, 이 두 개의 죽음관은 다른 관점에서 바라본 죽음에 대한 상이한 해석이라는 것입니다.

그런데 문제의 핵심은 많은 현대인들이 '죽음 이후에는 무(無)로 돌아간다' 는 것을 하나의 관점이 아니라 사실로서 받아들인다는 점입니다. 시간을 돌이켜보면, 많은 중세인들이 '죽음 이후에는 영원한 내세에서의 삶이 있다' 는 것을 하나의 관점이 아니라 사실로서 받아들였다는 점을 확인할 수 있습니다. 왜 이런 착각이 생겨나는 것일까요? 그 이유는 특정 세계관이 특정 시대를 강력하게 지배하게 되면, 그 시대를 살아가는 사람은 어떤 인식대상에 대한 특정 세계관의 해석을 사실로 오해하는 일이 빈번하게 일어나기 때문입니다.

특정 세계관이 지배하는 어떤 시점에서, 문명이 인간의 삶에 만족을 제공한다면 이런 착각은 심각한 실제적인 문제를 발생시키지 않습니다. 하지만, 그렇지 않을 경우, 사실과 해석의 명확한 구분은 중대한 의미를 갖습니다. 왜냐하면 특정 세계관의 바탕 위에서 이루어진 해석을 사실로 오인하게 되면, 특정 세계관을 벗어나서 그 인식대상에 대한 새로운 해석을 행하는 일이 근원적으로 불가능해지기 때문입니다.

현재 인류문명이 바로 이런 곤경에 처해 있습니다. 현대 세계관은 한 때는 전현대문명에 대한 창조적인 비판을 가하고 새로운 문명 건설의 기초로 작용했었습니다. 하지만 오늘날에 이르러 상황은 급변했습니다. 현대문명은 존속이 의심스러울 만큼 커다란 위기에 직면해 있는데, 현대문명 위기의 근원이 바로 현대 세계관입니다. 현대 세계관의 바탕 위에서 발전을 추구하면 추구할수록, 그리고 그 추구를 달성하면 달성할수록, 현대문명 위기가 심화되는 역설적인 상황에 현대는 직면해 있습니다.

그렇다면 현대문명 위기 극복을 위한 첫 단추는 무엇일까요? 바로 위에서 언급한 사실과 해석의 차이를 명백하게 인식하는 것입니다. 우리는 현대 세계관이라는 안경을 끼고서 인식대상에 대한 해석을 하고 있는데, 마치 안경 없이 맨 눈으로 현실을 보고 있다는 착각을 인식하는 것이야말로 긴요한 일입니다. 왜냐하면 현대 세계관의 안경을 낀 채로는 현대문명에 대한 창조적인 비판이 불가능하며, 새로운 문명에 대한 비전 제시는 엄두도 낼 수 없는 일이기 때문입니다.

바로 이런 현대 세계관의 안경을 자각하고, 세계관의 대전환을 이루어내는 작업의 핵심에 죽음의 문제가 놓여 있습니다. 죽음관은 태풍의 눈과 같은 것이다. 얼핏 보면 지극히 고요하여 지금 이 시대의 현안과 비껴있는 것 같지만, 사실은 현대문명 위기의 핵심에 죽음의 문제가 놓여 있습니다.

왜 죽음의 문제가 그렇게 중요할까요? 세계관과 문명 대전환의 핵은 '나는 누구인가?'에 대한 대답의 대전환입니다. 그리고 '나는 누구인가?'에 대한 대답에 의해 죽음관은 판이하게 달라집니다. 현대세계관의 관점에서 보면, 나는 시공간적으로 분리된 개체이며, 나의 죽음은 '나의 종말', '무(無)로의 회귀'를 의미합니다. 통일체적 세계관의 관점에서 보면, 나는 영원한 시간과 무한한 공간과 맞닿아 있는 우주적인 존재이며, 나는 죽지 않습니다. 죽는 것은 거죽의 나뿐이며, 거죽의 나의 죽음은 진정한 나에 대한 자각을 위한 계기를 줍니다.

이리하여, 상이한 죽음관은 우리의 삶과 문명 형성에 판이한 영향을 끼칩니다. 그런데 현대사회에서는 현대세계관에 입각한 죽음에 대한 해석을 죽음에 대한 사실로 오인하고 있습니다. 그래서 현대인은 죽음을 부정적인 관점에서만 바라보고, 파괴적으로만 해석합니다. 이에 따라서, 현대인은 죽음에 대한 심각한 불안과 공포를 갖게 되었고, 가능한 한 죽음을 외면하려 하며, 고통스럽게 죽어갑니다.

창조적으로 죽음을 해석하고, 장엄하고 인간적으로 죽음을 맞이할 수는 없는 것일까요? '있다'라는 것이 이 글의 대답입니다. 하지만 이 대답이 성립하기 위해서는 인간을 바라보는 관점의 혁명적인 전환이 요청됩니다. 사실 현대사회에 팽배해 있는 부정적이고 파괴적인 죽음관은 현대 인간관이라는 특수한 인간관의 바탕 위에서 성립된 것입니다.

만일 현대 인간관을 인간에 대한 객관적인 시각으로 착각한다면, 현대 죽음관의 문제를 피하는 것은 불가능합니다. 그러나 현대 인간관은 분명히 인간을 바라보는 하나의 특수한 관점이기에, 우리는 새로운 인간관의 바탕 위에서 새로운 죽음관을 제시할 수 있습니다. 이와 같이, 새로운 죽음관을 제시하기 위해서는 그 전제로 새로운 인간관 수립해야만 합니다. 이 글에서는 동양사상에 의거해서 새로운 인간관을 수립하는 작업을 수행하고자 합니다.

새로운 인간관의 수립을 위해서 이 글이 동양사상에 의거하고자 하는 까닭은 무엇일까요? 유불도로 대표되는 동양사상에는 현대 인간관을 탈피하고 탈현대 인간관을 구성하는데 가치 있는 많은 자원을 내장되어 있기 때문입니다. 이 글은 동양사상의 기반 위에서 탈현대 인간관을 구성하고, 탈현대 인간관의 바탕 위에서 탈현대의 새로운 죽음관을 제시하고자 합니다. 그리고 마지막으로 이 글에서 구성한 새로운 죽음관의 탈현대적인 함의를 논의하고자 합니다.

II. 현대 인간관과 소외된 죽음관

현대사회에 팽배해 있는 소외된 죽음관의 근원은 현대 인간관입니다. 현대 인간관은 물론 인간을 바라보는 유일한 관점이 아닙니다. 따라서 현대의 죽음관 역시 죽음을 바라보는 유일한 관점이 아닙니다. 여기에서는 역사의 특정 시점에서 생성된 특수한 인간관으로서 현대 인간관의 특징을 살펴본 후에, 현대 인간관의 필연적인 귀결로서 소외된 죽음관을 서술하고자 합니다.

1. 현대 인간관

'인간이란 어떤 존재인가?', '나는 누구인가?', 이것은 중요한 질문입니다. 이 질문에 대한 대답에 따라서, 삶의 의미, 목표, 방식 등에 있어서 근본적인 차이가 생겨납니다. 근대의 여명기에 이 질문에 대한 독특한 답이 주어졌습니다. 그 답의 핵심은 '분리 · 독립된 개체'로서의 인간, 즉 '개인(individual)'이라는 것이었습니다. 현대 인간관은 수백 년의 세월이 흐른 지금 현대인의 의식을 지배하는 인간에 대한 강력한 관점으로 작용하고 되었으며, 그 지배력이 너무 커진 나머지 많은 현대인들은 현대 인간관을 인간을 바라보는 하나의 관점이 아니라 인간 존재에 대한 사실로 착각하게 되었습니다.

본래 르네상스기 서구사회에서 현대 인간관이 출현했을 무렵, 현대 인간관은 중세 서구사회를 지배했던 신본주의적 관점 아래 신음하고 있던 인간을 구출해내려고 하는 해방적인 관심이 강했습니다. 중세 신본주의적 세계관 아래에서, 인간은 태생적으로 원죄를 저지른 죄인으로 인식되었고, 인간의 육체, 욕망, 감정, 이성 등 인간적인 모든 것을 부정적으로 해석하는 관점이 팽배했었습니다. 특히 인간의 성욕에 대해서는 비하와 억압이 심했습니다.

현대 인간관은 중세 서구의 신본주의에 반대하는 인본주의적 관점에서부터 출발했습니다. 인간은 우주에서 특권적이고 중심적인 위치를 차지한다고 가정했고, 인간의 영혼과 이성에 높은 가치를 부여했습니다. 지오바니 피코 델라 미란돌라(Giovanni Pico della Mirandola, 1463-1494)는 '인간은 우주에서 가장 경이로운 존재로서, 모든 찬사를 받을 가치가 있으며, 자신의 이성의 힘으로 신적인 존재로 상승할 수 있는 자기 규정의 능력을 가진 존재'라고 말했습니다(G. P. D. Mirandola, 1948: 223).

이와 같이, 르네상스 휴머니스트들은 초자연적이고 탈속적인 중세 인간관에 반대하여 인간의 감성적이고 육체적인 특성을 강조했습니다(허재윤, 1990: 168). 인체의 아름다움에 대한 인식이 증가하고, 청춘의 즐거움과 쾌락을 찬미했습니다. 이들은 내세에서의 삶이나 구원보다는 현세에서의 세속적인 생활에 강한 집념을 보였습니다(차하순, 1991: 248). 이런 과정을 거치면서, 천부적으로 자유로운 존재이며 자율성과 독자성을 갖고 있는 역사의 창조자로서의 개인에 대한 인식이 발달하게 되었고, 이것이 현대 인간관의 시초가 되었습니다(전경갑, 1993: 54).

17세기에 들어서면서 르네상스 휴머니즘은 근대 과학의 합리적 정신과 결부되었습니다. 르네 데카르트(René Descartes, 1596-1650)의 '생각하는 나의 존재'에 대한 신념을 계승한 아이작 뉴우튼(Isaac Newton, 1642-1727)은 또한 데모크리토스(Demokrits, B.C. 460-370)와 피타고라스(Pythagoras, B.C. 582-497)의 후예이기도 했습니다. 그는 세계를 구성하고 있는 요소는 물질의 입자이며, 자연에는 그것이 작동하는 정확한 법칙이 존재한다고 생각함으로써 기계론적 자연관을 출현시켰습니다. 이에 따르면, 자연은 무수히 분리된 물질들로 조립된 거대한 기계와 같은 것으로 간주되었습니다

(전경갑, 1993: 46).

기계론적 자연관은 다시 현대 인간관의 형성에 영향을 미쳤습니다. 자연을 이루는 기본적인 물질인 원자와 마찬가지로, 사회를 구성하는 기본 단위로서 '분리 · 독립된 개체로서의 인간' 이라고 하는 현대 인간관이 출현하게 된 것입니다. 이때부터, 인간이란 영원한 시간과 무한한 공간으로부터 단절된 고립적인 개체(개인)라고 하는 인간에 대한 새로운 관점에 확립되었습니다. 인간을 이런 관점에서 바라보았을 때, 그는 자기 바깥에 있는 모든 존재들과 근원적으로 분리된 유한한 존재이며, 이때 자신의 실체는 자신의 욕망입니다.

바로 이런 맥락에서 다양한 형태의 '욕망의 주체로서의 인간' 에 대한 관점이 출현했습니다. 시기적으로 가장 앞선 토마스 홉스(Thomas Hobbes, 1588-1679)였습니다. 홉스에게 있어서 인간이란 권력을 위시하여 부, 명예, 육감적 쾌락, 안락, 지식 등 자신의 이기적인 욕망을 끝없이 추구하는 존재였습니다(T. Hobbes, 1994: 58-59). 그는 특히 권력욕을 강조했다. 또한 홉스적인 인간관의 한 변형으로 경제학에서는 '이윤을 추구하는 존재' 로서의 인간이라는 경제인(homo economicus)의 개념이 형성되었고, 심리학에서는 지그문드 프로이드(Sigmund Freud)가 '본능을 추구하는 존재' 로서의 인간관을 형성했습니다.

이밖에도 계몽사상가들은 인간의 이성에 궁극적인 가치를 부여하여, 현대적인 의미에서 이성적인 존재로서의 인간을 강조했고, 근대문학에서는 남녀 간의 사랑을 궁극적인 것으로 부상시켰습니다. 그러나 요점은 현대 인간관의 다양한 형태들이 모두 '시공간적으로 단절된 분리된 개체로서의 인간' 이라는 현대 세계관의 관점에서 바라본 인간 조건 위에 형성된 점이라는 것입니다. 결국, 현대 인간관의 핵심은 바로 '세계로부터 분리된 개체로서의 인간' 이라는 점입니다.

현대 인간관은 서구 중세의 신본주의적인 질서 속에서 신음하는 인간을 해방시켰으며, 보다 큰 틀에서 보면, 전현대사회의 집단으로부터 미분화된 인간을 집단으로부터 독립된 주체적인 존재로 재탄생시키는데 기여했습니다. 이리하여, 현대 인간관은 전현대의 질곡으로부터 인간을 해방시키고, 현대문명이라고 하는 새로운 문명 건설의 기반으로 작용해왔습니다.

이와 같이, 현대 인간관은 역사의 특정 시점에서 출현한 인간에 대한 특정한 관점임이 분명합니다. 그럼에도 불구하고, 현대 인간관의 영향력이 커지면서, 오늘날 많은 사람들은 현대 인간관을 마치 인간에 대한 보편적이고 객관적인 관점인양 받아들이는 경향이 짙습니다.

현대 인간관이 만일 역사의 특정 시점에서 그러했던 것과 같이 인간 해방과 행복에 기여하고, 건강한 사회 건설의 기반으로 작용한다면, 이런 착각은 실제적인 문제를 일으키지 않을 것입니다. 하지만 현실은 그렇지가 않다. 현재 인류문명은 생태 위기, 인간과 집단 관계 악화, 인간 소외의 심화 등 전면적이며 심각한 위기에 직면해 있습니다. 그리고 위기의 근원은 현대 인간관입니다. 그러므로 현대문명 위기의 극복을 위해서는 현대 인간관이 인간에 대한 특수한 관점임에 대한 명확한 인식이 필요합니다.

하지만, 현대인은 현대 인간관이 지배하는 시점에서 출생해서, 현대 인간관이 지배하는 시대를 살아왔기 때문에, 이런 착각이 착각임을 인식하는 것 자체가 지극히 어렵습니다. 이것은 마치 우리가 중력장 속에서 출생하고 살아왔기 때문에, 우리에게 중력이라는 특수한 힘이 작용하고 있다는 것을 인식하는 것이 힘든 것과 마찬가지입니다.

자신에게 스스로 '나는 누구인가?' 라는 질문을 던져보도록 합시다. 나 자신을 생각해보면. 대학교수라는 직업, 남편, 아버지, 아들 등과 같은 나의 역할 묶음, 남자라는 성별, 중년의 나이, 머리카락이 백발이 되고 뒷머리가 벗겨진, 안증으로 오른쪽 눈이 돌출한 사람이라는 등의 외모, 내가 사는 아파트나 승용차, 옷 등과 같은 소유, 수입이나 재산과 같은 경제적인 상태, 나의 지능, 나의 감정, 내 머리 속에 떠오르는 수많은 생각들, 내 마음에서 꿈틀거리는 욕망, 나의 집안배경 등과 같은 것이 떠오릅니다.

이런 나에 대한 모든 대답이 현대 인간관의 관점 위에서 이루어진 것입니다. 현대 인간관의 핵심은 '인간은 자신을 둘러싸고 있는 세계와 근원적으로 분리된 존재' 라는 것입니다. 현대 인간관의 관점에서 볼 때, 인간 실존의 특징은 '우연성', '유한성', '무의미성' 입니다.

인간은 우연하게 생겨난 존재입니다. 그의 탄생에는 아무런 필연성도 존재하지 않습니다. 인간은 유한한 존재입니다. 인간은 시간적으로 보면, 출생에서 죽음에 이르는 동안만 존재하며, 공간적으로 보면, 피부를 경계선으로 해서 존재합니다. 시간적인 측면에서 보았을 때, 인간은 출생 이전에는 존재하지 않으며, 죽음 이후에도 존재하지 않습니다. 공간적인 측면에서 보았을 때, 인간은 자신의 피부 바깥의 세계와 아무런 연관도 없는 존재입니다.

인간 실존의 '우연성' 과 '유한성' 은 인간 실존의 '무의미성' 과 연관됩니다. 인간은 우연히 생겨난 존재이고, 또한 시간적으로나 공간적으로 자기 아닌 존재와는 아무런 연관이 없는 존재이기 때문에, 인간은 본래적으로 '무의미한 존재' 입니다. 바로 여기에서 자신의 존재 의미를 확인하기 위한 현대인의 강박적인 노력이 이루어집니다. 현대인은 돈, 인기, 외모, 권력, 지식, 지위, 명예 등을 통해서 자신의 존재 의미를 확인하고자 하며 확장하고자 합니다.

소유의 측면에서 본다면 많은 재산을 소유하고, 값비싼 승용차를 갖고 있으며, 비싸고 멋진 옷을 소비하는 사람은 그렇지 못한 사람들보다 쉽게 자신의 존재 의미를 확인합니다. 외모가 뛰어난 사람은 못생긴 사람에 비해, 남들이 선망하는 직업을 가진 사람은 그렇지 못한 사람에 비해, 명문대를 나온 사람은 그렇지 못한 사람에 비해, 많은 인기를 누리는 사람은 그렇지 못한 사람에 비해, 쉽게 자신의 존재 의미를 확인합니다. 그러므로 현대 인간관이 지배하는 현재의 사회에서 사람들은 자신의 존재 의미를 확인하고 확장하기 위한 자아확장투쟁에 혈안이 되어있습니다.

2. 소외된 죽음관

현대 인간관은 필연적으로 소외된 죽음관으로 연결됩니다. 현대 인간관의 관점에서 보았을 때, 죽음이란 무엇인가? 죽음이란 '분리된 개체로서 나의 존재가 무(無)로 화하는 것' 입니다. 자신이 평생 동안 노력해 쌓아온 그 모든 것이 총체적으로 무화(無化)되는 것, 그것이 죽음입니다.

그러므로 현대 인간관의 관점을 받아들일 때, 죽음을 창조적으로 해석하고 받아들일 수 있는 가능성은 원천적으로 불가능합니다. 이에 따라서, 현대 인간관이 지배하고 있는 현대사회에서는 죽음에 대한 비관적인 해석이 팽배해 있습니다. 그러므로 현대사회와 현대인은 죽음을 외면하려하고, 연기하려하며, 때로는 극복하려합니다.

현대사회에 팽배해 있는 비관적인 죽음관은 소외된 죽음관입니다. 현대 죽음관은 아래와 같은 많은 문제를 발생시키기 때문입니다.

첫째, 인간은 누구나 죽어야하는데, 현대인은 평화롭게 그리고 인간다운 장엄함을 간직하면서 죽을 수 없습니다. 전현대사회에서는 종교가 그 시대정신을 지배했다. 대부분의 종교는 죽음 이후의 삶을 약속했습니다. 죽음 이후의 또 다른 삶을 믿었던 전현대인들은 죽음을 비교적 평화롭게 맞이할 수 있었습니다.

그러나 현대사회에서는 종교의 영향력이 급격히 쇠퇴하고, 현대 인간관이 지배하게 되었습니다. 공간적 · 시간적으로 단절된 개체로서의 인간에게 있어서, 죽음이란 이 세상의 종말을 뜻합니다. 그래서 많은 현대인들은 죽음이 수반하는 육체적인 고통뿐만 아니라 죽음의 고통을 떠안은 채로, 고통스럽고 비인간적인 죽음을 맞이합니다.

둘째, 살아있는 동안 언제나 미래의 죽음은 현대인에게 공포감을 주며, 고통을 양산합니다. 현대인에게 죽음의 고통은 죽는 순간에만 존재하는 것이 아닙니다. 인간은 상상력을 갖고 있기 때문에 죽음을 직접적으로 맞이하기 전에도 인간은 죽음의 공포에 시달립니다.

여기에 대한 현대사회의 대책은 죽음에 대한 은폐입니다. 토마스 만(Thomas Mann, 1875–1955)의 소설 『마魔의 산』은 스위스 산중에 위치한 결핵요양소가 무대인데, 요양소에서 죽은 환자는 아무도 눈치 채지 못하게 재빨리 처리됩니다. 그래서 죽음을 앞둔 환자들에게 마치 죽음이 없는 것처럼 위장하려 합니다. 이것이 현대가 죽음에 대처하는 전형적인 방식입니다.

어린이에게는 죽음을 보여주거나 이야기하지 않으며, 병원에서도 죽은 사람의 시체를 가능한 한 주변 환자들로부터 은폐합니다. 이렇게 해서, 현대사회는 마치 죽음이 없는 것인 양 사람들을 호도하고자 합니다. 하지만 이런 전략은 성공할 수 없다. 현대인은 의식적으로나 무의식적으로나 죽음의 공포에 시달리며 고통 받습니다. 현대인의 삶은 늘 죽음에 속박되어 있습니다.

셋째, 현대인은 죽음을 마지막 성장을 위한 기회로 활용할 수 없습니다. 이것이 가장 본질적인 현대 죽음관의 문제점입니다. 현대 인간관의 관점에서 인간을 분리된 개체로 간주하게 되면, 죽음은 모든 것의 끝입니다. 그러나 인간을 우주적인 존재로 간주하면, 우주적인 존재로서의 죽음은 존재하지 않습니다.

통일체적 인간관의 관점에서 볼 때, 분리된 자아로서의 나의 죽음은 '우주적인 존재로서의 나'를 자각하기 위한 가장 좋은 교육의 소재가 될 수 있습니다. 흔히 분리된 자아로서의 내가 겪는 고통이 우주적인 존재로서의 나의 자각을 위한 기회가 되는 경우가 많습니다.

입시나 취직 등과 같은 경쟁에서의 패배자, 암과 같은 치명적인 질병에 걸려서 건강을 상실한 환자, 부도가 나선 전 재산을 상실한 사업가, 사고로 인한 아름다운 외모가 훼손된 여성, 늙어서 직업이나 건강을 상실한 노인, 사형집행을 앞둔 사형수, 자녀를 출가시키고 허전함을 느끼는 중년부인 등은 분리된 자아로서 내 존재의 커다란 훼손을 겪은 사람들입니다.

이런 사건들은 분리된 개아로서 나에게 고통을 주며 내 존재의 안정성을 뒤흔듭니다. 이런 고통과 불안정성의 증가가 분리된 자아를 넘어 존재하는 우주적인 나에 대한 자각의 기회가 될 수 있습니다. 죽음이란 분리된 자아로서의 나의 최종적이고 궁극적인 상실입니다. 그러므로 분리된 자아의 죽음은 우주적인 나에 이르는 가장 큰 기회가 될 수 있습니다. 하지만 현대 인간관에의 고착은 죽음을 통한 존재의 변화라는 큰 기회를 앗아감으로써 인간의 진정한 성장을 가로막는 걸림돌이 됩니다.

이렇듯, 비관적인 죽음관은 많은 문제를 발생시키지만, 현대 인간관의 틀 안에서는 이런 문제들을 벗어날 수 없습니다. 그러므로 새로운 죽음관의 형성을 위해서는 새로운 인간관의 모색이 필수적입니다. 이 글에서는 동양사상에서 새로운 죽음관의 기초가 될 수 있는 새로운 인간관을 모색해보고자 합니다.

III. 동양사상과 새로운 죽음관

동양사상이 제공할 수 있는 새로운 인간관은 통일체적 인간관입니다. 통일체적 인간관의 핵심은 '영원한 시간과 맞닿아 있고, 무한한 공간을 품고 있는 우주적인 존재'로서의 인간관입니다. 우주적인 존재로서의 인간에게는 태어남도 죽음도 없습니다. 통일체적 인간관의 관점에서 보면, 죽음이란 분리된 자아의 죽음을 뜻하는데, 이것은 우주적인 존재로서의 나에 대한 자각을 촉구하는 중요한 계기로 해석됩니다. 이것이 동양사상에 바탕 한 새로운 죽음관의 의미입니다.

1. 동양사상과 탈현대 인간관

동양사상에 바탕 한 탈현대 인간관이란 통일체적 인간관을 지칭합니다. 통일체적 인간관이란 우주적인 존재로서의 인간입니다. 인간은 모든 무생물이나 생물 등과 마찬가지로 영원한 시간과 맞닿아 있고 무한한 공간을 품고 있는 우주적인 존재입니다. 또한 인간은 우주적인 존재로서의 자신의 존재를 자각할 수 있으며, 우주적인 존재로서의 자신을 즐길 수 있는 독특한 존재입니다.

통일체적 세계관의 관점에서 보면, 분리된 자아로서의 나는 이 세상 다른 모든 존재들과 마찬가지로 텅 비어 있는 무상無常한 존재입니다. 불교에서는 분리된 자아로서 인간의 모습을 공空(비어있음)이라고도 하고, 무아無我라고도 표현했습니다. 통일체적 세계관의 관점에서 볼 때, 많은 사람들이 흔히 대단한 것이라고 생각하는 것들, 예컨대 돈, 권력, 지식, 인기, 지위, 명예 등과 같은 것들은 사실 아무 것도 아닙니다. 살면서 온갖 영화를 누렸던 솔로몬은 만년에 이렇게 말했습니다. "헛되고 헛되며 헛되고 헛되니 모든 것이 헛되도다." 대우주의 광활한 공간과 영원한 시간 앞에 선 나는 누구인가요? 나는 무無라고 밖에 할 수 없는 지극히 미소하며 덧없는 존재에 불과합니다.

그러나 다른 한편으로 보면, 인간은 다른 모든 존재들과 마찬가지로 더 없이 존귀하며 경이로운 존재입니다. 내 안에는 까마득한 과거로부터 먼 미래에 이르기까지 우주적인 시간이 내재해 있습니다. 내 안에는 아주 작고 미세한 것에서부터 아주 크고 거대한 것에 이르기까지 우주적인 공간이 내재해 있다. 달리 표현하자면 내 속에는 나(자아) 아닌 모든 것이 들어있습니다. 너 속에도 그리고 이 세상 어떤 존재에도 이런 우주적인 시간과 공간이 내재해 있습니다. 그러므로 통일체적 세계관에서 보면, 인간은 이 세상 다른 모든 존재와 마찬가지로 지극히 위대한 존재입니다.

동양사상에서는 오래전부터, 분리된 작은 자아를 넘어서, 내 안에 살고 있는 이런 '우주적인 자기'를 주목했습니다. "유가에서 말하는 '성性', '명덕明德', '인仁', 불가에서 말하는 '불성佛性', '진여眞如', '여래장如來藏', 도가에서 말하는 '신인神人', '진인眞人', '대인大人' 등이 모두 '우주적인 나'에 대해 붙여진 이름들입니다(홍승표, 2007: 104)." 다른 표현을 쓰고 있지만, 이 개념들 모두가 한정된 자아를 넘어선 '우주적인 나'를 가리킵니다.

동서양의 많은 사상가들은 이런 궁극적인 자기를 구름 뒤편에서 언제나 밝게 빛나는 태양에 비유하곤 했습니다.[1] 분리된 자아가 태양을 가리고 있는 구름이라면, '우주적인 자기'는 언제나 거기서 빛나고 있는 태양이라는 것입니다. 통일체적 인간관이 주목하는 것은 바로 이렇게 영원한 시간과 무한한 공간을 자기 안에 품고 있는 '우주적인

1) 예컨대, 에크하르트는 이렇게 표현했습니다. "태양은 끊임없이 비치고 있지만, 구름이나 안개가 우리와 태양 사이를 가릴 때 우리는 빛을 받을 수 없습니다(Eckhart, 1994: 141-142)."

존재로서의 인간' 입니다.

통일체적 인간관의 관점에서 보았을 때, 인간의 가장 인간적인 특징은 '인간은 우주적인 존재로서의 자신과 세계를 자각할 수 있는 존재' 라는 점입니다. 인간 이외의 이 세상 모든 존재도 어느 것 하나 우주적인 존재가 아닌 것이 없지만, 유독 인간은 우주적인 존재로서의 나와 너를 자각할 수 있는 능력을 갖고 있습니다.

장엄한 통일체로서의 세계는 인간이 이를 자각하건 자각하지 않건 언제나 존재하고 있습니다. 그리고 인간은 통일체적 세계를 자각할 수 있는 잠재적인 능력을 갖고 있습니다. 하지만 이 말이 인간이 태어나면서부터 곧바로 통일체적 세계를 자각하고 있다거나 모든 사람이 저절로 통일체적 세계를 자각하게 된다는 것을 의미하는 것은 아닙니다. 실제로 통일체적 세계를 깨닫기 위해서는 열심히 노력해야만 합니다.

통일체적 인간관의 관점을 취하면, 삶의 의미와 목적은 확연히 달라집니다. 현대 인간관의 관점에서 보았을 때, 인간은 본래 무의미한 존재이며, 그러기에 현대인은 자신의 존재 의미를 확인하기 위한 강박적인 노력으로 삶을 허송합니다. 그들은 돈, 인기, 지식, 외모, 권력, 지위, 명예 등과 같은 것의 획득과 확장을 통해, 또 타인의 시선을 통해, 자기 존재의 의미를 끊임없이 확보하고 확장하려 합니다.

그러나 통일체적 인간관을 갖게 되면, 현대적인 삶이란 한 편의 블랙 코미디와 같은 것입니다. 그들은 더 이상 자신의 존재의 의미 확인을 위한 강박적인 노력을 기울일 필요가 없습니다. 왜냐하면, 나는 이미 너무나 위대하고 아름다운 존재이기 때문입니다. 삶의 목적은 외적인 대상의 획득으로부터 내적인 자각으로 그 중심축이 바뀌게 됩니다.

분석적으로 볼 때, 내 삶의 목적은 두 가지로 나누어지는데, 한 가지는 사랑의 존재로서의 나에 대한 자각이고, 다른 한 가지는 사랑의 존재로서 나 자신의 자연을 즐기는 것입니다. 전자를 수행修行이라고 하고, 후자를 낙도樂道라고 합니다. 이 두 가지는 분석적으로는 둘이지만 실제로는 하나입니다.

'사랑의 존재로서의 나'를 유가儒家에서는 성인聖人이라 했고, 도가에서는 도인道人이라 했으며, 불가佛家에서는 부처(佛)라고 했다. 호칭은 다르더라도 이들이 가리키는 것은 모두 '사랑의 존재로서의 나' 즉 통일체적 인간입니다.

그 때까지 나라고 생각했던 개아로서의 나의 특징들, 나의 성격, 외모, 직업, 출생배경, 소유, 직업, 성별, 나이, 감정, 욕망, 생각 등과 같은 것들은 모두 '사랑의 존재로서의 나'라고 하는 태양을 가리고 있는 짙은 구름과 같은 것에 불과한 것입니다. '사랑의 존재로서의 나'를 자각하는 과정은 이런 짙은 구름을 걷어내는 작업입니다. 내가 나라고 믿어왔던 내가 하나의 망령된 생각이었음을 자각하는 순간 '사랑의 존재로서의 내'가 깨어나 활동하기 시작합니다.

사랑의 즐거움을 누리는 삶(樂道)이란 '사랑의 존재로서의 내'가 깨어나 활동하는 것을 즐기는 것입니다. 하늘, 바람, 나의 숨결, 걸음, 아내 등과 같이 그 때까지 늘 거기 있는 것이려니 하고 생각해 왔던 일상적인 존재가 갑자기 깨어나 아름다운 빛을 발하고, 우리는 그것을 즐거워합니다. 이것이 사랑의 즐거움을 누리는 삶의 의미입니다.

통일체적 인간관의 관점에서 보면, 이런 사람이야말로 진정으로 인간다운 사람입니다.

2. 새로운 죽음관

통일체적 인간관의 관점에서 본다면, 죽을 수 있는 것은 무엇인가요? 현대인이 나라고 생각하는 거죽의 나에 불과합니다. 우리가 만일 '사랑의 존재로서의 나'를 자각한다면, '분리된 개체로서의 나'는 본래 존재하지 않는다는 것(無我)을 자각한다면, 죽음은 없는 것입니다. 본래 존재하지 않는 망상으로서의 나만이 죽는 것이기 때문에, '사랑의 존재로서의 진정하고 영원한 나'는 죽지 않습니다.

분리된 자아로서의 나를 벗겨내면 드러나는 '진정한 나'를 옛 성인들은 '도道', '불佛', '인仁', '사랑' 등과 같은 여러 가지 이름으로 불렀습니다. 이름은 다르지만 그것이 가리키는 것은 하나입니다. 분리된 자아가 태양을 가리는 구름이라고 한다면, '도', '불', '인', '사랑'은 모두 구름 뒤에서 빛나고 있는 태양입니다.

그 태양은 나의 태양임과 동시에 너의 태양입니다. 그것은 수억 년 전 아기 공룡의 태양이기도 하고, 빅뱅 이후 대우주를 떠도는 먼지의 태양이기도 합니다. 길가에 피어있는 예쁜 민들레의 태양이기도 하고, 수천 년 후 내 자손의 태양이기도 합니다. 그러므로 거죽의 나를 벗어버렸을 때, 나는 지금 바로 너이고, 너는 지금 바로 나입니다. 그러므로 죽을 수 있는 것은 오직 거죽의 나일뿐이며, 태양으로서의 나는 나지도(生) 죽지도(死) 않습니다. 통일체적 인간관이란 '태양으로서의 나'에 대한 인식입니다. 그러므로 통일체적 인간관의 관점에서 볼 때, 죽음은 없습니다.

태어남이나 죽음에 대한 관념은 현대 인간관에서와 같이 '분리된 자아'로서의 인간 인식에 근거하고 있습니다. 그런데, 통일체적 인간관의 관점에서 보면, '분리된 자아'라는 생각은 망상입니다. '분리된 자아'로서의 나는 존재하지 않으며(空), '분리된 자아'라는 의미에서 나는 무아無我입니다.

불교에서는 나라고 하는 인식주체와 너라고 하는 인식대상이 모두 비어 있음을 말합니다. 인식주체인 나의 비어 있음을 아공我空이라고 하고, 인식대상인 너의 비어 있음을 법공法空이라고 합니다. 그래서 불교적인 깨달음이란 나나 너 모두 '분리된 자아'는 존재하지 않음을, 모든 존재는 상즉·상입하는 통일체적인 방식으로만 존재함을 온몸으로 자각하는 것입니다(정재걸, 2008: 107).

이와 같이, 죽음이란 '분리된 자아'로서의 나의 죽음입니다. 그렇다면 죽음의 효용은 무엇일까요? 통일체적 인간관의 관점에서 보면, 치명적인 질병, 파산, 경쟁에서의 패배, 인기의 상실 등과 같이 '분리된 자아'에게 상처가 되고 때로는 '분리된 자아'의 존재 자체를 위협하는 경험들이 모두 '분리된 자아'라고 하는 망상을 깨뜨려버리는 계기가 될 수 있습니다. 죽음은 이런 점에서 무아를 자각하고 진정한 나(사랑)를 실현하는데 결정적인 기회를 제공할 수 있습니다. 바로 이런 점에서 죽음은 좋은 공부의 소재가 됩니다.

이와 같이, 통일체적 인간관의 관점에서 보면, 죽음에 대한 창조적인 해석이 가능합니다. 현대인의 견고한 자아의 껍질을 깨뜨리는데

'분리된 자아'의 죽음은 좋은 기회를 제공합니다. 진정한 자기의 존재를 자각한 사람에게 죽음은 더 이상 두렵지 않습니다. 그는 편안하고 행복하게 죽음을 맞이할 수 있습니다. 그는 수평적으로 흘러가는 유한한 시간을 살아가기를 그치고, '지금, 여기'에서의 수직적인, 다시 말하자면 순간과 영원이 맞닿아 있는 영원한 삶을 살아갑니다.

Ⅳ. 새로운 죽음관의 탈현대적 함의

현대 인간관의 영향으로 인해서, 현대인은 '분리된 자아'로서의 삶을 살아갑니다. 이에 따라, 현대인은 자기 존재의 우연성, 유한성, 무가치성이라는 문제에 직면해 있습니다. 결국 현대적인 삶이란 이런 존재의 우연성, 유한성, 무가치성을 벗어나기 위한 몸부림이라고 할 수 있습니다. 돈, 권력, 인기, 직업, 지식, 외모, 소비 등의 쟁취를 통해 자기의 존재 의미를 확인하려 하며, 확장하려 합니다. 이른바 '자아확장 투쟁'으로서의 삶을 살아가는 것입니다.

'분리된 자아'로서의 삶을 살아가는 현대인은 진정한 행복을 찾을 수 없으며, 또한 현대인의 이런 삶의 방식으로 인해서 문명 위기가 심화되고 있습니다. '자아확장 투쟁'으로서의 삶은 결코 지속적인 행복에 도달할 수가 없습니다. 자아를 확인할 수 있는 대상 획득에 실패하는 경우, 이미 획득한 대상을 상실하는 경우, 이미 획득한 대상을 유지하거나 확장하려고 하는 경우, 그는 커다란 고통과 불행을 겪게 되며, 그의 존재로 인해서 주변 사람들마저 고통스럽고 불행하게 됩니다.

현대적인 삶의 방식이 고통을 증대시킨다는 사실은 자살율, 정신병발병율, 범죄율, 마약중독율 등과 같은 불행지수가 근래에 가파르게 상승함을 통해 쉽게 확인할 수 있습니다.

또한 이런 현대적인 삶의 방식은 끝없는 경쟁과 갈등을 부추깁니다. 현대인이 외부 대상세계에서 쟁취하고자 하는 것은 대부분 희소자원이기 때문에, 쟁취에 대한 욕망이 커질수록 경쟁과 갈등은 심화될 수밖에 없습니다. 그리고 경쟁과 갈등의 증대는 개인 간, 집단 간의 관계 악화를 초래합니다. 또한 현대적인 삶의 방식은 지구 생태위기와 환경오염을 포함한 환경문제의 근본적인 요인이기도 합니다. 욕망충족적인 문명 건설의 박차가 가해질수록, 환경은 인간의 확장된 욕망으로 인해 고통 받을 수밖에 없습니다.

그러므로 현대의 위기를 벗어나서 행복한 삶과 사랑의 사회를 건설하기 위해서는 현대적인 삶의 방식으로부터의 탈피가 절실히 필요합니다. 새로운 죽음관은 현대적인 삶의 방식으로부터의 탈피라고 하는 이 시대의 과제를 해결하는데 기여할 수 있습니다. 현대적인 삶의 방식의 근원은 인간을 분리된 자아로 인식하는 현대 인간관입니다. 새로운 죽음관은 분리된 자아라는 현대적인 관념이 망상에 불과한 것임을 밝힘으로써, 현대적인 삶의 방식이 부질없는 것임을 자각하도록 도울 수 있습니다.

새로운 죽음관은 현대적인 삶과 문명의 문제를 해소시키데 기여할 수 있을 뿐만 아니라, 탈현대적인 사랑의 삶과 사랑의 사회를 건설하는데 도움을 줄 수 있습니다. 새로운 죽음관은 태양(사랑, 부처, 인仁, 도道)으로서의 나의 삶이라고 하는 새로운 차원에서의 삶을 촉구합니다. 죽음이란 분리된 자아의 죽음뿐이다. 우리는 분리된 자아의 죽음을 기회로 활용해서 우주적인 나의 죽음 없는 세계에 도달할 수 있습니다.

분리된 자아로서의 나의 삶이 과거에서 미래로 이어지는 수평적인 시간의 삶이라면, 태양으로서의 나의 삶은 지금 이 순간에서의 수직적인 시간을 살아가는 삶입니다. 태양으로서의 나의 삶에서는 지금 이 순간의 나를 통해 영원한 시간과 무한한 공간과의 접촉과 교류가 이루어집니다. 지금 여기 있는 그대로 나는 영원하며, 무한한 존재로서의 삶을 살아갑니다. 이것이 사랑의 삶입니다. 태양으로서의 나의 존재는 나의 에고와 이 세상을 따뜻하게 비추면서, 이 세상에 존재하는 증오, 원망, 불안, 고통 등을 눈 녹이듯이 녹여줍니다. 이렇게 해서 도래하는 새로운 사회가 탈현대입니다. 바로 이런 의미에서 새로운 죽음관은 탈현대 삶과 문명의 기초가 될 수 있습니다.

제1부

동양사상과 죽음관

제1장 불교의 죽음관

Ⅰ. 죽음의 종교

불교는 죽음에 의해 태어난 종교이고, 죽음을 방편으로 삼아 수행을 하여, 마침내 죽음을 넘어서는 것을 목적으로 하는 종교입니다. 그렇기 때문에 불교는 다른 어느 종교보다도 죽음에 대한 풍부하고 심오한 사상을 내포하고 있습니다. 여기에서는 불교에서의 죽음을 유부철학有部哲學과 중관사상中觀思想, 유식사상唯識思想을 통해 간단히 살펴보고, 화엄華嚴의 사법계四法界를 통해 보다 구체적으로 살펴보겠습니다. 왜냐하면 화엄의 네 가지 법계에서의 죽음은 죽음을 넘어서는, 곧 깨달음으로 가는 4단계이기도 하기 때문입니다.

네 성문 밖에서 생노병사生老病死의 괴로움을 깨달은 싯다르타는 부왕에게 나아가 출가의 결심을 밝혔습니다. 아들의 뜻을 돌려보려고 부왕은 무슨 소원이든지 들어줄테니 출가의 뜻을 버리라고 하였습니다. 그러자 싯다르타는 한 가지 소원을 말했습니다.

> 제 소원은 죽음을 뛰어넘는 일입니다. 늙고 죽어 가는 고통에서 벗어날 수 있는 방법을 가르쳐 주신다면 저는 이 자리에서 출가의 뜻을 버리겠습니다.

이러한 아들의 답변에 아버지는 출가를 허락하지 않을 수 없었습니다. 이처럼 불교의 출발은 죽음입니다. 그리고 불교의 목적은-다른 모든 종교가 그러하듯이-죽음을 뛰어 넘는 것입니다. 어떻게 죽음을 뛰어 넘을까요? 깨달음을 통해서입니다. 깨달음이란 무엇일까요? 깨달음이란 오온五蘊이 본래 공空함을, 아상我相과 인상人相, 중생상衆生相, 수자상壽者相이란 본래 없는 것임을, 모든 인식주체와 대상이 비어 있음(아공我空과 법공法空)을 깨닫는 것입니다. 깨달음이란 분리 독립된 나란 존재하지 않으며, 우리는 망망대해에 떠 있는 섬과 같은 존재가 아니라 모두가 서로 바닷물 속으로 서로 연결되어 있음을 머리가 아니라 온몸으로 증득하는 것입니다. 황벽黃檗선사는 이를 다음과 같이 말했습니다.

> 언어의 길은 끊어지고 마음의 행처行處가 소멸되었다. 이 마음의 본원청정불本源淸淨佛은 모든 사람이 본래 갖추고 있는 것이다. 영식靈識을 머금고 꿈틀거리는(蠢動含靈) 모든 생물조차도 모든 붓다 보살과 더불어 한 몸인 것이다. 다만 망상분별 때문에 여러 가지 업과를 지을

뿐이다(黃檗希運, 1993: 46-47).

준동은 꿈틀거리는 벌레를 말하고, 함령은 정식情識을 머금은 중생이라는 뜻으로 유정有情과 같은 뜻입니다. 범부들은 죽음에 이르러서야 오온五蘊의 허망함과 사대四大의 무아無我를 알게 됩니다. 그러나 깨달은 사람은 가는 일도 없고 오는 일도 없으니 하물며 죽음이 있겠습니까? 이는 마음과 경계가 하나인 까닭입니다.

죽음은 불교 수행의 방편으로도 매우 중요합니다. 대표적인 것이 관법觀法 중의 하나인 구상관九想觀입니다. 이는 죽음의 과정을 자세히 관찰하여 몸을 나라고 집착하는 어리석음을 치유하기 위한 방편입니다. 첫째, 창상脹想은 사람의 시체가 부어 마치 곡식을 담은 자루처럼 탱탱한 모습을 관찰하는 것입니다. 둘째, 괴상壞想은 시체의 가죽과 살이 문드러지고 오장이 썩는 모양을 관찰하는 것입니다. 셋째, 혈도상血塗想은 시체의 온몸이 피고름으로 더러워진 모양을 관찰하는 것입니다. 넷째, 농란상膿爛想은 시체가 썩어서 벌레와 고름이 흘러나오고 살이 흩어진 모양을 관찰하는 것입니다. 다섯째, 청어상靑瘀想은 시체가 바람에 쏘이고 비에 씻겨 피고름이 엉켜 푸르스름한 모양을 관찰하는 것입니다. 여섯째, 담상噉想은 시체가 새, 짐승, 구더기, 개미 등에게 파 먹히는 모양을 관찰하는 것입니다. 일곱째, 산상散想은 가죽과 살은 없어지고 뼈만 붙어 있으면서 머리와 다리가 뒤섞인 모양을 관찰하는 것입니다. 여덟째, 골상骨想은 백골이 낭자한 모양을 관찰하는 것입니다. 마지막으로 소상燒想은 죽으면 화장하여 악취가 나고 마침내 재와 흙이 되어 흩어지는 모양을 관찰하는 것입니다. 수행자는 이처럼 시체의 모습을 자세히 관찰하여 나와 내 몸의 무상함을 이해할 수 있게 됩니다.

수행 방편으로서 뿐만 아니라 불교에서 죽음이 중요한 것은 그것이 깨달음의 마지막이고 가장 중요한 기회이기 때문입니다. 『법구경法句經』에서는 죽음 이후 인간이 도달할 4가지 경우를 들고 있습니다.

> 어떤 사람은 識身으로 태어나 태내에 들어가고
> 악한 사람은 지옥에 들어가며
> 착한 사람은 천상에 태어나고
> 집착을 떠난 사람은 열반에 든다(한명숙역, 2005: 47-48).

여기서 식신識身이란 욕계欲界의 중유中有 상태에 있는 중생을 가리킵니다. 이때의 식이란 물론 아뢰야식을 말합니다. Ⅲ장 '화엄에서의 죽음'에서 자세히 설명하겠지만 식신이 중유상태에 있는 시기가 깨달음의 가장 중요한 순간입니다. 인간과 지옥과 천상은 육도 윤회의 세 종류를 말합니다. 나머지는 아수라, 축생, 아귀입니다. 이러한 육도 윤회는 내가 생전에 지었던 생각과 말과 행동으로 결정됩니다. 순간순간의 모든 생각과 말과 행동이 우리의 아뢰야식에 저장이 되고 그 아뢰야식이 윤회의 주체가 되는 것입니다. 그러나 내가 어떤 업을 지었던 간에 죽는 순간에 깨어서 나의 죽음을 지켜볼 수 있다면 윤회에서 벗어나 영원히 삶도 없고 죽음도 없는 열반에 들 수 있습니다. 그만큼 죽음의 순간이 중요한 것입니다.

Ⅱ. 유부有部, 중관中觀, 유식唯識에서의 죽음

불교에서의 죽음이란 다양하게 정의됩니다. 유부有部철학에 의하면 죽음이란 세 가지 유위법有爲法에 따른 세 가지 유위상有爲相 중 하나입니다. 아비다르마의 대표격이 유부有部철학에서는 현상세계를 구성하고 있는 궁극적인 단위를 5위位 75법法으로 구분합니다. 5위란 다시 유위법과 무위법으로 나뉘는데, 유위법有爲法이란 생도 멸도 없는 영원한 이법理法으로서의 무위법無爲法을 제외한 4위, 즉 색법色法, 심법心法, 심소유법心所有法, 불상응법不相應法을 말합니다. 색법은 곧 물질을 말하고, 심법은 마음을 말하며, 심소유법은 마음의 작용을 말합니다. 불상응법은 유위법이지만 위의 세 가지, 즉 물질도 아니도 마음도 아니며, 마음의 작용도 아닌 것을 말합니다. 이러한 유위법은 인연의 화합에 의해 만들어지기 때문에 반드시 생겨나고, 머물며, 변하고 소멸하는 생주이멸生住異滅의 네 가지 상(四相)이 있습니다. 여기서는 주住를 이異에 포함시켜 3가지 유위법과 3가지 유위상이라고 하였습니다. 그렇다면 유부철학에서 말하는 세 가지란 무엇일까요? 세 가지란 생기는 것, 변하는 것, 없어지는 것입니다. 생기는 것이란 나서 자라고 다섯 사지가 형체를 이루며 모든 감각기관을 가지게 되는 것이며, 변하는 것이란 이는 빠지고 머리는 희어지며 기운은 다하고 몸이 무너지는 것입니다. 그렇다면 없어지는 것은 무엇일까요?

어떤 것이 없어지는가? 이른바 죽음이니 목숨은 흘러 머무르지 않고 덧없는 것이어서 모든 감각기관은 무너지고 친척들과 이별하며 목숨기관이 끊어지는 것이니, 이것이 이른바 없어진다는 것이다.(전통문화연구회, 2001: 450)

유위법에서 죽음이란 사라져 없어지는 것입니다. 이러한 죽음관은 오늘날에도 역시 대부분의 사람들을 지배하고 있습니다. 그러나 진리의 세계인 무위법無爲法에서 죽음은 존재하지 않습니다. 생멸이란 현상계에만 존재하고 진리의 세계 즉 열반에서는 존재하지 않기 때문입니다. 이미 깨달음을 얻어 인연화합에서 벗어났는데 무슨 삶과 죽음이 있겠습니까? 그러나 죽음은 존재합니다. 현상세계와 분리된 열반세계는 존재하지 않으며 따라서 현상세계가 곧 열반세계이기 때문입니다.

모든 것을 불이不二의 관점에서 보는 중관中觀에서는 죽음이란 존재하지도 존재하지 않지도 않은 것으로 규정합니다. 중관은 초기 반야경전에 설해진 공空의 입장에서 불교의 전통 교리인 법과 연기를 비판적으로 해석한 사조를 말합니다. 즉 유부철학에서 나는 자성이 없지만(我空) 대상은 존재한다(法有) 것을 비판하여, 아공我空인 동시에 법공法空을 주장하였습니다. 이러한 입장에서 중관에서는 태어남도 죽음도 없다고 주장합니다.

태어남과 죽음의 세계는 니르바나와 아무런 구별도 없다. 또한 니르바나는 태어남과 죽음의 세계와 아무런 구별이 없다. 니르바나의 한계가 그대로 태어남과 죽음의 세계의 한계가 된다. 이 둘 사이에는 추호의 차이도 없다. 죽음 후 생명의 상태, 세계의 유한함, 항상恒常의 개념 등에 관한 다양한 주장은 니르바나와 미래와 과거의 존재상과 같은 표상들을 기초로 하여 세워진다. 존재의 모든 요소들이 본래 공이거늘 어찌 무한자, 유한자, 유한이며 또한 무한인 자, 유한도 무한도 아닌 자들을 단언하는가?(용수보살지음, 2001: 470)

유식唯識에서는 죽음이란 아뢰야식의 현행, 즉 종자의 현실화 과정이 종식됨을 말합니다. 유식은 현상적인 나와, 현상적인 세계를 넘어선 진정한 나와 세계를 탐구하는 학문입니다. 이러한 유식의 이론을 간명하게 설명한 것이 바로 세친世親의 『유식唯識 30송頌』입니다. 특히 유식 30송 제19송에서는 '모든 업業의 습기習氣와 능能과 소所 2취二取의 습기가 함께 함으로 말미암아 (생사윤회가 존재하고) 전이숙前異熟이 이미 다하면 다시 다른 이숙異熟이 태어나는 것이다.'[2]라고 말하고 있습니다.

유식에서는 나의 몸(有根身)뿐만 아니라 내가 세계라고 생각하는 것(器世間)도 모두 아뢰야식의 식전변識轉變에 의해 성립된 것으로 간주합니다. 인간의 죽음이란 이러한 유근신과 함께 기세간이 소멸하는 것입니다. 그러나 나의 몸과 세계를 만들어내는 제8 아뢰야식은 종자생종자種子生種子의 형태로 항속적으로 존재해 갑니다. 그리고 인연이 무르익으면 현행을 다시 얻습니다. 물론 아뢰야식이 있고 그 속에 종자가 있는 것이 아니라 종자의 집합 자체가 아뢰야식입니다. 즉 아뢰야식 자체가 바로 심기고 저장되고 성장하다가 현현하는 종자의 흐름인 것입니다. 그래서 아뢰야식을 직접 본 수행자들은 아뢰야

2) 『유식 30송』, 19, "由諸業習氣, 二取習氣俱, 前異熟旣盡, 復生餘異熟."

식을 폭포수와 같다고 했습니다.[3] 종자는 우리의 의식과 말나식의 개념적 분별작용의 흔적입니다. 이 아뢰야식 곧 종자가 우리가 현실이라고 말하는 현상세계를 만들어 내는 것입니다. 따라서 유식에서는 존재하는 것은 오직 아뢰야식뿐이라고 합니다. 이 아뢰야식의 자기제한의 결과 시간 공간상 제한된 상대적 유한자들이 발생하는데 그것이 우리 중생의 신체인 유근신有根身과 일체의 대상세계인 기세간器世間, 그리고 다시 그것을 바라보는 의식활동인 것입니다. 그리고 이러한 유근신과 기세간의 소멸이 죽음인 것입니다.

Ⅲ. 화엄에서의 죽음

화엄의 죽음관은 앞의 설명보다 조금 더 복잡합니다. 화엄은 유부철학과 중관과 유식을 포함한 불교의 종합편이기 때문입니다. 화엄에서는 죽음을 4가지로 설명합니다. 즉 사법계事法界에서의 죽음, 이법계理法界에서의 죽음, 그리고 이사무애법계理事無碍法界에서의 죽음, 그리고 사사무애법계事事無碍法界에서의 죽음이 그것입니다. 각각의 죽음을 살펴보기 전에 먼저 죽음에 대한 규정의 어려움을 두순杜順의 『오교지관五教之觀』을 빌려 살펴보기로 하겠습니다. 죽음이란 말로 설명하기 어려운 것입니다. 왜냐하면 누구나 죽음을 경험하지만 아무도 자신의 그 경험을 다른 사람에게 말해줄 수 없기 때문입

3) 『유식 30송』, 4, "是無覆無記, 觸等亦如是, 恒轉如瀑流, 阿羅漢位捨."

니다. 그래서 죽음을 구태여 말로 표현하려는 것의 어려움을 두순의 '법을 나타내 말을 여의고 알음알이를 끊는 방편(顯法離言絶解)' 에 의거해 다시 구성해 보겠습니다(대한불교조계종 교육원 역경위원회, 2001: 122-12).

문: 죽음이란 존재하는가?

답: 아니다. 존재하지 않는다. 죽음은 자체가 공空하다. 연기緣起하는 모든 법은 자성自性이 없기 때문에 죽음은 공하다.

문: 그렇다면 죽음은 참으로 공한 것인가?

답: 아니다. 죽음은 존재한다. 연기緣起하는 법은 무시無始이래로 존재해 왔기 때문이다. 그렇지 않다면 바로 이 질문은 생길 수 없을 것이다.

문: 그렇다면 죽음은 존재하기도 하고 공하기도 한 것인가?

답: 아니다. 공함도 존재함도 완전히 하나로 융섭融攝되기 때문이다. 공함과 존재함이 융섭하는 곳에서 모든 연기하는 법은 둘이 아니다. 따라서 둘이라는 모습의 어떤 흔적도 없다. 이것은 금과 금사자의 관계와 같다.

문: 그렇다면 죽음은 공하지도 않고 존재하지도 않는 것인가?

답: 아니다. 공함과 존재함 둘 다 서로가 서로를 방해함 없이 공존하기 때문이다. 이것은 공함과 존재함이 서로를 지지하므로 그런 견지에서 연기하는 법은 동시에 자기 자신을 세울 수 있기 때문이다.

문: 그렇다면 죽음의 존재함과 존재하지 않음은 모두 정녕 공한가?

답: 아니다. 공함과 존재함은 서로 융섭融攝하기 때문에 그런 견지에서 그것들은 그와 같은 존재의 의미를 잃어버린다. 공함이 존재함을 부정한다는 견지에서 보면 죽음은 공하여 존재하지 않지만, 존재함이 공함을 부정한다는 견지에서 보면 죽음은 존재하므로 공하지 않다. 동시부정의 견지에서 조망하면 죽음의 존재함과 존재하지 않음은 둘다 없어진다. 서로를 세운다는 견지에서 보면 죽음의 존재함과 존재하지 않음은 둘다 존재하는 것이다.

화엄이란 화장장엄華藏莊嚴의 세계를 말합니다. 즉 깨달음의 눈으로 보면 이 세계가 바로 불국토이고 모든 중생이 부처라는 것입니다. 화엄사상은 이러한 깨달음의 눈으로 가는 단계를 네 가지 법계法界로 제시합니다. 이제 각 법계에서의 죽음의 의미를 살펴보겠습니다.

1. 사법계事法界에서의 죽음

늙으면 몸도 쇠약해진다.
병들어 광택이 없고 피부는 늘어지고 살갗은 쭈그러드니
목숨이 다할 날 더욱 가까워지네.
육신이 죽으면 정신은 떠나가니 주인에게 버려진 수레와 같다.
살은 썩어 없어지고 백골은 흩어지니
이 몸을 어찌 믿고 맡길 수 있겠는가
이 몸은 성곽과 같나니
뼈로 기둥을 세우고 살을 붙이고는
태어나서 늙고 죽음에 이르기까지

성냄과 교만을 간직하고 있을 뿐이네.[4)]

사법계에서의 죽음은 오늘날 우리들이 가지고 있는 죽음에 대한 이해와 같습니다. 즉 삶과 죽음은 서로 반대되는 것이고 삶이 끝나는 어느 지점에 죽음이 있다는 것입니다. 이러한 사법계에서의 죽음은 앞에서 언급한 유부철학에서 말하는 유위법의 한 형태로서의 죽음과도 같습니다. 즉 죽음이란 사라져 없어지는 것입니다. 그렇기 때문에 사법계에서의 죽음은 항상 두려운 것이고 일상에서 반드시 피해야 할 대상입니다. 자신뿐만 아니라―싯달타의 아버지가 그랬듯이―우리는 아이들에게도 죽음을 가급적 감추려고 합니다. 그래서 죽은 자의 사체는 가급적 신속하게 위생적으로 처리됩니다. 아이들은 죽은 자 뿐만 아니라 죽음에 가까운 노인들로부터도 격리됩니다. 노인들에게는 죽음의 냄새가 나기 때문입니다.

2. 이법계理法界에서의 죽음

이법계에서는 죽음이 없습니다. 왜냐하면 삶도 없기 때문입니다. 진리의 관점에서 보면 모든 존재는 끊임없는 인연화합因緣化合에 따른 변화의 과정에 있습니다. 삶과 죽음이란 이러한 변화의 과정에 이름을 붙인 것일 뿐입니다. 이러한 이법계에서의 죽음은 유부철학의 무위법

4) 『법구경』, 老耄品, 3-5, “老則色衰, 病無光澤, 皮緩肌縮, 死命近促, 身死神死, 如御棄車, 肉消骨散, 身何可怙, 身爲如城, 骨幹肉塗, 生至老死, 但藏恚慢.”

으로서의 죽음과 같습니다. 『금강경金剛經』에서 부처는 아름다운 게송을 통해 우리 마음을 별과 가물거리는 눈과 등불과 환영과 이슬방울과 물거품이라고 했습니다.[5] 죽음도 마찬가지입니다. 이제 금강경의 게송을 통해 삶과 죽음을 살펴보겠습니다.

먼저 죽음은 별과 같습니다. 별은 캄캄할 때만 존재합니다. 의식의 태양이 떠오르면 죽음도 자취를 감춥니다.

다음에 죽음은 사물을 있는 그대로 보는 눈을 흐리는 흐릿한 눈과 같습니다. 우리가 삶과 죽음이라는 인식틀에 의존할 때 우리는 사물을 있는 그대로 볼 수 없습니다. 그리고 삶은 등불입니다. 등불은 욕망이라는 연료가 있어야만 타오릅니다. 욕망이 사라질 때 삶도 죽음과 함께 존재하지 않음을 깨달을 수 있습니다. 또한 죽음은 환영입니다. 낱장의 사진들을 연결해서 마친 사물이 움직이는 것처럼 보이는 것과 같이, 우리들의 삶은 전등의 불빛과 같이 낱낱의 불빛의 집합에 지나지 않습니다. 그래서 삶은 풀잎에 맺힌 이슬방울과 같습니다. 우리는 삶을 진주나 다이아몬드와 같이 아름답게 여기지만, 아침 해가 떠오르면 없어지는 순간적인 현상에 지나지 않습니다. 삶은 또한 물거품과 같습니다. 우리가 삶이라고 생각하는 모든 경험은 죽음에 이르러 물거품처럼 터져서 사라지고 아무것도 남지 않습니다. 그리고 삶은 한바탕의 꿈입니다. 삶은 우리 자신이 감독이며 배우며 관객인 주관적인 상상일 뿐입니다. 그래서 우리의 일생은 번갯불과 같습니다. 한 순간 번쩍했다 사라집니다. 삶은 구름과 같습니다. 마지막으로 삶과

---

5) 『금강경』, "一切有爲法, 如夢幻泡影, 如露亦如電, 應作如是觀."

죽음은 하늘인 의식, 깨어있는 의식의 주위에 일어나는 구름과 같습니다. 구름이 사라지면 삶도 죽음도 존재하지 않음을 깨달을 수 있습니다.

슈타이너는 죽음에 대해 다음과 같이 말했습니다.

> 죽음이란 이미 자기 자신에 의해 이전의 초감각적 세계가 더 이상 전진할 수 없는 지점까지 도달했다는 표현에 지나지 않는다.(중략) 사멸하여 응결해 가는 세계의 잔해로부터 새로운 세계의 싹이 돋아난다. 그것이 바로 이 세계에 삶과 죽음이 공존하는 이유이다.(중략) 인간은 옛 세계에서 물려받은 유산을 자기 존재의 씨방으로 간직하고 있다. 그리고 이 씨방 속에서 미래를 살아야 할 존재의 싹이 자라가고 있다. 인간은 이렇게 이중적인 존재이다. 죽어가는 존재이면서 동시에 불멸의 존재인 것이다. 그 죽음에 이르는 부분은 종말의 상태에, 불멸의 부분은 시작의 상태에 놓여있다. 그러나 감각적 물질적 존재형식이 나타내는 이러한 이중적 세계의 내부에서 비로소 인간은 세계를 영속시킬 수 있는 능력을 얻는다. 인간의 사명이란 이렇게 죽음으로 가는 것 속에서 불멸의 과실을 발견하는 일이다.(중략) 죽음으로 가는 존재야말로 나의 스승이었다. 내가 지금 죽어가는 것은 과거에 내가 자아낸 모든 것의 결과에 의해서이다. 그러나 죽어가는 것들이 놓여진 터전은 내 안에 있는 불멸의 씨앗을 열매 맺게 할 것이다. 지금 나는 그 과실을 다른 세계에 가져가려 하고 있다. 과거에만 얽매여 있었다면 나는 결코 다시 태어나지 못했을 것이다. 과거의 생활은 탄생의 시간에 이미 끝났다. 감각생활은 새로운 생명의 씨앗을 통하여, 단순한 죽음으로부터 구원받는다. 탄생에서 죽음의 사이는, 얼마나 많은 생명이 죽어가는 과거로부터 구원받는가를 표현하는 공간에 지나지 않는다. 그리고 질병이란 이러한 과거의 사멸해가는 부분의 연속에 지나지 않는다(타카하시 이와오역, 1999: 205).

슈타이너의 말과 같이 죽음이 존재한다는 것은 존재계 전체가 존재하지 않는다는 것과 같습니다. 존재계는 삶 자체이기 때문입니다. 죽음이 존재한다는 것은 신이 존재하지 않는다는 말과 같습니다. 왜냐하면 존재하는 모든 것이 신이고 모든 것이 통일된 전체를 이루고 있는 세계 속에서는 하나가 죽으면 모든 것이 죽을 수밖에 없기 때문입니다.

우리는 자신을 물질적인 육체와 동일시함으로써 죽음이 존재한다고 여깁니다. 그러나 물질적인 육체란 무엇일까요? 물질적인 육체의 존재는 감각에 의해 기록됩니다. 그리고 감각을 인식하는 것은 물질적인 육체보다 더 큰 그 무엇, 즉 마음입니다. 사람은 마음이 육체를 경험하기 때문에 자신의 육체를 알게 됩니다. 그러면 우리는 마음으로 경험되는 것들은 어떻게 알게 되는 것일까요? 생각 그 자체는 생각을 경험할 수 없으며, 생각보다 더 근본적이고 생각 밖의 무엇인가가 생각의 흐름을 경험합니다. 바로 이 주관적이며 객관적인 삶의 현상을 알고 관찰하는 것은 의식 자체입니다. 인식과 경험은 둘 다 주관적입니다. 의식 자체는 그 내용에 의해 결정되지 않습니다. 의식을 관통하며 흐르는 생각들은 비유하자면 바다를 헤엄치는 물고기와 같습니다. 바다의 존재는 물고기와 무관합니다. 바다의 내용이 물 자체의 본질을 말해 주는 것은 아닙니다. 무색의 광선과 같이 의식은 목격된 사물을 비쳐줍니다(데이비드 홉킨스, 1997: 236). 따라서 생명이란 관찰되고 경험되는 현상의 세계에 나타나는 순수의식의 표현에 지나지 않습니다.

3. 이사무애법계理事無碍法界에서의 죽음

이사무애법계란 사법계와 이법계가 서로 걸림 없이 양립하는 관계를 말합니다. 곧 이법계는 사법계가 아니면 그 진리를 표현할 수 없고, 사법계는 이법계의 원리가 없이는 존재할 수 없는 것입니다. 마치 물과 물결과의 관계와 같이 천차만별의 현상은 차별의 현상 그대로 평등의 이체理體요, 평등의 일리一理는 이체理體 그대로가 곧 차별의 현상입니다(김승동편저, 2001: 1660). 이는 기신론起信論에서 심진여문心眞如門과 심생멸문心生滅門이 둘이 아님(不二)을 말하는 것과 같습니다. 이사무애법계에서 사법은 늘 진리인 사법이고 진리는 사법인 진리이므로, 진리와 사법은 서로가 서로에게 두루하고 서로가 서로를 이루어주지만, 사법의 사법 아님이 진리이고 진리가 진리 아님이 사법이므로 사법과 진리는 서로의 닫혀진 실체성을 빼앗습니다. 이처럼 사법과 진리는 서로가 서로의 실체성을 빼앗되 끝내 두 모습이 없으므로 서로 이루고 서로 빼앗는 문이 모두 의지해 일어나는 것입니다(대한불교조계종 교육원 역경위원회, 2001: 167).

이사무애법계에서는 죽음은 있습니다. 그러나 그 죽음은 사법계에서의 죽음과는 물론 다릅니다. 이사무애법계에서의 죽음은 물결의 스러짐으로서의 죽음입니다. 바다에는 파도가 끊임없이 생겨났다가 스러집니다. 그렇지만 바다는 조금도 줄어들거나 늘어나지 않습니다. 그렇지만 바다는 파도에 의지해서 존재합니다. 현상적 죽음은 '죽음 없음'이라는 바다 없이는 존재할 수 없고, 바다는 현상적 죽음이라는 파도에 의지해서 자신의 존재를 드러냅니다. 이런 측면에서 이사무애법계에서의 죽음은 중관中觀의 죽음과 같습니다.

따라서 이사무애법계에서의 죽음은 삶과 더불어 시작됩니다. 이런 맥락에서 딜런 토머스라는 사람은 '태 속의 아기는 어머니의 두 다리를 가위로 삼아 장차 자신이 입을 수의를 자르는 재단사'라고 했습니다. 또 영국의 시인 존 던은 달걀 노른자의 눈, 즉 배胚가 곧 죽음이라고 하였습니다.

> 달걀 씨눈은 노른자에서 영양분을 취해서 자라난다. 난황은 씨눈의 먹이인 셈이다. 그러다가 씨눈이 자라서 병아리가 제대로 모양을 갖춘 개체가 되면 그 때 껍질을 깨고 밖으로 나온다. 존 던은 이 순간을 사람들의 임종에 견주었다. 이 견줌에 의하자면 난황 덩어리가 삶이 되고 배가 죽음의 씨앗이고 부화가 곧 죽음의 완성이 되어야 한다. 요컨대, 죽음인 배는 삶인 노른자를 먹고 자라고 그 최후의 단계가 부화, 곧 껍질 깸이 된다. 삶은 죽음을 길러주면 그 소임이 끝나는 것이다(김열규, 2001: 50).

그늘과 비교되지 않고서는 빛이 제대로 밝을 수 없듯이 죽음을 외면한 삶은 온전할 수 없습니다. 엄밀히 말해 삶의 끝에 죽음이 오는 것이 아니라, 삶 속에 보이지 않게 간직되어 온 죽음이 어느 날 문득 다 갖추어진 모습으로 삶 전체를 뒤집는 것입니다. 삶은 죽음 없이 존재할 수 없습니다. 곧 삶이 존재할 공간을 마련하는 것이 죽음입니다. 그래서 죽음은 삶이라는 백묵으로 쓰여지는 칠판이며, 죽음은 삶이 별처럼 반짝이는 밤의 어둠이라고 할 수 있습니다. 죽음을 불안하게 생각하거나, 아니면 미래에 언젠가 올 그 무엇으로 미뤄 놓는다면, 그 삶은 내내 불안한 것일 수밖에 없지 않겠습니까?

4. 사사무애법계事事無碍法界에서의 죽음

화엄이란 부처가 깨달음을 증득한 후 깨달은 눈으로 세상을 본 것을 묘사한 것입니다. 화엄의 세계가 종래의 부정적 세계와 구별되는 것은 세계에 대한 절대적 긍정입니다. 부처의 눈으로 볼 때 지금 여기에 존재하는 이 세상은 진리와 자비가 흘러넘치는 세계입니다. 한 생각만 돌리면-아니 한 생각을 돌릴 필요도 없이-존재계는 아름답고 장엄한 화장장엄華藏莊嚴의 세계인 것입니다. 사사무애법계란 바로 이러한 화엄의 세계를 말합니다. 그렇기 때문에 사사무애법계는 참으로 존재하는 궁극적이고 유일한 법계입니다. 다른 세 가지 법계는 단지 사사무애법계에 접근하기 위한 설명적 방편일 뿐이라고도 할 수 있습니다. 사사무애법계를 설명한 대표적인 사례가 화엄일승십현문華嚴一乘十玄門입니다. 화엄일승십현문은 열 가지 교리적 설명으로 사사무애법계의 중중무진重重無盡을 설명합니다. 두순杜順(557-640)은 우리의 마음에 사사무애법계의 광경이 분명히 드러나게 하기 위해 십현문을 세웠습니다. 그렇다면 화엄일승십현문에서 본 죽음의 모습은 어떠할까요?

십현문 중 시간에 관련되는 문은 총문總門에 해당되는 것은 동시구족상응문同時具足相應門과 제 8문인 십세격법이성문十世隔法異成門입니다. 동시구족상응문은 시간적 공간적 상즉相卽 상입相入을 모두 포괄하여 전체 세계의 중중무진重重無盡과 원융무애圓融無碍를 설명하고 있습니다. 동시구족이란 과거, 현재, 미래 삼세가 서로 의지하고 도우며 동시에 서로 이어져 나타나기 때문에 일세 속에 나머지

2세가 동시에 구족되어 있음을 말합니다. 또한 공간적으로는 일체의 모든 현상은 같은 때 같은 곳에서 모자람 없이 서로 응하여 일즉일체一卽一切, 일체즉일一切卽一이라는 관계를 맺고 있습니다.

죽음이란 본질적으로 시간과 관련된 것입니다. 하이데거의 주장과 같이 인간은 자신에게 주어진 시간 동안에만 존재할 수 있고, 이 시간은 다시금 죽음이 인간에게 애초부터 선고되어 있는 한에서만, 즉 인간이 죽을 수밖에 없을 때에만, 인간에게 주어질 수 있습니다. 그러므로 인간은 시간적으로 유한한 존재일 수밖에 없습니다. 그리고 시간은 종말 혹은 끝과 관련됩니다. 이때 끝이 죽음을 의미한다면, 시간적 존재란 죽을 수밖에 없는 존재를 말합니다. 그러므로 하이데거는 시간적 존재로서의 인간은 죽을 수밖에 없는 존재이고, '죽음을 향한 존재'라고 말합니다(이기상, 2007: 134). 그러나 과연 그럴까요?

사법계 속에서 우리는 '시간이 흐른다'고 합니다. 그러나 흐르는 것은 시간이 아니라 우리의 마음일 뿐입니다. 이것은 마치 움직이는 기차 속에서 '나무가 빨리 달린다'고 생각하는 것과 다르지 않습니다. 태양과 지구의 관계에서 보면 우리는 '지구가 뜬다', 혹은 '지구가 진다'라고 말해야 합니다. 시간은 움직이지 않습니다. 시간은 영원한 것입니다. 동시구족상응문 속에서 시간은 항상 영원한 현재일 뿐입니다. 그리고 그때의 시간은 공간과 분리되지 않습니다. 한 가지 예를 들어 설명해 보겠습니다.

골목길에 A라고 하는 사람이 서 있다고 생각해 봅시다. 그 사람에게 B라고 하는 사람이 모퉁이를 지나는 순간 '현재'가 나타납니다. 그리고 B가 다시 모퉁이로 사라지면 B는 '미래' 속으로 사라지는 것입니다. 만약 A가 골목길에 서 있지 않고 지붕위에 올라가 있다면, B가 동네 어귀에 들어서는 순간부터 동네 밖으로 사라지는 순간까지 현재는 확대될 것입니다. 만약 A가 무한대로 높이 올라갈 수 있다면, A에게는 모든 것이 영원한 현재가 될 것입니다.

미래란 시간의 한 부분이 아닙니다. 미래는 단지 욕망일 따름입니다. 그래서 과거는 기억이요, 미래는 욕망이라고 합니다. 이런 맥락에서 우리가 추구하는 완전함이란 미래의 어떤 목표가 아닙니다. 완전함이란 우리가 본래부터 가지고 있는 것입니다. 같은 방식으로 니르바나 즉 깨달음도 미래에 성취해야 할 어떤 목표가 아닙니다. 그렇기에 희망 역시 삶을 미루는 한 방식에 지나지 않습니다. 사실 우리가 어디 있더라도 그 자리가 바로 목표입니다. 의상義相이 화엄일승법계도華嚴一乘法界圖에서 초발심을 낸 때가 바로 그대로 바른 깨달음(初發心時便正覺)이라고 했듯이, 깨어있는 의식으로 가득 차, 평범한 삶을 사는 것이 바로 니르바나입니다. 이런 삶 속에서는 생사와 열반이 항상 함께 조화롭게 있는 것(生死涅槃常共和)입니다.

그러나 사실 현재라는 것도 존재하지 않습니다. 『금강경金剛經』에 과거심도 얻을 수 없고 미래심도 얻을 수 없고 현재심도 얻을 수가 없다고 했듯이, 과거와 미래란 현재라는 강물의 양 둑과 같은 것입니다. 양 둑이 없다면 현재도 존재할 수 없는 것이지요. 시간이 없다면 죽음도 없습니다. 그러나 이사무애법계에서 살펴보았듯이 화엄에서는 죽음이 존재하는 사법계와 죽음이 없는 이법계과 서로 장애가 되지 않고 공존한다고 말합니다. 나아가 삶과 죽음이 서로 장애되지 않고 상즉相卽 상입相入하는 사사무애법계를 말하고 있습니다. 죽음이란 삶과 분리되지 않는 것입니다. 우리가 사랑을 할 때 우리는 순간적으로 영원한 현재, 즉 시간이 존재하지 않음을 체험할 수 있습니다. 왜냐하면 그 순간 우리는 죽음을 체험하기 때문입니다. 그리고 죽음과 함께 새로운 생명이 잉태되는 것입니다. 이런 측면에서 사사무애법계에서의 죽음은 유식唯識의 죽음과 같습니다.[6)]

모든 것은 변합니다. 그렇지만 변하지 않는 중심이 있습니다. 중심은 변하기도 하고 변하지 않기도 합니다. 그 중심이 바로 마음입니다. 그리고 중심인 마음은 욕망으로 구성되어있습니다. 그러나 그 욕망은 사법계의 욕망과 다릅니다. 그 욕망은 강물과 같이 자연스럽게 흐릅니다. 『십우도十牛圖』 혹은 『심우도尋牛圖』의 아홉 번째 그림과 같이 버들은 푸르고 꽃은 붉고, 그리고 욕망은 강물처럼 흘러갑니다.

죽음은 삶의 일부분입니다. 죽음은 연속되는 과정입니다. 미래로 향하는 과정이 아닌, 지금 여기 존재합니다. 죽음이 확실하다고 느낄 때 과거는 존재하지 않습니다. 그리고 일단 과거를 놓아버리면 미래도 스스로 떨어져 나갑니다. 미래는 다만 과거의 투사일 뿐이기 때문입니다. 이처럼 시간감각이 사라지면 모든 욕구와 결핍감이 사라질 뿐만 아니라 죽음도 사라집니다. 시간은 우리의 상념이 만들어 낸 허구에 불과하기 때문입니다.

---

6) 유식에서의 유근신과 기세간은 모두 다 아뢰야식의 識轉變에 의한 창조물입니다. 그렇기 때문에 기세간과 유근신은 분리될 수 없습니다. 이는 하이데거가 인간을 Dasein(거기-있음)으로 규정하는 것과 본질적으로 같습니다. 즉 인간의 있음이란 거기-있음이고 그 '거기' 란 세계를 말하기 때문입니다.

참존재 속에서 모든 시간관념은 사라지며, 그것이 사라지는 것이야말로 평화의 핵심적인 측면이다. 일단 시간의 압력이 사라지고 나면 시간이야말로 인간 조건에 따라붙는 괴로움의 첫째가는 근원 중의 하나였으리라는 것을 깨닫게 된다. 시간관념은 스트레스와 압박감과 근심과 두려움을 빚어내고 다양한 형태의 무수한 불만과 불쾌감을 자아낸다.… '그렇게 계산하고 쫓기는 일에 너무 많은 시간이 허비되었다. 이제는 그렇게 허비할 시간이 별로 없다. 우리가 하고 싶은 일은 많은데 시간은 얼마 없다. 시간은 곧 바닥날 것이다.' 시간감각이 사라지기 전까지는 참된 자유와 평화가 어떤 기분인지 체감할 가능성은 전혀 없다(데이비드 호킨스, 2001: 209-210).

우리는 우리를 포함한 전체가 하나가 아니라 분리되어 있다는 환상에서 벗어나야 합니다. 우리는 "다중 형상을 한 단일 실체"임을, 그리고 단일 실체로서 우리의 영광을 깨닫고 체험할 수 있도록 다중형상을 하고 있음을 깨달아야 합니다. 그리고 신은 삶 자체의 에너지이고 절대 죽지 않고 단지 형태를 바꿀 뿐이며, 이 에너지는 삼라만상 안에 있을 뿐 아니라 삼라만상 자체로서 모든 형상을 가진 것을 형성하는 에너지임을 깨달아야 합니다(N.D. Walsch, 2001: 64).

진리는 체험될 수 있는 것이 아닙니다. 진리는 내가 진리가 됨으로써 알 수 있는 것입니다. 우리 마음이 무엇을 알고 있다고 생각한다면 그것은 무엇에 "대해" 아는 것에 지나지 않습니다. 참으로 안다는 것은 그 아는 대상이 됨을 뜻합니다. 내가 중국에 대해 모든 것을 다 안다고 해도 중국이 되는 것은 아닙니다. 죽음도 마찬가지입니다. 그러나 다른 진리와는 달리 죽음은 그 체험의 결과를 다른 사람들에게 알려줄 수 없습니다. 그렇기 때문에 죽음과 유사한 체험, 즉 임사체험이 중요합니다. 임사체험은 광대하고 눈부신 사랑의 영역을 체험케 해줍니다. 그런 체험을 한 사람은 마음가짐과 태도에서 커다란 변화를 보여줍니다. 전보다 훨씬 평화롭고 너그러운 태도를 보여주며, 죽음에 대한 두려움이 사라집니다. 퀴블로 로스는 사후생死後生을 경험한 사람들의 말을 통해 이를 다음과 같이 말하고 있습니다.

> 많은 이들이 예수, 하느님 혹은 사랑에 비유하고 있는 이 엄청난 빛의 출현을 통해, 이승에서의 당신의 모든 삶이 어떤 시험을 통과하거나 특별한 교훈을 배우기 위해 거쳐야 하는 학교에 지나지 않다는 것을 알게 될 것이다. 이 학교를 끝내고 이 수업을 마치자마자 당신은 졸업하기 위해 집에 가게 되는 것이다.(중략) 모든 사람들은 자기가 왔던 곳으로 되돌아가기 전에 배워야 할 한 가지가 있는데 그것은 무조건적인 사랑이다. 이것을 배우고 실행했다면 당신은 모든 교과과정을 훌륭하게 마친 것이다(엘리자베스 퀴블러 로스, 2002: 31).

Ⅳ. 매 순간이 죽음이다

틱낫한 스님은 불교를 철학이나 학문의 대상으로 생각하고 분석 연구하는 사람들은 결코 불교를 알 수 없다고 했습니다(틱낫한, 2003: 99). 한편 성철 스님은 깨달음을 해오解悟와 증오證悟로 구별하여 증오를 해야만 진정한 깨달음이라고 했습니다. 그렇다고 하더라도 혹시 우리들은 증오는 어렵더라도 해오는 가능하지 않을까요?

우리들은 언어를 유일한 탐구 대상으로 연구합니다. 언어는 어떤 것을 어떤 것으로 존재하게 하는 사회적 의미체계입니다. 따라서 우리가 어떤 언어를 말하거나 들을 때는 그 언어가 가진 의미체계를 통째로 받아들이게 되는 것입니다. 그러나 그렇기 때문에 언어나 문자를 수단으로 하는 연구는 오히려 우리의 고정관념을 강화시켜 진리로부터 멀어지게 합니다. 삶과 죽음이 대표적인 사례입니다. 언어라는 조건화에서 벗어나지 못하면 우리는 삶과 죽음의 분별에서 벗어날 수 없습니다. 그렇지만 그 언어가 아니면 또 어떻게 진리에 다가갈 수 있겠습니까? 그렇기 때문에 죽음과 죽음교육에 대한 모든 논의는 낙서가 즐비한 벽에 주인이 '낙서금지' 라고 낙서하는 것과 같습니다. 또 시끄럽게 떠드는 아이들에게 '야, 조용히 좀 하자' 라고 떠드는 것과 같습니다.

죽음은 존재하지도 않고 반대로 공空하지도 않습니다. 연기緣起로 인해 죽음은 존재하지만 연기하기 때문에 또한 죽음은 존재하지 않습니다. 연기하기 때문에 죽음은 존재할 뿐만 아니라 존재하지 않기도 합니다. 그리고 연기하기 때문에 존재하지 않기도 하고 존재하지 않는 것도 아닙니다. 따라서 죽음은 삶이고 죽음은 삶이 아니며 죽음은 삶이자 삶이 아니기도 합니다. 죽음은 삶이 아니거나 삶이 아닌 것이 아니기도 합니다.

무지한 자들에게 죽음은 삶의 죽음입니다. 그러나 아는 자들에게 죽음은 삶의 시작이며 신으로 향하는 문입니다. 죽음은 삶의 반대가 아닙니다. 죽음은 삶의 최고의 상태입니다. 죽음은 삶이 존재하도록 허락합니다. 죽음은 삶의 전체적인 노력의 성취입니다. 죽음은 삶의 절정이고 결실입니다. 그렇기 때문에 우리는 죽을 때 우리 삶의 모든 경험을 해방시키게 됩니다. 죽음은 우리가 계속해서 지각하고 이해하고 웃고 성숙할 수 있는 더 높은 의식 상태로의 변화일 뿐입니다. 유일하게 잃어버리는 것이 있다면 우리가 내 몸이라고 생각하는 유근신有根身입니다.

이러한 죽음을 우리는 매 순간 경험해야 합니다. 미얀마의 존경받는 승려 우 꼬살라 사야도는 생일은 '개념적인 생일'과 '실재적인 생일' 두 가지가 있다고 했습니다(묘원역, 2005: 47). 개념적인 생일은 부모가 정해준 것이고, 실재하는 생일은 매 순간마다 나고 매 순간마다 죽는 것을 말합니다. 그래서 매 순간 나고 죽는 것을 아는 날이 실재하는 생일이 된다고 합니다. 우리는 과연 지금 매순간의 생일을 축하하고 있습니까?

제2장 노자의 죽음관

Ⅰ. 노자에게 죽음관을 질문하는 이유

이 글은 현대 죽음관이 안고 있는 문제점을 살펴보고, 그 문제를 해결할 수 있는 실마리를 노자老子사상에서 찾아보기 위한 것입니다.

대부분의 현대인은 죽음에 대해 비관적인 태도를 갖고 있습니다. 그 이유는 세계와 분리된 자아를 '나'라고 생각하는 현대적인 관점에서 보면, 죽음은 자기 존재의 완전한 상실을 의미하기 때문입니다. 현대인은 대부분 부, 명예, 권력, 인기 등을 확장하는 것을 삶의 목적으로 하고 있기에 마치 부, 명예, 권력, 인기가 자기 자신이라고 착각하고 그것에 집착합니다. 이런 외적인 성취를 자신과 동일시하게 되면, 죽음은 모든 것의 상실을 의미합니다. 따라서 현대인은 죽음에 대해 비관적이고 죽음의 두려움에 속박되어 있으며, 결코 죽음으로부터 자유로울 수 없습니다.

그렇기 때문에 현대인은 죽음을 외면하고자 합니다. 자신의 삶에는 마치 죽음이 없는 것처럼 생각하면서 살거나 죽음을 되도록 멀리 하려고 합니다. 심지어 시한부 인생으로 투병 중인 환자에게조차 가족들은 죽음이 다가왔다는 것을 숨기려고 하는 경우가 있습니다. 죽음을 앞둔 사람이 죽음을 받아들이고 준비하도록 돕기보다는 오히려 삶에 대한 희망을 갖도록 더 많은 노력을 기울이는 경향이 있습니다. 이것은 되도록 죽음을 외면하려는 현대인의 죽음관이 반영된 모습입니다.

이런 현대인의 죽음관은 다음과 같은 문제점을 안고 있습니다. 첫째, 현대 죽음관으로 인해서 현대인의 죽음에 대한 두려움이 극대화됩니다. 죽음에 대한 두려움이 커질수록 현대인의 삶은 불행하고 고통스럽다. 현대적인 관점에서 죽음이라는 것은 총체적인 상실을 의미하므로, 현대인의 삶은 죽음에 대한 두려움에 속박되며 불행할 수밖에 없습니다. 둘째, 현대 죽음관으로 인해서 현대인은 마지막 성장 기회로서의 죽음을 활용할 수 없습니다. 현대인은 죽음을 기피하고 삶에서 없애려고만 하기 때문에 죽음을 마지막 성장의 기회로 만들 수 없습니다. 셋째, 현대 죽음관으로 인해서 현대인은 죽음을 종말이라고 생각하게 됩니다. 그러므로 현대인의 죽음에는 고통밖에 없습니다. 그 결과 현대인은 고통스럽게 죽음을 맞이합니다. 이런 이유 때문에 현대 죽음관의 문제를 극복할 수 있는 새로운 죽음관의 모색이 절실히 요구됩니다.

이 글에서는 현대 죽음관의 문제를 해결할 수 있는 새로운 죽음관을 노자사상에서 찾아보고자 합니다. 노자사상에서 그 해답을 찾고자 하는 이유는 노자사상에 현대 죽음관의 문제를 해결할 수 있는 자원이 풍부하게 내재되어 있기 때문입니다. 노자는 죽음을 도道의 관점에서 바라봅니다. 도道의 관점에서 보면 생겨나고 죽는 것은 자연스러운 것입니다. 노자의 죽음관은 죽음을 거부하고 부정하려는, 도道에서 벗어나 있는 현대인에게 새로운 죽음관을 제공해주고 있습니다. 또한, 노자사상은 죽음을 도道의 관점에서 보기 때문에 죽음을 두려워하지 않으며, 도道의 유행으로 죽음을 받아들입니다.

『도덕경』에는 죽음이라는 개념을 직접 사용해서 죽음관을 설명한 구절은 많지 않습니다. 그러나 『도덕경』은 상징성이 매우 높은 고전이므로, 우리가 하는 어떤 질문에 대해서도 매우 현실적인 해답을 줍니다. 이 글에서는 노자의 인위人爲로서의 죽음관에 대한 비판과 무위無爲로서의 죽음관을 살펴보도록 하겠습니다.

II. 인위人爲로서의 죽음관에 대한 비판

노자는 인위人爲로서의 죽음관을 비판하고 있습니다. 인위人爲란 도道의 흐름에 순응하지 않고 작위하고자 하는 것입니다. 인위人爲로서의 죽음관은 죽음을 극복, 외면, 부정하려고 하는 관점입니다. 노자의 관점에서 보자면, 인위人爲로서의 죽음관은 도道와 어긋난 것입니다. 인위人爲로서의 죽음관은 분리된 존재로서의 나에 대한 인식을 바탕으로 합니다. 이런 관점에 의하면, 죽음은 끝이며 모든 것의 상실을 의미합니다. 따라서 죽음을 비관적으로만 생각하게 되고 기피하고 외면하려고 합니다. 노자는 인위人爲로서의 죽음관에 대해 다음과 같이 비판합니다.

> …그 입구를 막고, 그 문을 닫으면, 평생토록 수고롭지 않으나, 그 입구를 열고 풀어나가려고 하면 몸을 마치도록 구제하지 못한다.[7)]

'입구를 막고'는 인위적인 무엇을 하는 것을 멈추는 것이며, '입구를 열고'는 인위적인 무엇을 위해 쉼 없이 노력하는 것입니다. 노자는 인위人爲를 멈추면, 평생토록 수고롭지 않다고 합니다. 삶을 위한 인위人爲를 멈추는 순간, 우리의 삶은 수고로움과 죽음의 두려움으로부터 벗어날 수 있을 것입니다. 그러나 삶을 위해서 죽음에 대해 인위人爲하려고 하면, 죽음의 그늘에서 영원히 벗어나지 못한다고 합니다. 따라서 노자는 삶과 죽음에 대한 인위人爲를 다음과 같이 경계하고 있습니다.

> 큰 나라를 다스리는 것은 작은 물고기를 요리하듯 해야 하니….[8)]

'작은 물고기 요리하듯 한다'는 것은 작위하지 않는다는 뜻입니다. 작은 물고기를 요리할 때, 자꾸 뒤집으면 결국 고기가 다 부서집니다.

---

7) 『老子』, 52, "… 塞其兌, 閉其門, 終身不勤, 開其兌, 濟其事, 終身不救."

8) 『老子』, 60, "治大國若烹小鮮."

삶과 죽음에 대한 우리의 자세도 마찬가지입니다. 마음대로 하려는 인위人爲를 멈추어야 합니다. 삶에서 죽음을 없애기 위한 인위적인 노력은 삶을 온통 욕망의 노예로 만들어 버립니다.

인위人爲로서의 죽음관은 도道와 어긋나므로 많은 고통을 야기합니다. 노자는 인위人爲로서의 죽음관을 다음의 세 가지 측면에서 비판합니다.

첫째, 인위人爲로서의 죽음관에 의하면, 우리는 삶과 죽음을 분별하는 자세를 가집니다. 인위人爲로서의 죽음관은 삶과 죽음을 완전히 분리시켜서 생각하고, 죽음을 삶의 완전한 상실로 인식합니다.

둘째, 인위人爲로서의 죽음관을 받아들이면, 우리는 끊임없이 죽음을 회피하려고 합니다. 그러나 우리는 죽음을 피할 수는 없으며, 죽음을 회피하려고 할수록 커지는 죽음에 대한 두려움을 경험하게 됩니다.

셋째, 인위人爲로서의 죽음관에 의하면, 삶에 집착하게 됩니다. 인위人爲로서의 죽음관은 죽음을 인정하지 않고, 살기 위한 노력만 기울입니다. 삶에 대한 집착은 우리가 진정한 삶의 의미를 느낄 수 없도록 만들어버립니다.

인위人爲로서의 죽음관에 대한 노자의 비판을 자세히 살펴보면 다음과 같습니다.

1. 삶과 죽음에 대한 분별심

인위人爲로서의 죽음관은 삶과 죽음을 분별합니다. 삶이 없는 죽음은 존재할 수 없고 죽음이 없는 삶이 있을 수 없음에도 불구하고, 인위人爲로서의 죽음관은 우리로 하여금 삶과 죽음을 완전히 분리해서 생각하도록 영향을 미칩니다. 노자는 삶과 죽음을 분별하는 것에 대해 다음과 같이 비판하고 있습니다.

> 수컷을 알고 암컷을 지키면 천하의 골짜기가 되니, 천하의 골짜기에는 영원한 덕德이 떠나지 않으며 어린아이처럼 되돌아간다. 그 밝은 것을 알고, 그 어둔 것을 지키면 천하의 모범이 되니, 천하의 모범이 되면 영원한 덕德이 어긋나지 않으며, 무극無極으로 복귀한다. 그 영화를 알고 그 욕됨을 지키면 천하의 골짜기가 되고, 천하의 골짜기가 되면 영원한 덕德이 넉넉하며 다시 질박함으로 돌아간다. 질박함이 부서져 그릇이 되니, 성인聖人이 그것을 써서 관장官長을 만든다. 그러므로 크게 짓는 것은 자르지 않는다.[9)]

사람들은 수컷과 암컷, 밝은 것과 어두운 것, 영화榮華와 욕됨에 대한 분별심을 가지고 있습니다. 분별심에 의하면 암컷, 어두운 것, 욕되는 것은 내 삶에서 없애버려야 할 것입니다. 그러나 노자는 암컷, 어두운 것, 욕됨을 그대로 인정함으로써 덕을 이룰 수 있다고 합니다. 삶과 죽음에 대해서도 마찬가지입니다. 죽음을 그대로 인정하면 삶이 더욱 찬란한 빛을 발휘하게 됩니다. '크게 짓는 것은 자르지 않는다'는 말도 같은 의미를 담고 있습니다. 사람들은 삶과 죽음을 분별하여, 죽음을 자르고서 삶을 크게 짓고자 하지만 지으려고 할수록 불행해집니다. 죽음은 삶에서 잘라낼 수 있는 것이 아니기 때문입니다.

---

9) 『老子』, 28, "知其雄, 守其雌, 爲天下谿, 爲天下谿, 常德不離, 復歸於嬰兒, 知其白, 守其黑, 爲天下式, 爲天下式, 常德不忒, 復歸於無極, 知其榮, 守其辱, 爲天下谷, 爲天下谷, 常德乃足, 復歸於樸, 樸散則爲器. 聖人用之, 則爲官長, 故大制不割."

삶과 죽음에 대한 분별심은 삶은 좋아하고 죽음을 싫어하는 것으로 나타납니다. 이에 대해 노자는 다음과 같이 말합니다.

> … 덕이 있는 이는 계契를 맡은 것처럼 하고, 덕이 없는 사람은 철徹을 맡은 것처럼 한다. 천도天道는 사사로이 친함이 없으니 언제나 선인善人과 함께한다.[10)]

계契는 계약서를 좌우로 나누어 우계右契는 곡식을 받치는 사람이나 책무를 지는 사람이 가지고, 좌계左契를 가진 자는 우계를 가진 자가 와서 채무사항을 이행하도록 할 뿐이지 그 사람의 선악은 따지지 않는다고 합니다. 철徹은 세금을 혹독하게 거두어 원망이 생기게 하는 세법을 말합니다(노자, 2001: 263-264).

덕이 있는 사람은 계契를 맡은 듯이 하므로, 너그럽게 무위자연으로 임합니다(노자, 2001: 264). 자기를 내세우거나 인위人爲적으로 무엇을 하려고 하지 않습니다. 즉 무위無爲합니다. 반면, 덕이 없는 사람은 철徹을 맡은 것처럼 하므로, 약간의 손해도 없게 하려고 각박하게 굽니다(노자, 2001: 264). 덕이 없는 자는 자기가 옳다고 생각하는 대로 밀고 나갑니다. 즉 인위人爲합니다.

덕 있는 이와 덕 없는 이의 삶과 죽음에 대한 자세도 마찬가지입니다. 덕 있는 이는 삶과 죽음을 분별하지 않고, 삶을 위해서 죽음을 부정하지 않습니다. 그러나 덕 없는 이는 끝까지 삶만 고집하고 죽음을 외면합니다. '천도天道는 사사로이 친함이 없다' 고 했습니다. 그러므

---

10) 『老子』, 79, "… 有德司契, 無德司徹. 天道無親, 常與善人."

로 삶과 친하고자 하고 죽음을 멀리하고자 하지 않습니다. 덕이 없는 자는 친함이 있어서, 삶과는 친하고 죽음과는 친하지 않습니다.

삶과 죽음을 분별하는 마음은 다음과 같은 모습으로 나타나기도 합니다.

> 천하가 모두 나의 도道는 커서 닮은 것이 없는 것 같다고 한다. 오직 크기 때문에 닮은 것이 없는 것 같다. 만약 무언가를 닮았다면 본래부터 자질구레한 것일 뿐일진저! 나에게는 세 가지 보물이 있으니, 그것을 지녀서 간직한다. 하나는 자애로움이고, 둘은 검약함이고, 셋은 감히 천하 앞에 나서지 않는 것이다. 자애로우므로 용감할 수 있고, 검소하므로 넉넉할 수 있고, 감히 천하에 앞서지 않으므로 그릇을 이루는 수장이 될 수 있다. 지금 사람들이 자애로움을 버리고 용맹스러움만 취하며, 검소하지 않으면서 헤프고, 물러섬 없이 앞장서려고만 하니 망칠 것이로다! 저 자애로움으로써 전쟁을 하면 승리하고, 지키면 견고하니, 하늘이 장차 그를 구원하는 것은 자애로움으로써 지키기 때문이다.[11)]

사람들은 삶과 죽음을 분별하여 지킬 것과 버릴 것을 나눕니다. 노자는 위의 구절에서 사람들이 버리려고 하는 자애로움이나 검소, 물러섬이 도道라고 말합니다. 자애로움으로써 하면, 취할 것과 버릴 것을 엄격하게 분별하여 나누지 않습니다.

삶과 죽음에 대해서 보통 사람은 삶과 죽음을 분별하여 죽음을 버리고 삶을 취하려고 하므로 자애롭지 못합니다. 그리고 삶을 넉넉하

---

11) 『老子』, 67, "天下皆謂我道大, 似不肖. 夫唯大, 故似不肖. 若肖, 久矣細也夫. 我有三寶, 持而保之. 一曰慈, 二曰儉, 三曰不敢爲天下先. 慈, 故能勇; 儉, 故能廣; 不敢爲天下先, 故能成器長. 今舍慈且勇, 舍儉且廣. 舍後且先, 死矣. 夫慈, 以戰則勝, 以守則固, 天將救之, 以慈衛之."

게 하기를 원하지만, 하루하루의 삶의 의미를 깊이 느끼고 검약하면서 소중하게 여기지는 않습니다. 또 천하 앞에 나서서 마치 자신이 삶을 조작할 수 있다는 듯이 인위人爲를 하려고 합니다. 이런 삶에 대한 태도로 삶에 임할수록 삶을 망치게 된다고 노자는 말합니다.

노자는 삶과 죽음을 분별하는 인위人爲의 노력이 필요 없다고 다음 구절에서 말하고 있습니다.

> 나라는 작고 백성은 적으니, 편리한 기계가 많이 있어도 사용하지 않게 하고, 백성으로 하여금 죽음을 중히 여겨, 멀리 옮겨 다니지 않도록 한다. 배와 수레가 있지만 그것을 탈 일이 없고, 병장기가 있지만 그것을 쓸 일이 없다. 사람들로 하여금 다시 새끼를 엮어 쓰게 하고 그 음식을 달게 여기고, 그 옷을 아름답게 여기면, 그 사는 곳을 편안히 여기고, 그 풍속을 즐거워하게 하니, 이웃 나라가 서로 바라보이고, 닭 울고 개 짖는 소리가 서로 들릴 정도로 가까워도 백성들은 늙어 죽을 때까지 서로 왔다갔다하지 않는다.[12)]

도道의 세상에서는 '편리한 기계', '배와 수레', '병장기' 등의 인위人爲를 위한 도구를 쓸 일이 없습니다. 도道와 하나가 되는 삶에서는, 삶과 죽음에 대해 어떤 인위적인 노력도 기울일 필요가 없습니다. '그 음식을 달게 여기고, 그 옷을 아름답게 여기면, 그 사는 곳을 편안히 여기고, 그 풍속을 즐거워하게 하니'라는 것은 분별하는 마음을 멈추라는 말입니다. 삶과 죽음을 비교하여 삶을 향해 달리려는 노력을

---

12) 『老子』, 80, "小國寡民, 使有什佰之器而不用, 使民重死而不遠徙, 雖有舟輿, 無所乘之; 雖有甲兵, 無所陳之; 使人復結繩而用之. 甘其食, 美其服, 安其居, 樂其俗. 隣國相望, 鷄犬之聲相聞, 民至老死不相往來."

기울이지 말라는 것입니다. 삶과 죽음을 구분하고 분별하려는 마음이 불행의 시작입니다.

2. 죽음에 대한 회피와 두려움

인위人爲로서의 죽음관은 사람들로 하여금 죽음을 회피하고 영원히 살고자 하는 노력을 기울이게 합니다. 죽음을 회피하고자 하는 것은 죽음에 대한 두려움 때문입니다. 죽음에 대한 두려움은 왜 생기는 것일까요? 노자는 다음과 같이 주장합니다.

> 백성이 죽음을 겁내지 않는데, 어찌 죽음으로써 두려워하게 하려 하는가? 만약 백성으로 하여금 늘 죽음을 두려워하게 하고 기이한 짓을 하는 사람이 있다면 내가 그를 잡아서 죽일 것이니 누가 감히 그렇게 하겠는가? 죽임을 맡은 이는 따로 있는 것이니, 죽임을 맡은 이를 대신하여 죽인다면, 이것을 일러 훌륭한 목수를 대신하여 나무를 깎는 것이라고 한다. 큰 목수를 대신하여 나무를 깎는다고 나서는 사람치고 그 손을 다치지 않는 이가 드물다.[13)]

우리가 죽음을 겁내지 않으면, 죽음으로 인한 두려움은 없을 것입니다. 사람이 죽음을 겁내는 것은 삶과 죽음을 이분법적으로 나누고, 삶은 이룸이며 죽음은 상실이라고 생각하기 때문입니다. 그러나 그것은 검증될 수 없는 생각일 뿐입니다. '죽임을 맡은 이는 따로 있는 것'

---

13) 『老子』, 74, "民不畏死, 奈何以死懼之, 若使民常畏死而爲奇者, 吾得執而殺之, 孰敢, 常有司殺者殺, 夫代司殺者殺, 是謂代大匠斲, 夫代大匠斲者, 希有不傷其手矣."

이라고 한 것은 삶과 죽음을 인위人爲로 결정할 수 없다는 것입니다. 따라서 '죽임을 맡은 이를 대신하여 죽인다면' 즉, 죽음을 회피하려고 하는 인위적인 행동을 하면 삶은 피곤해질 것입니다. 죽음을 회피하려는 인위人爲의 죽음관은 도道와 어긋나기 때문에 고통스러운 삶을 초래합니다.

노자는 죽음에 대한 두려움을 없애려면, 우리가 죽음에 대해서 모른다는 것을 자각해야 한다고 말합니다.

> 알고도 알지 못하는 것이 으뜸이요, 알지 못하면서도 안다고 생각하는 것은 병통이다. 오직 병을 병으로 여김으로써 병통이 없어지는 것이니, 성인에게 병통이 없는 것은 병을 병으로 여기기 때문에 병통이 없는 것이다.[14)]

보통 사람은 죽음을 알지 못하면서 안다고 생각하여 죽음에 대한 두려움을 갖고 있습니다. 죽음이 고통스럽다거나 상실이라고 생각하는 것은 죽음에 대한 제대로 된 이해가 아닙니다. 그럼에도 불구하고, 죽음은 그런 것이라고 스스로 안다고 생각하여 죽음에 대한 두려움을 키웁니다. 반면, 성인은 알지 못하면서 안다고 생각하는 것을 병으로 여기기 때문에 성인에게는 병이 없습니다. 성인은 자신이 죽음에 대해서 알지 못한다는 것을 이미 자각하고 있습니다. 따라서 죽음을 회피하려고 하지도 않고, 죽음에 대한 두려움도 없습니다. 우리는 죽음

---

14) 『老子』, 71, "知不知, 上; 不知知, 病. 夫唯病病, 是以不病. 聖人不病, 以其病病, 是以不病."

을 모르면서 안다고 생각하기 때문에 죽음으로 인한 두려움으로 고통을 받게 됩니다.

장자莊子는 보통 사람이 갖는 죽음의 두려움에 대해 다음과 같이 말합니다.

> 삶을 기뻐한다는 것이 미혹이 아닌지를 내 어찌 알겠소? 죽음을 싫어한다는 것이 어려서 고향을 떠난 채 돌아갈 길을 잃은 자가 아닌지를 내 어찌 알겠소? 여희麗姬는 애艾라는 곳의 국경지기 딸인데, 진晉나라가 처음 그를 가졌을 때는 너무 슬프게 울어서 눈물로 옷깃을 적실 정도였으나, 왕의 궁전에 이르러 왕과 잠자리를 같이 하며, 소 · 돼지고기 등 맛있는 음식을 먹게 되자 처음 울고불고 한 짓을 후회했다 하오. 저 이미 죽은 사람들도 처음에 삶을 바랐던 일을 후회하지 않는지를 내 어찌 알겠소?[15)]

여희麗姬는 진晉나라를 몰랐기 때문에 진晉나라에 오게 된 것을 슬퍼하다가, 진晉나라를 알게 된 후에 처음에 슬퍼했던 것을 후회합니다. 장자는 여희의 이야기처럼 우리가 죽음을 두려워하는 것은 죽음을 모르기 때문에 그런 것이라고 말합니다. 장자의 말대로 삶을 기뻐하거나 죽음을 싫어하는 것이 무엇에 근거를 두고 있을까요? 사람들은 스스로 만들어낸 죽음에 대한 두려움이라는 관념을 마치 분명한 실체가 있는 것처럼 착각하고 있습니다.

죽음에 대한 두려움 때문에 사람은 삶을 온통 삶으로만 가득 채우

15) 『莊子』, 「齊物論」, 26, "予惡乎知說生之非惑邪. 予惡乎知惡死之非弱喪而不知歸者邪. 麗之姬, 艾封人之子也, 晉國之始得之也, 涕泣沾襟., 及其至於王所, 與王同筐牀, 食芻豢, 而後悔其泣也. 予惡乎知夫死者不悔其始之蘄生乎."

려고 노력합니다. 그러나 노자는 '불욕영不欲盈'의 도道를 말하고 있습니다.

> … 이 도道를 간직하고 있는 사람은 그득 채우려고 하지 않으니, 무릇 채우지 않기 때문에 해지나 새로 만들지 않는다.[16)]

완전히 채워진 것에는 아무것도 담을 수 없습니다. 채우려고 하지 않는 것이 모든 것을 담을 수 있는 가능성을 줍니다. 삶과 죽음에 있어서도 완전히 삶만으로 채우려고 해서는 안 됩니다. 삶과 죽음이 함께 있는 그 자체가 도道입니다. 삶은 완전한 것이고 죽음은 부족한 무엇이 아닙니다. 그러므로 죽음을 회피하려는 노력을 기울일 필요가 없습니다. 삶만을 지속시켜서 완전히 채우고 죽음을 회피하려는 노력은 도道와 어긋납니다.

도道와 어긋나는 인위人爲의 삶에 대해서 노자는 다음과 같이 비판합니다.

> 오색五色은 사람의 눈을 어둡게 하고, 오음五音은 사람의 귀를 멀게 하며, 오미五味는 사람의 입을 맛들이고, 말달리며 사냥질하는 것은 사람의 마음을 미치게 만드니, 얻기 어려운 재화는 사람의 행실을 헤살 놓는다. 그래서 성인은 배부르게 하되 보기 좋게 하지 않으므로 저것을 버리고 이것을 취한다.[17)]

---

16) 『老子』, 15, "… 夫唯不盈, 故能蔽不新成."

17) 『老子』, 12, "五色令人目盲, 五音令人耳聾, 五味令人口爽, 馳騁畋獵令人心發狂, 難得之貨令人行妨. 是以聖人爲腹不爲目, 故去彼取此."

위 구절의 오색五色, 오음五音, 오미五味, 말달리며 사냥질 하는 것, 얻기 어려운 재화 등은 인위人爲로써 얻는 것들입니다. 인위人爲로 얻은 것에 의해서 삶을 망칠 수 있습니다. 그러므로 성인은 '보기 좋게 하지 않는다' 고 합니다. '보기 좋게 하는 것' 은 삶의 본질이 아닌 피상적인 외부 사물에 집착하는 삶을 사는 것입니다. 외부 사물에 집착하는 삶은 세상과 분리된 존재로서의 나를 전제로 합니다. 이 때 죽음은 모든 것의 상실을 의미합니다. 그러므로 인위人爲의 죽음관을 가진 자는 죽음에 대한 두려움을 가지게 됩니다.

3. 삶에 대한 집착

인위人爲로서의 죽음관은 사람들로 하여금 삶에 집착하도록 합니다. 인위人爲의 죽음관에 의하면, 죽음은 모든 것의 종말을 의미하므로 사람들은 삶을 지키기 위한 필사의 노력을 기울입니다. 그러나 삶을 지키려고 자신의 뜻대로 인위人爲하려는 순간부터 삶의 노예가 됩니다. 삶은 한 점의 자유도 없이 살기 위한 몸부림으로 가득 차게 됩니다. 노자는 삶에 대한 집착에 사로잡혀서, 삶을 온통 삶으로만 채우려고 하는 불가능한 노력을 다음과 같이 비판합니다.

> 서른 개의 바퀴살이 하나의 바퀴통으로 모여 있으니, 그 무無가 있으므로 수레로서의 쓰임이 있다. 찰흙을 이겨 그릇을 만듦에 그 무無가 있으므로 그릇으로서의 쓰임이 있다. 창문을 뚫어 집을 만듦에 그 무無가 집으로서의 쓰임이 있다. 그러므로 유有가 이로운 것은 무無가 용用이 되기 때문이다.[18)]

비어있는 것들은 모든 것을 받아들이고 수용할 수 있습니다. 비어있음이 바로 도道입니다. 꽉 차있다면, 즉 무엇에 사로잡혀 있다면, 더 이상 아무 것도 담을 수 없습니다. 이 구절은 비어있음의 도道를 통해 어떤 것에 대한 집착이나 사로잡힘이 없는 경지를 말하고 있습니다. 삶과 죽음에 있어서도 삶에 사로잡혀 있으면, 도道에 어긋난 것임을 말하고 있습니다. 이런 삶에 대한 집착은 끊임없는 외물의 추구를 낳습니다. 노자는 다음과 같이 말합니다.

> 천하를 취해서 작위하려고 한다면 나는 그것이 불가능하다고 본다. 천하는 신묘한 그릇이니, 작위할 수 없다. 작위하면 실패하고 잡으려면 잃어버린다. 그러므로 사물이 혹 앞서 가기도 하고 혹 뒤따르기도 하며, 훈훈하게 불 때도 있고 싸늘하게 내불 때도 있으며, 강하기도 하고 약하기도 하며, 어떤 경우에는 꺾기기도 하고 어떤 경우에는 무너지기도 한다. 그래서 성인은 심한 것, 사치스러운 것, 지나친 것을 버린다.[19)]

노자는 이 세상의 어느 것도 작위하지 말아야한다고 합니다. 작위해서 손에 쥐려고 하는 순간 모든 것을 잃습니다. 삶도 마찬가지입니다. 삶을 꼭 쥐려고 하는 순간, 우리는 삶을 완전히 잃어버리게 됩니다. '앞서는 것', '훈훈한 바람', '강함' 만이 있도록 하려는 작위는 불가능합니다. 꺾일 수도 있고 무너질 수도 있습니다. 따라서 이런 진리를 아

---

18) 『老子』, 11, "三十輻共一轂, 當其無, 有車之用. 埏埴以爲器, 當其無, 有器之用. 鑿戶牖以爲室, 當其無, 有室之用. 故有之以爲利, 無之以爲用."

19) 『老子』, 29, "將欲取天下而爲之, 吾見其不得已. 天下神器, 不可爲也. 爲者敗之, 執者失之. 故物或行或隨, 或歔或吹, 或强或羸, 或挫或隳. 是以聖人去甚, 去奢, 去泰."

는 자라면 삶에만 지나치게 집착하지 않을 것입니다. 삶에 대한 집착은 채워지지 않는 욕망이기 때문에, 인간을 불행으로 몰고 갑니다.

> 도道는 항상 하는 것이 없지만, 하지 못하는 것도 없나니, 후왕이 만약 그것을 지킬 수 있다면 만물이 장차 저절로 될 것이다. 자생자화 하다가 욕심이 일어나면 나는 장차 무명이란 소박으로 그것을 진정시킬 것이다. 무명의 소박을 쓰면 욕심이 없어질 것이요, 욕심내지 않음으로써 고요하니 천하가 저절로 안정될 것이다.[20)]

노자는 위 구절에서 욕심내고 작위하는 것에 대해 경계하고 있습니다. 도道는 작위하지 않아도 다스려지지 않는 것이 없는데, 보통 사람은 무엇인가 작위하고자 합니다. 이에 노자는 무명無名의 소박을 써서 하고자 하는 욕심을 없애면 안정을 얻을 수 있다고 합니다. 우리는 고요나 안정을 위해서 무엇인가를 제거하고 그것을 지키기 위한 수고를 기울여야 한다고 생각합니다. 하지만 노자는 우리가 그렇게 작위하려는 몸짓을 멈추어야 고요와 안정을 얻을 수 있다고 합니다.

마찬가지로 삶에 대한 욕심과 삶을 지키려는 작위를 멈추는 순간, 삶은 죽음의 두려움으로부터 벗어나 저절로 안정될 것입니다. 삶에 대한 욕심은 삶과 죽음을 이분법적으로 보는 관점에서 오는 것입니다. 외물에 대한 욕심과 '나'라는 에고가 떨어져 나가면 욕심도 사라지게 됩니다. 작위를 멈추는 순간을 노자는 다음과 같이 말합니다.

---

20) 『老子』, 37 "道常無爲, 而無不爲, 侯王若能守之, 萬物將自化, 化而欲作, 吾將鎭之以無名之樸. 無名之樸, 夫亦將無欲, 不欲以靜, 天下將自定."

이름과 몸 중에서 어느 것이 친하고, 몸과 재물 중에서 어느 것이 중요하며, 얻음과 잃음 중에서 어느 것이 병통인가? 이러므로 너무 아끼면 크게 낭비하게 되고, 지나치게 쌓아두면 반드시 많이 잃게 될 것이니, 만족할 줄 알면 욕되지 않고, 그칠 줄 알면 위태롭지 않으니 오래갈 수 있다.[21)]

더 오래 영원히 살고자 하면 삶은 망가집니다. 지금의 삶에 지족知足하는 지혜가 삶의 온 순간을 의미 있게 만들어 줄 것입니다. 또한 삶을 추구하고 죽음을 거부하고자 하는 몸짓을 멈출 줄 아는(知止) 자가 진정한 삶을 살 수 있습니다. 영원한 삶은 영원한 삶에 대한 집착을 멈출 때 가능합니다.

삶을 위한 어떤 인위人爲도 하지 않는 것은 겉으로 보기에는 매우 평범합니다. 이 평범한 것이 도道라고 하면 믿지 못하는 경향이 있습니다. 보통 사람은 도道는 특별한 어떤 노력을 기울여야 얻을 수 있을 것이라고 생각합니다. 그러나 그 평범함이 바로 도道입니다. 노자는 다음과 같이 말합니다.

… 큰 길은 아주 평이하나 백성들은 샛길을 좋아하며….[22)]

큰 길(大道)은 아주 평이하기 때문에 사람들은 샛길을 좋아합니다. 도道와 하나 되어 사는 즉, 잘 사는 것은 무엇인가 특별해야 한다고

---

21) 『老子』, 44, "名與身孰親. 身與貨孰多. 得與亡孰病. 是故甚愛必大費, 多藏必厚亡, 知足不辱, 知止不殆, 可以長久."

22) 『老子』, 53, "… 大道甚夷, 而民好徑…."

생각하기 때문에 평이하게 보이는 길은 가지 않으려고 합니다. 그러나 사람들이 가지 않는 평이한 큰 길이 바로 도道입니다. 보통 사람은 죽지 않기 위해서 삶을 지키려고 노력하는 샛길을 선호합니다. 서로 앞 다투어 그 샛길로 가려고 하기 때문에 그렇게 해야만 하는 것처럼 생각합니다. 그러나 그 길은 삶을 온전히 살지 못하게 하는 삶을 낭비하는 길입니다.

삶에 집착하는 사람에게 노자는 삶의 진정한 주인이 될 수 있는 방법을 다음과 같이 말하고 있습니다.

> 잘 세운 것은 뽑히지 않고, 잘 감싼 것은 벗겨지지 않으니, 자손이 제사를 그치지 않는다(즉 끊임없이 이어진다).[23]

노자가 말하는 '잘 세우는 것'은 무엇일까요? 삶을 잘 세운다는 것은 진정한 자기에 바탕하는 세움을 말합니다. 진정한 자기를 바탕으로 세우는 삶은 흔들리지 않고 뽑히지 않습니다. 삶을 잘 세움은 도道를 바탕으로 하는 것으로 삶과 죽음이 모두 들어와 있습니다.

잘못 세운 것은 분리된 자아라는 바탕 위에 세우는 것입니다. 늘 뽑히고 불안정합니다. 삶과 죽음이 이분법적으로 나누어지고 삶만으로 세우려고 합니다. 삶만으로 세우려고 하는 것은 욕망에 불과하며 불가능한 일입니다. 그러므로 불안정한 삶이 됩니다.

삶에 집착하는 사람은 삶의 평화를 잃게 되고, 삶의 주인이 되기보

---

23) 『老子』, 54, "善建者不拔, 善抱者不脫, 子孫以祭祀不輟."

다는 삶에 연연하는 노예와 같은 삶을 살게 됩니다. 그런 삶에는 자유가 없습니다. 노자는 그런 삶에 대해 다음과 같은 대안을 말하고 있습니다.

> … 그래서 군사가 강하기만하면 이길 수 없고, 나무가 강하기만 하면 베어진다. 강하고 큰 것은 낮은 곳에 있고, 부드럽고 연약한 것은 높은 곳에 처한다.[24)]

노자는 '군사가 강하기만하면 이길 수 없고, 나무가 강하기만 하면 베어진다'고 합니다. 군사가 강하다는 것은 극복하려는 생각이나 이겨내려는 결심이 강한 것입니다. 이것을 삶과 죽음에 적용하면, 죽음이 두렵기 때문에 죽음을 극복하고 이겨내려고 하는 것입니다. 그러나 그렇게 하려고 할수록 죽음으로부터 자유로워질 수 없습니다. 삶을 지키려 하고 죽음을 피하려고 하는 것은 도道를 거부하는 것입니다. 도道를 거스르면서 진정한 삶에 도달할 수 없으며, 삶을 지키려 할수록 삶의 행복을 상실하게 됩니다.

Ⅲ. 무위無爲로서의 죽음관

무위無爲로서의 죽음관은 나와 세계의 통일성에 대한 인식을 바탕으로 합니다. 이런 인식 하에서는 육체의 죽음은 있지만, 나의 존재는

---

24) 『老子』, 76, "是以兵强則不勝, 木强則兵. 强大處下, 柔弱處上."

영원한 '도道'와 하나이기 때문에 생生과 사死를 넘어 영원합니다.

무위無爲의 도道는 무엇인가를 하되 했다는 의식이 없습니다. 무위無爲로서의 죽음관을 가지면, 삶을 더 연장하려는 인위적인 어떤 노력이나 삶에 대한 집착은 무의미합니다. 노자는 무위無爲에 대해 다음과 같이 말합니다.

> 정신을 쓰면서도 하나를 안아 떠나지 않을 수 있겠는가? 기를 전일하게 하고 지극히 부드럽게 하여 어린아이와 같게 할 수 있겠는가? 현묘한 거울의 때를 깨끗이 닦아내어 흠하나 없이 할 수 있겠는가? 백성을 사랑하고 나라를 다스리는 데에 꾀 없이 할 수 있겠는가? 하늘의 문은 열리기도 하고 닫히기도 하니 암컷이 없을 수 있겠는가? 명백하게 사방에 통달하여 작위함이 없을 수 있겠는가?[25)]

'하나를 안아 떠나지 않음', '어린아이와 같이 함', '흠하나 없이 함', '꾀 없이 함' 등은 모두 무위無爲의 경지를 말합니다. 진정한 무위無爲는 무엇을 했음에도 했다는 것에 얽매이지 않습니다. 우리가 삶과 죽음에 대해서 무위無爲한다면, 최선을 다해서 오늘 하루를 살지만 삶을 위해서 무엇인가 했다는 것에 집착하지 않습니다.

무위無爲로서의 죽음관은 무엇일까요? 무위無爲로서의 죽음관은 삶과 죽음의 경계로부터 자유로운 죽음관입니다. 무위無爲로서의 죽음관은 삶과 죽음을 분별하여, 삶에 집착하고 죽음을 없애려는 노력을 기울이지 않습니다.

---

25) 『老子』, 10, "載營魄抱一, 能無離乎. 專氣致柔, 能嬰兒乎. 滌除玄覽, 能無疵乎. 愛民治國, 能無知乎. 天門開闔, 能無雌乎. 明白四達, 能無爲乎."

무위無爲로서의 죽음관에 따르면, 마지막 성장의 기회로서 죽음을 활용할 수 있습니다. 왜냐하면 무위無爲로서의 죽음관으로 보면, 죽음은 존재의 질적 비약을 가능하게 해주는 절호의 기회이기 때문입니다.

무위無爲로서의 죽음관은 현재의 삶을 온전히 살 수 있도록 도와줍니다. 무위無爲로서의 죽음관을 받아들이면, 죽음으로부터 벗어나고자 하는 인위人爲의 노력을 멈추게 됩니다. 그 순간 삶의 빛을 온전히 만끽할 수 있습니다.

1. 삶과 죽음의 경계로부터의 자유

무위無爲로서의 죽음관은 삶과 죽음의 경계로부터 자유롭습니다. 삶과 죽음의 경계가 사라진 대자유의 경지를 살 수 있습니다. 그러므로 삶에 얽매이지도 않고, 죽음을 두려워하지도 않습니다. 도道와 하나 되는 삶이 그것입니다. 노자는 도道와 하나 되는 삶이 다음과 같다고 합니다.

> … 상常을 알면 포용하게 되니, 포용하면 이에 공평하게 되고, 공평하면 이에 왕이 되고, 왕이 되면 이에 천天과 같게 되고, 천天과 같으면 이에 도道를 얻게 되고, 도道를 얻으면 오래갈 수 있으니, 죽을 때까지 위태롭지 않게 된다.[26)]

'상常을 알면 포용하게 된다'는 것은 삶과 죽음을 알면 그것이 있음

26) 『老子』, 16, "… 知常容, 容乃公, 公乃王, 王乃天, 天乃道, 道乃久, 沒身不殆."

을 받아들이게 된다는 말입니다. '포용하면 이에 공평하게 되고'는 삶과 죽음이 있다는 것을 받아들이고 나면 삶과 죽음에 대한 분별심이 사라집니다. '공평하면 이에 왕이 되고'는 삶과 죽음을 분별하지 않으면 삶과 죽음의 노예가 아닌 주인으로 살 수 있다는 말입니다. '왕이 되면 이에 천天과 같게 되고, 천天과 같으면 이에 도道를 얻게 되고'는 삶과 죽음을 분별하는 마음으로부터 자유로워지면 주인이 되어서 사는 것이며, 그것이 곧 도道입니다. '도道를 얻으면 오래갈 수 있으니, 죽을 때까지 위태롭지 않게 된다'고 했듯이, 삶과 죽음을 분별하지 않는 주인으로서 삶을 살게 되면 삶이 불안하지 않습니다.

삶과 죽음의 경계가 없는 대자유의 경지는 어떤 모양을 하고 있을까요? 노자는 그 모습이 '골짜기의 냇물이 강이나 바다에 흐르는 것'처럼 자연스럽고 평범한 모양을 하고 있다고 합니다.

> 도道는 항상 이름이 없으니, 질박해서 별게 아닌 듯하지만 천하가 신하로 부리지 못한다. 제후나 왕이 만약 도道를 지킬 수 있으면 만물이 저절로 장차 찾아들 것이다. 천지가 서로 만나서 단 이슬이 내리듯이, 백성들은 시키지 않아도 저절로 고르게 된다. 짓기 시작하면 이름이 생기고, 이름이 이미 있으면 마땅히 멈출 줄 알아야 하니, 멈출 줄을 알아야 위태롭지 않다. 비유컨대 도道가 천하에 있는 것은 마치 골짜기의 냇물이 강이나 바다에 흐르는 것과 같다.[27]

---

27) 『老子』, 32, "道常無名, 樸雖小, 天下莫能臣也. 侯王若能守之, 萬物將自賓. 天地相合以降甘露, 民莫之令而自均. 始制有名, 名亦旣有, 夫亦將知. 知止, 可以不殆. 譬道之在天下, 猶川谷之於江海."

도道는 질박하여 도道가 아닌 것처럼 보이지만, 그 어느 것도 도道를 부릴 수 없습니다. 도道는 존재 전체입니다. 삶 전체가 도道입니다. 삶과 죽음이 공존한다는 것은 도道입니다. 죽음이 있는 것은 도道가 아닌 것처럼 보이지만, 삶과 죽음이 공존한다는 것은 무엇에 의해서도 바뀔 수 없는 진리입니다. '천지가 서로 만나서 단 이슬이 내린다'고 합니다. 하늘과 땅은 대립되고 분리된 것이라고 생각하기 쉽지만, 이것이 서로 합쳐져야 감로甘露가 내립니다. 삶과 죽음도 마찬가지입니다. 삶과 죽음이 하나가 되어야 감로, 즉 대자유의 삶이 가능합니다.

> 천하에 도道가 있으며 달리던 말을 되돌려 일구고, 천하에 도道가 없으면 군마가 성 밖에서 자란다. 화禍는 만족할 줄 모르는 것보다 큰 것이 없고, 허물은 얻으려고 욕심내는 것보다 큰 것이 없다. 그러므로 만족할 줄 알아서 얻은 만족이 항상 만족스런 것이다.[28)]

노자는 '만족할 줄 알아서 얻은 만족이 항상 만족스러운 것' 이라고 합니다. 사람들은 만족을 위해서는 바깥 대상의 변화가 필요하다고 생각합니다. 그러나 진정한 만족은 만족할 줄 아는 것에서 옵니다. 이 관점으로 삶과 죽음을 보면, 삶에서 죽음을 없애고서야 삶에 만족하며 살고자 하는 것은 불가능합니다. 삶을 제대로 사는 것은 현재의 이 순간을 생생하게 사는 것이며, 이 순간의 삶에 만족할 줄 알면 죽음으로부터 자유를 얻을 수 있습니다. 현재의 순간에 충실한 삶을 사는 자

---

28) 『老子』, 46, "天下有道, 卻走馬以糞, 天下無道, 戎馬生於郊, 禍莫大於不知足, 咎莫大於欲得, 故知足之足 常足矣."

에게 다가올 죽음에 대한 두려움은 존재하지 않습니다. 위 구절의 '달리던 말'은 미래와 과거를 향하던 마음입니다. 미래와 과거로 치닫던 마음을 되돌려 현재의 삶에 충실하도록 합니다. 무위無爲로서의 죽음관을 가진다는 것은 매순간의 삶을 온전하게 사는 것이며, 그런 삶에는 두려운 죽음이란 없습니다.

삶과 죽음에 대해 무위無爲하면, 나의 삶과 나의 죽음에 대한 집착이나 두려움이 사라집니다. 노자는 이렇게 말합니다.

> … 낳되 소유하지 않고 작위하되 의지하지 않으며, 길러 주되 주재하지 않으니, 이를 현묘한 덕이라고 한다.[29]

도道의 관점에서 보면, 무엇도 소유하지 않으므로 무엇도 소유하지 못하는 것이 없습니다. 소유하지 않으면 대상에 대한 집착이나 의지하는 마음이 사라집니다. 어떤 일을 하더라도 했다는 생각이 사라지므로, 그것으로부터 자유로울 수 있습니다. 삶을 소유하려고 하지 않음으로써 삶을 열심히 살아도 무엇인가 했다는 생각이 사라지고 삶에 집착하지 않으며, 죽음으로부터 자유를 얻을 수도 있습니다. 나아가서 삶과 죽음의 경계가 없는 대자유의 삶을 살 수 있습니다.

2. 마지막 성장 기회로서의 죽음

무위無爲로서의 죽음관은 죽음을 마지막 성장의 기회로 활용할 수

29) 『老子』, 51, "… 生而不有, 爲而不恃, 長而不宰, 是謂元德."

있도록 합니다. 무위無爲로서의 죽음관은 도道와 부합하는 삶을 살도록 합니다. 도道와 부합하는 삶에서 죽음은 생에서 마지막으로 맞이하는 성장의 기회입니다. 우리는 삶에서 수많은 성장의 기회를 경험하게 됩니다. 인생에서 만나는 고통은 우리를 성숙하게 만들고 더 큰 존재로의 질적인 비약의 기회를 줍니다. 그 가운데 가장 큰 기회가 자신의 죽음이라고 할 수 있습니다.

노자에게는 죽음이 어떤 의미가 있을까요? 다음 구절을 통해서 살펴보겠습니다.

> 총애를 받거나 욕을 당하는 데에 놀란 듯이 하고, 큰 환란을 제 몸처럼 귀하게 여기라. 무슨 총애를 받고 어떠한 욕을 당하는 데에 놀란 듯이 하라는 것인가? 총애가 변하여 아래가 되니 얻어도 놀란 듯이 하고 잃어도 놀란 듯이 하는 것을 일컬어 총애받음과 욕을 당함에 놀란 듯이 하라고 한 것이다. 큰 환란을 제 몸처럼 귀하게 여기라는 것이 무슨 말인가? 내게 큰 환란이 있는 까닭은 내가 몸을 가지고 있기 때문이다. 내게 몸이 없게 된다면, 내가 무슨 근심이 있겠는가! 그러므로 제 몸을 천하天下와 같이 귀하게 여기면 천하를 맡길 수 있고, 자기 몸을 천하와 같이 아낀다면 천하를 의탁할 수 있다.[30)]

삶이나 죽음을 있는 그대로 받아들이면, 삶에 집착하지 않게 됩니다. 반면, 자아에 집착하면 삶에 집착하게 됩니다. 총애와 욕, 영화와 환란은 같이 오는 것입니다. 삶과 죽음도 마찬가지입니다. 삶은 취하

30) 『老子』, 13, "寵辱若驚, 貴大患若身. 何謂寵辱若驚. 寵, 爲下 得之若驚, 失之若驚, 是謂寵辱若驚. 何謂貴大患若身. 吾所以有大患者, 爲吾有身. 及吾無身, 吾有何患. 故貴以身爲天下, 若可寄天下: 愛以身爲天下, 若可託天下."

고 죽음은 없애려는 인위人爲는 고통을 낳을 뿐입니다. 그것을 깨달으면 내 몸에 대한 집착이 사라집니다. 총애나 욕, 영화나 환란에 집착하지 않게 됩니다. 그렇게 되면 천하와 하나가 되고, 죽음으로부터 자유로워집니다. 인생의 가장 큰 환란은 죽음이라고 할 수 있습니다. '환란을 제 몸 같이 여기라' 고 한 것은 죽음을 귀히 여기라고 한 것입니다. 왜냐하면 죽음이야 말로 존재의 깨어남을 위한 소중한 기회가 될 수 있기 때문입니다.

> 되돌아가는 것이 도道의 움직임이고, 유약한 것은 도道의 쓰임이다. 천하의 만물은 유有에서 생겨나고, 유는 무無에서 생겨난다.[31)]

'되돌아가는 것은 도道의 움직임' 이라고 한 것은 태어남과 죽음이 반대로 대립하는 것으로 보이지만, 그 자체가 도道임을 말하고 있습니다. 현대의 관점에서는 삶과 역사를 앞으로 나아가기만 하는 것으로 봅니다. 따라서 죽음은 삶의 끝으로 생각하고 회피하려거나 두려워합니다. 그러나 노자는 태어나고 죽음은 반복하고 순환하는 것으로 서로 의존하여 끝없이 되돌아가는 것이며, 그것이 도道의 움직이는 방식이라고 합니다.

'천하의 만물은 유有에서 생겨나고, 유有는 무無에서 생겨납니다.' 유有와 무無는 서로를 있게 해줍니다. "천하의 사물은 모두 유有로써 생겨나지만, 유有는 무無를 근본으로 삼아 시작되므로, 유有를 온전

---

31) 『老子』, 40, "反者, 道之動, 弱者, 道之用. 天下萬物生於有, 有生於無."

히 하고 싶으면 반드시 무無로 돌아가야 합니다(노자, 2001: 163).” 마찬가지로 삶과 죽음도 서로를 있게 하는 토대가 됩니다. 삶을 온전히 하고자 하면 죽음으로 돌아가야 합니다. 죽음으로 돌아간다는 것은 죽음을 자기 성장을 위한 기회로 활용한다는 말입니다.

노자는 죽음이 어떻게 자기 성장의 마지막 기회가 될 수 있다고 하는 것일까요? 노자의 다음 구절을 보겠습니다.

> 천하에 물보다 부드러운 것이 없으나 단단하고 강한 것을 공격하기로는 이보다 나은 것이 없으니, 그것은 바꾸지 않기 때문이다. 연약한 것이 강한 것을 이기고 부드러운 것이 단단한 것을 이긴다는 것은 천하가 다 알고 있으나 실천하지는 못한다. 그래서 성인은 말하기를, 나라의 온갖 더러운 것을 받아들이는 이를 일러 사직社稷의 주인이라 하고, 나라의 좋지 못한 일을 감수하는 이를 일러 천하의 왕王이라고 하나니, 바른 말은 마치 반대되는 것 같다.[32)]

노자가 말하는 ‘나라의 온갖 더러운 것을 받아들이는 이’와 ‘나라의 좋지 못한 일을 감수하는 이’를 삶과 죽음에 적용해보면, 삶이라는 좋은 것만 취하지 않는 것입니다. 우리의 삶에서 가장 좋지 않은 일이라면 죽음이라고 할 수 있습니다. 그 죽음을 받아들이고 감수하는 것이 삶의 온전한 주인이 될 수 있음을 말하고 있습니다.

모두가 피하려고 하는 죽음은 우리를 성장시켜주는 마지막 기회가

---

32) 『老子』, 78, “天下莫柔弱於水, 而功堅强者, 莫之能勝, 以其無以易之. 弱之勝强, 柔之勝剛, 天下莫不知, 莫能行. 是以聖人云, 受國之垢, 是謂社稷主; 受國不祥, 是謂天下王. 正言若反.”

될 수 있습니다. 왜냐하면 우리는 고통을 통해서 성장할 수 있고 성숙해지기 때문입니다. 고통은 이유 없이 오는 것이 아닙니다. 고통을 그대로 인정하고 받아들이는 과정에서 나는 성장하고 자유를 누릴 수 있게 됩니다.

3. 무위無爲로서의 삶

무위無爲로서의 죽음관은 무위無爲로서의 삶을 살 수 있도록 해줍니다. 삶에서 죽음을 없애기 위한 인위人爲적인 노력이 멈춰지면, 삶을 무위無爲 할 수 있습니다. 어떤 집착이나 욕심 없이 삶의 순간순간에 최선을 다하게 됩니다.

노자는 백성을 다스리는 왕의 유형을 통해서 삶을 어떻게 운영하는 것이 바람직할 것인지에 대한 지혜를 다음과 같이 말하고 있습니다.

> 가장 지극한 덕을 가진 왕은 아래 사람들이 있음을 알 뿐이요, 그 다음의 왕은 아래 사람들이 그를 친근하고 자랑스럽게 여기고, 그 다음의 왕은 두려워하며, 그 다음은 업신여긴다. 미더움이 부족하므로 믿지 않음이 생긴 것이다. 한가히 그 말을 귀하게 여기나니, 공功이 이루어지고 일이 다 되는 것을 백성들은 모두 자기가 스스로 그러한 것이라고 말한다.[33)]

삶에서 경험하는 것은 무엇 하나 빼거나 더할 것이 없습니다. 죽음도

---

33) 『老子』, 17, "太上下知有之, 其次, 親而譽之, 其次, 畏之, 其次, 侮之. 信不足焉, 有不信焉. 悠兮其貴言, 功成事遂, 百姓皆謂我自然."

그렇습니다. 그대로 경험하면 됩니다. 삶을 지키려고 하고, 죽음을 없애려고 할 필요가 없습니다. 삶과 죽음에 대해 질서 잡으려고 하는 노력을 정지하는 순간, 내가 경험하는 삶의 진정한 빛과 만나게 됩니다.

무위無爲로서의 죽음관을 받아들이면, 죽음을 거부하려는 인위人爲를 멈추기 때문에 삶을 위한 인위人爲도 멈추게 됩니다. 이를 노자는 군사를 쓰는 일에 비유하여, 다음과 같이 설명하고 있습니다.

> 도道로써 임금을 보좌하는 이는 군사로 천하를 강압하지 않으니, 군사의 일은 바로 되돌아오게 된다. 군대가 머문 곳에는 가시덤불만 자라고, 큰 군사를 일으킨 후에는 반드시 흉년이 든다. 위난을 잘 구제해 줄 뿐 감히 강함을 취하지 않고, 구제해 주었다고 뽐내지 않고, 구제해 주었다고 자랑하지 않고, 구제해 주었다고 교만하지 않는다. 구제하되 어쩔 수 없어서 그런 것이며, 구제한다고 강포해서는 안 된다. 사물은 장성하면 곧 노쇠하게 되니 이를 일러 도道에 맞지 않는다고 한다. 도道에 맞지 않으면 일찍 끝난다.[34)]

군사를 쓴다는 것은 힘을 사용하여 자기의 뜻대로 움직이고자 하는 것입니다. 삶을 마음대로 하려고 인위人爲한다는 것입니다. 군사를 써서 천하를 지배하면 바로 돌아온다고 한 것은 삶에 대해 인위人爲를 가하면 삶이 평화롭지 못하고 힘들어진다는 말입니다.

도道와 하나 되는 삶은 인위人爲 하지 않는 것입니다. 물리적인 어떤 노력을 기울여서 얻는 것은 일순간에 끝이 납니다. '도道에 맞지

---

34) 『老子』, 30, "以道佐人主者, 不以兵强天下, 其事好還. 師之所處, 荊棘生焉. 大軍之後, 必有凶年. 善有果 而已, 不敢以取强, 果而勿矜, 果而勿伐, 果而勿驕. 果而不得已, 果而勿强. 物壯則老, 是謂不道, 不道早已."

않으면 일찍 끝난다'고 하듯이, 삶에서 죽음을 완전히 제거하려고 하는 인위人爲는 도道와 맞지 않습니다. 그런 삶을 추구하면 삶의 행복을 느낄 수 없으며 살아있지만 온전히 살지 못합니다. 왜냐하면 죽음의 두려움을 없애기 위해서 끊임없이 노력을 기울여야 하기 때문입니다. 그러나 죽음으로부터 자유로워지는 길은 죽음을 없애려는 노력을 하는 것이 아니라, 현재의 순간을 생생하게 사는 것입니다.

현재의 순간을 생생하게 사는 방법에 대해 노자는 다음과 같이 말합니다.

> 대상大象을 잡고 천하에 나아가면, 나아가도 해를 끼치지 않으니 편안하고 태평하다.[35)]

대상大象은 대도大道의 법상法象입니다. 즉, 도道를 일컫는 것이며 도道와 하나 되는 삶을 말합니다. 반면 소상小象은 도道와 어긋나는 것이며 작은 이익에 집착하는 것이라고 할 수 있습니다. '대상大象을 잡는다'는 것은 분별심 없이 모든 것을 받아들인다는 의미입니다. 그런 삶은 편안하고 태평합니다. 그러나 삶만을 취하려고 하는 소상小象을 잡으면, 삶은 불안합니다. 도道를 사는 사람은 삶이 오면 삶을 살고 죽음이 오면 죽습니다. 무위無爲로서의 삶을 삽니다.

도道와 하나 되는 삶은 어떤 인위人爲도 필요로 하지 않습니다. 그런 삶의 모습을 노자는 다음과 같이 묘사하고 있습니다.

---

35) 『老子』, 35, "執大象, 天下往; 往而不害, 安平太."

뛰어난 사람은 도道를 들으면 부지런히 행하고, 평범한 사람은 도道를 들으면 간수하고 있는 듯하기도 하고 잃어버린 듯하기도 하며, 못난 사람은 도道를 들으면 크게 비웃으니 비웃지 않으면 도道가 되기에 부족하다. 그러므로 말이 있게 되었다. 밝은 도道는 어두운 듯하고, 앞으로 나아가는 도道는 물러서는 듯하고, 큰 도道는 어그러진 것 같고, 높은 덕德은 골짜기 같고, 아주 흰 것은 더러운 것 같고, 넓은 덕德은 부족한 것 같고, 꿋꿋한 덕德은 구차한 것 같고, 솔직한 진식은 변한 것 같고, 큰 모는 모서리가 없고, 큰 그릇은 느지막히 이루어지고, 큰 소리는 들리지 않고, 큰 상象은 형체가 없으니, 도道는 이름 없는 데에 숨었으나 오직 도道만이 잘 빌려주고 잘 이룬다.[36]

도道는 매우 평범한 모양을 하고 있기 때문에 어리석은 자는 도道를 들으면 크게 비웃습니다. 노자는 '밝은 도道는 어두운 듯하고, 밝지만 번쩍거리지 않는다. … 큰 상象은 형체가 없으니, 도道는 이름 없는 데에 숨었으나 오직 도道만이 잘 빌려 주고 잘 이룬다' 고 합니다. 도道는 화려한 모습을 하고 있지 않습니다. 죽음에 대한 도道도 같습니다. 죽음을 없애거나 극복함으로써 죽음으로부터 자유를 얻는 것이 아니라, 죽음을 인정함으로써 얻을 수 있습니다. 삶과 죽음을 나누고 분별하는 것이 아니라, 삶과 죽음에 대한 이원성을 극복해야 합니다. 삶과 죽음에 대한 분별의 마음이 떨어져 나갔을 때, 도道와 하나가 될 수 있습니다.

---

36) 『老子』, 41, "上士聞道, 勤而行之; 中士聞道, 若存若亡; 下士聞道, 大笑之, 不笑不足以爲道. 故建言有之; 明道若昧, 進道若退, 夷道若纇, 上德若谷, 大白若辱, 廣德若不足, 建德若偸, 質眞若渝, 大方無隅, 大器晩成, 大音希聲, 大象無形, 道隱無名, 夫唯道, 善貸且成."

노자는 또 다음과 같이 말합니다.

> 병사를 쓰는 데는 말이 있으니, 나는 감히 주인이 되지 못하고 손님이 되며, 감히 한 치를 나아가지 못하고 한 자를 물러선다 하니 이를 일러 행하지 않음을 행하고, 없는 팔뚝을 걷어붙이고 없는 적을 잡아들이고, 없는 병기를 잡으라고 하는 것이다. 적敵을 얕보는 것보다 더 큰 화는 없으니, 적을 얕보다가는 나의 보물을 거의 잃을 것이다. 그러므로 서로 대항하는 군사가 맞설 때는 자애스런 자가 승리한다.[37]

병사를 쓰는 법과 삶의 도道는 하나입니다. 삶을 소유하고 있다고 착각하고 인위人爲하려고 하면 할수록 삶의 노예가 됩니다. '없는 팔뚝을 걷어붙이고 없는 것을 잡아들이고, 없는 병기를 잡으라고 하는 것이다.'는 삶에서 죽음과 관련된 요소들은 한 오라기도 남기지 않고 없애려고 노력하는 것입니다.

그러나 그런 노력은 '나의 보물'인 내 삶을 잃는 결과를 가져올 뿐입니다. 병사를 쓰는 법에서 배울 수 있듯이 삶에서 승리하기 위해서는 자애로써 임하는 것입니다. 삶과 죽음을 분별하고, 죽음을 해로운 것으로 여겨 피하려고 하지 않습니다. 자애로써 내 삶을 대한다면, 삶이든 죽음이든 차별 없이 그대로 포용할 수 있습니다. 그런 삶에는 사랑밖에 없으며, 피해야 할 것이 없습니다.

무위無爲로서의 죽음관을 따르면 무위無爲로서의 삶을 살 수 있음을 노자는 다음 구절에서 자세하게 설명하고 있습니다.

---

37) 『老子』, 69, "用兵有言, 吾不敢爲主而爲客, 不敢進寸而退尺. 是謂行無行, 攘無臂, 扔無敵. 執無兵. 禍莫大於輕敵, 輕敵幾喪吾寶. 故抗兵相加, 哀者勝矣."

남은 태어나는 것이요, 들어감은 죽는 것이니, 삶의 무리가 열에 셋이요, 죽음의 무리가 열에 셋이며, 사람이 살다가 죽는 곳으로 움직이는 이들이 또한 열에 셋이 있다. 무슨 까닭인가? 삶으로써 삶을 더 두텁게 하려고 하기 때문이다. 듣건대 삶을 잘 사는 이는 뭍을 다녀도 맹수를 만나지 않고, 전쟁터에서도 병기에 다치지 않는다고 한다. 외뿔소는 그 뿔로 받을 곳이 없고, 호랑이는 그 발톱으로 할퀼 곳이 없으며, 병기는 그 칼날로 찌를 곳이 없다. 무슨 까닭인가? 죽는 곳이 없기 때문이다.[38)]

노자는 태어나고 죽는 것은 모든 사람이 같지만, 진정한 삶을 사는 무리와 죽은 무리, 그리고 살아있으면서 죽음으로 옮겨가는 무리가 있다고 합니다. 죽은 무리와 죽음으로 옮겨가는 무리는 도道에 어긋난 삶을 살기 때문입니다. 이들은 살고자만 하여 삶에 집착합니다. 이런 삶에 대한 자세는 삶의 도道에 맞지 않습니다. 인생에는 삶만 있을 수 없기 때문입니다.

반면, 삶을 잘 사는 이는 '뭍을 다녀도 맹수를 만나지 않고, 전쟁터에서도 병기에 다치지 않는다고 합니다. 외뿔소는 그 뿔로 받을 곳이 없고, 호랑이는 그 발톱으로 할퀼 곳이 없으며, 병기는 그 칼날로 찌를 곳이 없다.' 고 합니다. 도道에 부합하는 삶을 살면 어떤 어려움이 와도 걸리거나 넘어지지 않습니다. 보통 사람이 삶에서 가장 쉽게 걸리는 문제가 바로 죽음입니다. 그러나 삶을 잘 사는 이는 죽음이 와도 걸려 넘어지지 않습니다. 왜냐하면 삶을 잘 사는 이의 삶에는 분리된

---

38) 『老子』, 50, "出生入死, 生之徒十有三, 死之徒十有三, 人之生, 動之死地, 亦十有三, 夫何故, 以其生生之厚, 蓋聞善攝生者, 陸行不遇시虎, 入軍不被甲兵, 兕無所投其角, 虎無所措其爪, 兵無所容其刃, 夫何故, 以其無死地."

자아는 떨어져 나가고, 도道로서 영원한 나만이 남게 되기 때문입니다. 그런 나에게 죽음이란 없습니다. 그러므로 노자는 '죽는 곳이 없기 때문이다' 라고 했습니다. 바로 무위無爲로서의 삶을 사는 것만 있을 뿐입니다.

IV. 노자 죽음관의 탈현대적 함의

노자가 주장하는 무위無爲로서의 죽음관은 인위人爲로서의 죽음관이 안고 있는 문제를 해소할 수 있는 관점을 제공해줍니다. 무위無爲로서의 죽음관이 갖는 의미를 살펴보면 다음과 같습니다.

첫째, 무위無爲로서의 죽음관은 현대인이 갖고 있는 삶과 죽음을 분별하려는 마음을 극복할 수 있는 대안을 제시합니다. 삶과 죽음에 대한 분별심은 죽음으로 인해 삶을 상실할 것이라는 두려움을 만들어냅니다. 따라서 삶과 죽음에 대한 분별심을 가지게 되면, 삶을 위한 끊임없는 인위人爲의 노력을 기울이게 됩니다. 하지만 그런 노력의 결과는 삶을 더욱 힘들고 불행하게 만듭니다. 삶과 죽음에 대한 분별심을 쥐고 있는 동안 삶으로부터 털끝만큼의 자유도 경험할 수 없습니다.

반면 삶과 죽음에 대한 분별심을 내려놓는 순간, 삶을 온전히 살 수 있으며 삶과 죽음으로부터 자유로워질 수 있습니다. 그것이 바로 노자가 말하는 대순大順하는 삶입니다. 도道에 순응하는 삶은 우리에게 오는 삶이나 죽음을 포함한 어떤 것에 대해서도 분별하는 마음을 가지지 않습니다. 분별심은 어떤 대상에 대한 집착을 야기하고 우리를 그것의 노예로 만듭니다. 무위無爲로서의 죽음관은 삶과 죽음에 대한 분별심이 없는 자유의 삶을 가능하게 합니다. 나아가 삶과 죽음을 분별하는 마음을 멈추면 죽음에 대한 두려움은 자연스럽게 사라집니다. 삶과 죽음의 경계로부터 자유로운 자는 죽음의 두려움으로부터 해방됩니다.

둘째, 무위無爲로서의 죽음관은 죽음을 마지막 성장의 기회로 활용할 수 있도록 도와줍니다. 현대 죽음관에 의하면, 죽음에 대한 공포 때문에 죽음을 마지막 성장의 기회로 활용할 수 없습니다. 현대인은 세속적인 부와 명예, 그리고 성취에 매몰되는 경향이 있습니다. 그런 삶은 인간 본래의 존재적 차원을 자각하지 못하게 합니다. 현대인은 영원히 살 것처럼 생각하고 살아갑니다. 현대인은 영원한 삶을 위해서 치열하게 경쟁하고 자꾸 커지는 욕망을 채우기 위해서 삶을 낭비합니다. 현대인의 삶은 소외되고 비인간화되기 십상입니다. 아무리 채워도 채워지지 않는 것이 욕망의 그릇입니다. 욕망의 그릇을 채워서 자신의 존재를 확인하려는 시도는 삶을 더욱 피폐하게 만들고 고통스럽게 합니다.

이런 현대인의 삶은 분리된 자아로 자신을 인식하기 때문에 나타납니다. 현대인이 죽음 때문에 고통을 받는 이유도 바로 여기에서 기인합니다. 그들은 죽음을 모든 것의 소멸과 상실로 생각합니다. 현대인이 인식하고 있는 죽음은 분리된 자아의 죽음입니다. 반면, 노자는 통일체적 존재로서의 인간 존재를 말합니다. 통일체적 세계관에서 보면 태어남과 죽음은 없습니다. 어린 시절 어머니의 죽음으로 고통스러워하던 틱낱한 스님은 어느 날 꿈에서 어머니와 다정한 대화를 나누고 잠에서 깨어난 후, 어머니가 자신 속에 영원히 함께 하고 있다는 것을 느꼈다고 합니다(틱낱한, 2003: 25). 우리 삶에서 가장 큰 고통이라고 할 수 있는 죽음은 우리를 성장할 수 있도록 하는 마지막 기회이기도 합니다. 삶의 존재적 비약을 경험한 성인들은 고통이 이유 없이 오지 않는다고 말합니다. 고통은 우리를 성장하게 하기 위해서 옵니다. 죽음이 우리에게 오는 이유도 마찬가지입니다.

무위無爲로서의 죽음관은 죽음이 소멸과 상실이 아니라, 마지막 성장 기회로 활용될 수 있는 사상적인 토대를 제공해줍니다. 그리고 고통 밖에 없는 죽음을 맞이할 수밖에 없었던 현대인을 죽음의 고통으로부터 구원하고 새로운 죽음관을 제시한다는 점에서 탈현대적인 함의를 가지고 있습니다.

셋째, 무위無爲로서의 죽음관은 삶에 대한 집착을 내려놓고, 무위無爲로서의 삶이 가능하도록 기회를 줍니다. 현대인은 삶을 지키기 위한 힘들고 좁은 길을 선택하고 있습니다. 살고자만 하고 죽음이 없는 완전한 삶을 얻으려고 노력합니다. 그런 현대인은 삶에 대해 집착합니다. 하지만 삶에 집착할수록 삶은 불안정하고 위태롭습니다.

그러나 무위無爲로서의 죽음관을 따르면, 삶을 부여잡고 죽음을 떨쳐버리려던 노력을 멈출 수 있습니다. 삶에 대한 집착이 사라지는 순간, 삶은 경이로운 선물이 됩니다. 어디선가 날아와 머리카락을 쓸어주는 바람, 키 큰 나무 틈에서 낮은 키로 하늘을 향하고 있는 이름 모를 풀, 어느새 나이를 보여주는 얼굴의 주름과 흰 머리카락도 지금 이 순간의 선물일 뿐입니다. 무위無爲로서의 죽음관을 받아들이면 무위無爲로서의 삶을 살 수 있습니다. 삶을 위한 어떤 인위人爲도 멈추는 순간, 과거나 미래가 아닌 지금 이 순간을 깊이 살 수 있습니다. 미래를 향하는 염려하는 마음과 과거에 집착하는 마음으로부터 자유로워질 수 있습니다. 이 순간이 주는 행복과 희망을 깊이 느끼는 감사하고 사랑하는 삶이 가능합니다.

죽음은 인간이 삶에서 만나는 가장 큰 두려움이며, 복잡한 환란이고, 거대한 난관입니다. 그러나 누구나 죽음을 맞이할 수밖에 없으며, 죽음을 피해갈 수는 없습니다. 우리가 할 수 있는 일은 언젠가는 올 죽음을 어떤 관점으로 인식할 것인가의 선택뿐입니다. 현대인은 현대 죽음관으로 인해서 많은 고통을 받고 있으며, 진정한 삶을 살 수 있는 기회도 상실하고 있습니다. 노자의 새로운 죽음관은 우리에게 어떻게 진정한 삶을 살 수 있는지 잘 보여주고 있습니다.

제3장 주자의 죽음관

Ⅰ. 무덤 앞에서

주자는 아버지 주송의 무덤을 두 번이나 이장하였습니다. 더구나 두 번째 이장이 이루어진 것은 그가 죽기 바로 한 해 전이었습니다. 주자는 왜 그처럼 아버지의 무덤에 집착하였던 것일까요? 그 스스로 고백하고 있듯이, 아버지의 "체백體魄이 편안하지 못할까 염려하였기" 때문[39]이었으며, 또 그 '체백의 편안함'이 나와 나의 자손의 편안

39) 『주희집』, 권94, 묘지명, '황고좌승의랑수상서이부원외랑겸사관교삼주부군천묘기', "初, 府君將沒, 欲葬崇安之五夫. 卒之明年, 遂窆其里靈梵院側. 時熹幼未更事, 占地未詳. 旣懼體魄之不獲其安, 乃以乾道六年七月五日遷于里之白水娥子峰下". 참고로 부언하여 둔다면 주자는 훗날 다시 아버지의 묘를 적력산으로 이장하였습니다. 그가 죽기 일 년 전의 일이었습니다.

함과 직결된다고 믿었기 때문이었습니다.[40] 풍수설을 누구보다도 통렬히 비난하였던 주자였지만, 결코 '길지吉地'의 존재를 믿어 의심하지 않았던 것입니다. 그러나 '길지'를 향한 이 강한 집착은 비단 주자만의 특성은 아니었습니다. 풍수설을 통렬히 비난하였던 사마광은 말할 것도 없고, 정이천 또한 "그 택조를 점치는 것은 그 땅의 좋고 나쁨을 점치는 것이다. 음양가들이 말하는 화복이 (점치는 것이) 아니다. … 조부와 자손은 기가 같다. (그러므로)그가 편안하면 나도 편안하고 그가 위태로우면 나도 위태로우니 역시 리가 그러하다(占其宅兆, 占其地之美惡也. 非陰陽家所謂禍福者也.…父祖子孫同氣, 彼安則此安, 彼危則此危亦其理也)"라고 하며 '길지'의 당위성을 역설하였습니다.[41] 말자하면 그들은 '길지'가 가져다 줄 '화복' 때문이 아니라 그 기의 편안한 영면을 위해 '길지'를 얻고자 하였다는 것입니다. 그런데 '부조자손동기父祖子孫同氣', 이천과 주자가 믿었던 부모와 자식 사이의 기의 공유와 감응은 사실은 전국시대에 이미 보편화되었던 믿음이었습니다. 전국시대 말기에 저술된 여불위의 『여씨춘추』를 보면 "부모가 자식에 대해서, 그리고 자식이 부모에 대해서는 일체一體이면서 양분兩分, 동기同氣이면서 이식二息. …장소가 달라도 서로 통하고 은지隱志가 서로 미치며 통질痛疾이 서로 구하고 근심도 서로 느낀다…이것을 골육의 친이라고 한다."[42]라는 구절이 보이는 데 그

40) 『주희집』, 권15, "議狀, 山陵議狀, 朱子山陵疏曰, … 使其形體全而神靈得安, 則子孫興而祭祀不絕, 此自然之理也"

41) 성리학자들과 '길지'의 관련성에 관해서는 이승연, 「개장례에 관한 소고」(『퇴계학과 한국문화』 제44호)를 참고하기 바랍니다.

것의 이른 예라 할 수 있습니다.

전국시대 말기에 이미 정착된 기라는 개념은 원래 생명력, 활동력, 또는 그 힘의 근원을 지칭하는 개념이었습니다. 그러나 송학에 이르면 기는 만물을 구성하는 물질적 요소, 우주의 물질적 소재로서 존재론 가운데 위치하게 됩니다. 이른바 송학의 리기철학은 바로 이 기의 새로운 변신을 통해 완성된 것이라 할 수 있습니다. 그러나 기가 이처럼 만물의 구성요소로서 리기철학에 편성된 후에도 그 본래적 성격, 즉 생명력, 활동력이라는 특성은 소실되지 않았습니다. 주자가 아버지의 무덤을 두 번이나 이장하고, 이천이 "父祖子孫同氣"를 역설하였던 배후에는 고대로부터 전승되어 온 이 생명의 에너지로서의 '기'에 대한 신념이 가로놓여 있었던 것입니다.

생명의 에너지로서의 기, 그것은 달리 말하면 기가 삶과 죽음의 근원임을 의미합니다. 저 유명한 공자와 계로의 문답 이후[43], 유가는 흔히 귀신이나 사후의 문제에 대한 물음을 유보한 채 현세적 삶에 충실하고자 한 현실주의자들로 인식되어 왔으며, 실제로 유자 스스로도 그런 삶의 방식을 선택하곤 하였습니다. 주자의 제자, 이백간이 "유교는 인사人事에 근본을 두고 석교釋敎는 생사에 근본을 둔다. 인사에 근본을 두므로 견성見性을 천천히 하고, 생사에 근본을 두므로 견성을 서두른다."[44]

---

42) 『여씨춘추』, 권9, 季秋紀 精通, "故父母之於子也, 子之於父母也, 一體而兩分, 同氣而異息, …雖異處而相通, 隱志相及, 痛疾相救, 憂思相感, …此之謂骨肉之親."

43) 『논어』, 「선진편」, "未知生, 焉知死." 일절.

44) 『주희집』, 권43, 書, 答李伯諫, "蓋儒敎本人事, 釋敎本生死, 本人事故緩於見性, 本死生故急於見性."

라고 하였던 것이나, 마찬가지로 제자인 오공제가 "부자夫子는 오직 인사人事와 생리生理만을 말하였지만, 불씨佛氏는 인귀人鬼, 생사生死를 겸하여 말하였다."[45]고 하였던 것이 그 증거일 것입니다. 그러나 주자는 당시의 이 일반적인 인식을 "천리의 위대함을 알지 못하는 속유俗儒의 잘못된 견해"라 비판하며[46] 귀신과 죽음의 문제를 적극적으로 해명하고자 하였습니다. 그의 말처럼, 죽음이란 어떤 인간도 피할 수 없는 중대한 문제이기 때문이었습니다. 그렇다면 주자는 죽음을 어떻게 해명하였을까요? 그리고 자신이 해명한 그 죽음에 주자는 어떻게 대처하였을까요? 물론 주자는 우주 만물을 관통하는 기의 존재를 믿고 그 기의 취산聚散으로 삶과 죽음을 설명하였던 중국 고래의 생사관生死觀을 계승하여 삶과 죽음의 문제를 해명하고자 하였습니다. 그러나 동시에 리理와 명命에 대한 자신의 독자적 관점에 의거하여 그는 기의 취산에 불과한 삶과 죽음에 인간적 가치를 부여하였습니다. 그렇게 함으로써 그는 죽음을 자연의 한 과정으로 받아들이는 한편, 자신에게 주어진 삶, 즉 명命을 온전하게 실현할 수 있었던 것입니다.

그런데 여기서 이야기를 조금 바꾸겠습니다. 주자는 14세에 아버지를 잃었습니다. 14세에 아버지의 죽음을 목도한 주자가 그 죽음을 어떻게 받아들였는지는 알 수 없습니다. 아버지의 죽음과 관련하여 현재 남아있는 몇 안 되는 기록 가운데 하나는 '예'에 어긋나지 않게 장

---

45) 『주희집』, 권43, 書, 答吳濟公, "夫子傳言人事生理, 而佛氏則兼人鬼生死而言之."

46) 『주희집』, 권43, 書, 答李伯諫, "俗儒正坐不知天理之大, 故爲異說所迷, 反謂聖學知人事而不知死生, 豈不誤哉."

례를 치렀다고 하는 지극히 유학자다운, 어떻게 보면 무미건조한 술회입니다. 그 주자가 자신의 죽음을 감지하면서 아버지의 무덤을 다시 이장하였을 때, 그리고 그 이장한 아버지의 무덤 앞에 섰을 때, 그는 무엇을 생각하였을까요? 앞서 언급하였듯이 주자는 삶과 죽음을 기의 모임과 흩어짐으로 보았습니다. 그러나 삶과 죽음을 기의 모임과 흩어짐으로 보았던 것은 주자의 독자적인 사고가 아닙니다. 뿐만 아니라 이미 동아시아인의 보편적 죽음관이 되어버린 이 사고의 근원을 캐어보면 그것은 유학보다 그가 비난해 마지않았던 저 도가 쪽과 더 가깝게 연결되어 있습니다. 이 책에서는 다루지 못했지만 도가의 대표적 인물이라 할 수 있는 장자가 그 주인공입니다. 주자가 거부감 없이 장자의 말을 되풀이할 수 있었던 것은 그것이 동아시아인의 전통 속에 흡수되어 버렸기 때문일 것입니다. 그러나 그렇다고 하여 주자의 죽음관이 도가와 일치한다는 것은 아닙니다. 그는 이 전통적인 죽음관에 의거하면서도 도가보다는 유가적 전통을 계승하였고 그 유가적 전통을 한층 강화시키고자 하였으니까요. 어쨌든 적어도 장자라면 아버지의 무덤을 두 번이나 이장하려고 하지는 않았을 것입니다.

이 글은 제목에서 밝히고 있듯이 주자의 죽음관이 지닌 탈현대적 의미를 규명하는 것입니다. 그러나 이미 언급했듯이 주자 또한 동아시아인으로서, 동아시아인의 보편적 사고, 즉 '기의 취산으로서의 죽음'을 그 죽음관의 근원에 두고 있습니다. 그러므로 여기서는 '기의 취산으로서의 죽음'이 지니는 의미를 먼저 살펴본 다음, 거기서 한 걸음 더 나아가 그 전통적인 죽음관과 구분되는 그의 독자적인 죽음관이 무엇인지를 밝혀내는 데 주력하고자 합니다. 거기에는 '무덤 앞에

선 주자' 도 나름대로의 의미를 가지게 되겠지요.

그럼, 리, 기, 성, 명이라는 개념으로 구성된 그의 죽음관을 구체적으로 살펴보기로 하겠습니다. 먼저 리와 기입니다.

II. 리理 · 기氣와 죽음

제자 정윤부에게 보낸 편지글에서 주자는 귀신과 사생의 이치가 결코 궁구하기 어려운 문제가 아님을 역설하고 있습니다.[47] 공자조차 대답을 유보했던 삶과 죽음의 문제, 무엇이 주자로 하여금 그것이 해명 가능한 문제라고 자신 있게 대답하게 하였던 것일까요? 먼저 이에 대한 주자의 견해를 살펴보기로 하겠습니다. 이것은 정경(이름은 林學蒙, 정경은 그의 字)이 "그 시작에 근원하여 마지막을 되돌아보면 삶과 죽음을 알 수 있다"는 일절一節에 관한 물음에 답한 것입니다.

> 사람이 아직 죽지 않았는데 어찌 죽음을 알 수 있겠는가? 다만 그 처음의 이치에 근원하여 마지막을 미루어 추측하여 보면 알 수 있다.[48]

사람이 죽어보지 않고 어떻게 죽음을 알 수 있겠는가? 합리주의자 주자는 먼저 그렇게 반문합니다. 그러나 이어서 그는 『주역』, 「계사

---

47) 『주희집』, 권41, 서, 答程允夫, "死生鬼神之理, 非窮理之未易及."

48) 『주자어류』, 권74, 83조, " 正卿問原始反終, 故知死生之說. 曰. 人未死, 如何知得死之說. 只是原其始之理. 將後面摺轉來看. 便見得."

전」 “原始反終 故知死生之說”에 근거하여 ‘죽음’은 알 수 없지만 ‘죽음의 이치’는 알 수 있다고 말합니다. 죽음에 대한 물음이 죽음 자체나 사후세계에 관한 물음이 아니라 ‘죽음의 이치’에 관한 물음으로 환원된 것입니다. 또 그렇게 함으로써 주자는 죽음을 해명 가능한 문제로 전환할 수 있었던 것입니다.

그렇다면 그가 주장한 삶과 죽음을 관통하는 이치는 무엇일까요? 그의 발언을 중심으로 그 내용을 살펴보기로 하겠습니다.

1. 기의 취산으로서의 삶과 죽음

『주자어류』 권1에서 권6까지 전6권에는 우주와 인간의 기원, 삶과 죽음, 본성에 이르는 주자의 견해가 다양한 각도에서 피력되어 있습니다. 리理, 기氣, 질質, 성性, 명命 등의 개념에 기초하여 구축한 이 웅대한 세계는 흔히 일컬어지는 것처럼 도가적 우주관과 유가적 인간관을 결합시킨 것이지만, 그 웅대함이나 정교함은 사상가로서 그의 면모를 유감없이 보여주는 것이라 할 수 있을 것입니다. 먼저 이 우주만물의 생성과 더불어 인간의 탄생을 설명한 부분을 보기로 하겠습니다. 그의 주장대로라면 바로 그 생성의 과정이 동시에 죽음의 과정이기도 하기 때문입니다.

> 사람이 태어나는 것은 리와 기가 결합하기 때문이다. 천리는 원래 넓고 넓으며 끝이 없는 것이지만 이 기가 없으면 이 리가 있어도 모여서 머물 곳이 없다. 그러므로 반드시 이기가 서로 교감하고 응축하여 생명

이 싹터야만 비로소 이 리가 부착할 곳이 있다.[49]

주자의 말을 빌리면 "리란 형이상의 도로서 만물을 낳는 근본이며 기란 형이하의 기 器로서 사물을 낳는 구具"입니다. 따라서 이 리를 품부 받아야 삶이 주어지고 "이 기를 품부받아야 형체가 주어"[50]집니다. 인간의 탄생에는 먼저 이 리와 기의 결합이 필요한 것입니다. 그러나 리와 기의 결합이라는 말만으로는 충분하지 않습니다. 한 인간이 개체로서 존재하기 위해서는 먼저 이기二氣 즉, 음양의 교감과 응축이 필요합니다. 기의 응축, 그것이 곧 태어남, 삶인 것입니다. 그가 "기가 모이면 살고 기가 흩어지면 죽는다"[51]라고 한 것이나 "무릇 사람이 태어나서 죽을 때까지 기는 단지 나올 뿐이다. 다 나와 버리면 사람은 죽는다."[52]라고 한 것은 기를 생명의 근원으로 보는 그의 '기'에 관한 관점이 반영된 것이라 할 수 있을 것입니다.

그런데 '기'라는 개념을 철학적으로 구사하여 만물의 생성을 설명하고자 한 것은 원래 유가가 아니라 도가였습니다.[53] "기가 모이면 살고 기가 흩어지면 죽는다"라고 한 주자의 이 말은 실은 『장자』, 「지북

---

49) 『주자어류』, 권4, 41조목, "人之所以生, 理與氣合而已. 天理固浩浩不窮, 然非是氣, 則雖有是理而無所湊泊. 故必二氣交感, 凝結生聚, 然後是理有所附着."

50) 『주희집』, 권58, 書, 答楊道夫, "理也者, 形而上之道也, 生物之本也. 氣也者, 形而下之器也, 生物之具也…必稟此氣然後有形."

51) 『주자어류』, 권3, 17조, "氣聚則生, 氣散則死."

52) 『주자어류』, 권1, 44조, "大凡人生至死, 其氣只管出, 出盡便死."

53) 우주만물의 생성론을 가장 철학적으로 표현한 이른 예는 『도덕경』 42장, "道生一, 一生二, 二生三, 三生萬物."의 일절일 것입니다.

유편」의 일절, "삶이란 죽음의 무리이며 죽음은 삶의 시작이다. 누가 그것을 다스리는가? 사람이 태어나는 것은 기가 모인 것이다. 모이면 살고 흩어지면 죽는다"를 답습한 것입니다. 그 뿐만이 아닙니다. "기를 품부 받은 다음에 형체가 있다"는 주자의 말 역시 그 기원을 추적하면 『장자』'지락편'의 "그 시작을 살펴보니 원래 삶이 없다. 삶만 없는 것이 아니라 원래 형체도 없다. 형체만 없는 것이 아니라 기도 없다. … 기가 변화하여 형체가 있고 형체가 변화하여 삶이 있다"라고 한 장자의 말과 맞닿아있습니다.[54] 천지 개벽과 만물의 생성을 '기'로 설명함과 동시에 이 개체로서의 '형形', 즉 육신을 '기'의 응축으로 보는 관점은 실은 선진시대에 성립된 도가 '기'론의 특성 가운데 하나였던 것입니다. 그들은 인간의 생멸을 생멸이 없는 기의 취산으로 규정함으로써 삶과 죽음의 속박으로부터 벗어나고자 하였던 것입니다. 그렇다면 그들과 마찬가지로 주자 또한 삶과 죽음을 기의 취산으로 환원함으로써 그 경계를 극복하고자 하였던 것일까요?

한편, 주자의 말처럼 삶이 이기의 교감과 응축이라면 죽음은 리기의 분리 내지 기의 분산일 것입니다. 이번에는 그가 죽음을 설명하는 부분을 보기로 하겠습니다. 이것은 삶과 죽음의 이치를 묻는 제자, 이굉조의 질문에 대답한 것입니다.

> 천도가 유행하여 만물을 발육하게 한다. 리가 있은 다음에 기가 있다.

---

54) 『장자』의 「외편」과 「잡편」은 장자의 저술로 보지 않는 것이 일반적이지만 그것이 『장자』의 사상과 무관하다고 보기는 어려울 것입니다. 따라서 여기서는 일단 장자사상에 포함시켜 논의하기로 하였습니다.

양자는 비록 동시에 존재하지만 필경 리를 주로 삼아야 할 것이다. 사람은 이것을 얻어서 태어난다. 기의 맑은 것은 기가 되고 기의 탁한 것은 질이 된다. 지각운동은 양의 작용이며 형체는 음이 만드는 것이다. 기를 혼이라 하고 체를 백이라 한다… 이 태어나는 것은 정기가 모이기 때문이다. 사람은 많은 기를 갖고 있지만 반드시 그것이 다할 때가 온다. 다하면 혼기는 하늘로 돌아가고 형백은 땅으로 돌아가 죽는다. 사람이 죽으려 할 때에는 열기가 위쪽으로 나온다. 이른바 혼이 올라가는 것이다. 그리고 하반신은 점차 차가워진다. 이른바 백이 내려가는 것이다. 이것이 태어남이 있으면 반드시 죽음이 있고 시작이 있으면 반드시 끝이 있다고 한 이유인 것이다.[55]

기의 맑은 것은 기氣, 기의 탁한 것은 질質. 지각과 운동은 양의 작용, 형체는 음의 작용. 맑은 기는 혼魂, 형체(=탁한 기=질)는 백魄. 음양 이기의 교감으로 형체가 만들어지는 과정을 구체적으로 보여준 대목입니다. "태어난다는 것은 정기가 모인 것"이다. 정기를 생명의 근원으로 이해하는 것 역시 중국의 전통적인 사고. 그 이른 예는 『여씨춘추』 등에 보이지만 주자가 전거로 삼은 것은 『주역』, 「계사전」의 "精氣爲物"일 것입니다. 주자는 이 구절을 주해하면서 "정精과 기氣가 합하여 태어나는 것이다"[56]라고 하며 정과 기를 구분하였고, 다시 이 정을 백魄, 기를 혼魂에 대치시켰습니다.[57] 정기를 음양으로 이분

55) 『주자어류』, 권3, 19조 "問生死鬼神之理. 曰: 天道流行, 發育萬物, 有理而後有氣. 雖是一時都有, 畢竟以理爲主, 人得之以有生. 氣之淸者爲氣, 濁者爲質. 知覺運動, 陽之爲也, 形體, 陰之爲也. 氣曰魂, 體曰魄. … 人所以生, 精氣聚也. 人只有許多氣, 須有箇盡時, 盡則魂氣歸於天, 形魄歸于地而死矣. 人將死時, 熱氣上出, 所謂魂升也, 下體漸冷, 所謂魄降也. 此所以有生必有死, 有始必有終也."

56) 『주자어류』, 권63, 124조, "精氣爲物, 精與氣合而生者也."

한 것은 역시 인간의 삶을 이기의 응축으로 본 그의 사생관이 반영된 결과라 할 수 있을 것입니다. "혼기는 하늘로 돌아가고 형백은 흙으로 돌아가 죽는다", 『예기』, 「교특생」에 보입니다. 또 이를 좀 더 구체화 한 것이 「제의편」의 다음 일절, "무릇 생명이 있는 것은 반드시 죽고 죽으면 흙으로 돌아간다고 하니 이것을 일러 鬼라고 한다. 뼈와 살은 땅에 묻혀 들녘의 흙이 되고 그 기는 하늘로 올라가 밝고 맑아지니 그 향기가 사람의 마음을 두렵고 슬프게 한다." 정기의 응취로 삶을 시작한 인간은 정기의 분산과 더불어 죽음을 맞이합니다. 이 때 주자는 사후 세계에 속하는 귀신 또한 분리된 혼백으로 정의하여 기의 한 작용으로 간주하였습니다. 삶과 죽음을 기의 취산으로 보았기 때문일 것입니다.

그런데 삶과 죽음을 기의 취산, 이기의 응축과 분산으로 규정한다는 것은 무엇을 의미할까요? "사람이 살아가는 것은 정기가 있기 때문이다. 죽으면 정기가 없어진다."[58] 도가의 기론을 계승하면서 역시 정기라는 개념을 사용하여 삶과 죽음을 설명한 기일원론자, 왕충의 말입니다. 주자와 마찬가지로 그 또한 '정기가 없어지면 형체는 썩고 썩으면 흙이 된다'고 하였습니다. '유물론자' '실증주의자' 등으로 불리는 그의 이력에서 짐작할 수 있듯이, 그 또한 삶과 죽음을 기의 취산작용으로 규정하고 민간에 전해지는 영혼의 존재를 부정하였습니다. 그렇게 함으로써 그는 천天의 응답을 기대할 수 없는 인간의 삶을

---

57) 『주자어류』, 권3, 6조, "在人則精是魄, 魄者鬼之盛也, 氣是魂, 魂者神之盛也."

58) 『논형』, 권62, 論死篇, "人之所以生者, 精氣也. 死而精氣滅."

우연에 맡겨버린 채 삶과 죽음에 냉담한 태도를 견지할 수 있었던 것입니다. 그러나 주자는 왕충처럼 철저하게 신의 존재를 부정하며 인간의 삶을 우연에 맡길 수는 없었습니다. 그에게는 응축과 분산을 되풀이하는 기와 더불어 거기에 깃들어 있는 '리'가 있었기 때문입니다.

주자에게 있어서 기는 고대의 기론자들과 마찬가지로 우주 만물의 물질적 근원인 동시에 생명력, 또는 그 힘의 근원을 상징하였습니다. 그러나 그들과 달리 주자는 그 기를 작용하게 하는 천도天道, 또는 천리天理를 동시에 상정하였습니다. 그가 기가 있는 곳에는 반드시 리가 있다고 역설하였던 것은 그 때문일 것입니다. 그렇다면 그 기가 분산하여 개체로서의 삶이 종식된 후 그 기에 깃들어 있던 리의 향방은 어떻게 되는 것일까요? 리와 기가 동시에 존재한다면 기의 분산과 더불어 그 리 또한 종식되어야 하는 것이 아닐까요? 기의 관점이 아니라 리의 관점에서 죽음이란 또 무엇일까요? 제자 요덕명과 연숭경과의 편지글을 중심으로 이 의문을 해명하여 보도록 하겠습니다. 아래 인용문은 제자 요덕명이 보낸 편지글의 일부입니다. 첫 구절, "평소 소견이 짧아 자신을 주로 삼는 잘못을 면하지 못합니다"라는 말은 주자가 제자, 연숭경에게 답한 내용에 근거한 것입니다. 요덕명과 동일한 질문을 이미 연숭경이 하였고 그 연숭경의 물음을 주자는 "나를 주로 삼은 것"이라 비판하였던 것입니다.

> 덕명은 평소 소견이 짧아 자신을 주로 삼는 것을 면하지 못합니다. 아마도 천지의 사람과 사물의 통체는 하나의 성입니다. 태어나면서부터 이 성이 있었는데 죽는다고 어찌 갑자기 없어질 수 있겠습니까? 물살이 센 곳과 부딪히는 곳이 있으면 거품이 일 듯이 참으로 두 기틀이 닫히고

> 열림을 멈추지 않는 오묘한 화합으로 사람과 사물을 이룹니다. 물은 처음부터 물이지만 거품 역시 물이라 하지 않을 수 없습니다. 다만 그것이 나타나면 거품이지만 없어지면 원래의 물로 되돌아갑니다. 사람과 사물이 생김에 일형과 일성을 갖춘다고 해도 기가 흩어져 없어지면 통체로 돌아갑니다. 어떻게 사람과 사물의 성을 분별할 수 있겠습니까?[59)]

"물은 처음부터 물이고 거품 역시 물이라 하지 않을 수 없습니다. …거품이 없어지면 다시 원래의 물로 되돌아갑니다", 덕명의 이 말은 삶과 죽음을 기의 취산으로 보았던 왕충이 "사람이 태어나는 것은 물이 얼음이 되는 것과 같다. 물이 응고하면 얼음이 되고 기가 응고하여 사람이 된다. 얼음이 녹으면 물이 되고…"한 말을 연상시킵니다. 왕충이 죽음을 일시적 현상인 생生에서 영원성을 띠는 본래의 기(원기)로의 복귀로 보았듯이(허명화, 2007), 덕명 또한 죽음을 '통체로의 복귀로 보았던 것입니다. 그런데 앞서 언급했듯이 주자는 이 '통체로의 복귀'를 '나를 주로 삼는 잘못'이라고 비판하였습니다. 주자는 왜 '통체로의 복귀'가 '나를 주로 삼는 잘못'이라고 생각하였던 것일까요? 덕명의 질문을 좀 더 상세하게 검토하기에 앞서 연숭경의 질문에 대한 주자의 대답을 보기로 하겠습니다.

> 이른바 천지의 성이 곧 나의 성이라면 어찌 죽어서 갑자기 없어지는 이치가 있겠는가? 이 설 역시 틀렸다고는 할 수 없다. 다만 이 설을 말한

---

59) 『주희집』, 권45, 書, 答廖德明, "德明平日鄙見, 未免以我爲主. 蓋天地人物, 統體之是一性. 生有此性, 死豈遽亡之. 夫水有所激與所礙則成漚, 正如二機闔闢不已, 妙合而成人物. 夫水固水也, 漚亦不得不謂之水, 特其形則漚, 滅則還復是本水也. 人物之生, 雖一形具一性, 及氣散而滅, 還復通體是一而已, 豈復分別是人是物之性."

자가 천지를 주로 삼은 것인지 나를 주로 삼은 것인지를 알 수 없다. 만약 천지를 주로 삼는다면 이 성은 천지 사이의 하나의 공공의 도리이며 또 인물 피차의 간격, 사생 고금의 차이가 없다. 비록 죽어도 없어지지 않는다고 하지만 그러나 나의 사사로움을 얻은 것은 아니다. 만약 나를 주로 삼는다면 다만 자기 신상에서 하나의 정신 혼백, 지각이 있는 것으로 인정하여 이것을 내 성이라 하고 꽉 잡고 희롱하여 죽음에 이르러도 놓지 못한다. 이것을 죽어도 없어지지 않는다고 한다면 사의가 심한 것으로 어찌 더불어 死生之說, 性命之理를 말하기에 충분하겠는가?[60)]

내 성은 하늘로부터 품부 받은 리입니다. 그렇다면 거기에는 생멸이 있을 수 없습니다. 그 점에 관해서는 주자도 동의하였습니다. 그러나 그 생멸하지 않는 리는 생멸하지 않을 뿐 아니라 내가 사사로이 소유할 수 있는 것도 아닙니다. 내가 품부 받은 그 생멸하지 않는 리는 바로 천지 공공의 도리이며 따라서 개체로서 분리, 독립될 수 있는 것이 아니기 때문입니다. 즉 주자는 개체로서의 성을 부정하고 그것을 천지 공공의 도리라 규정함으로써 개체로서의 생멸을, 그 경계를 벗어나고자 하였던 것입니다. 그것은 도가들이 인간의 삶을 일시적인 것, 죽음을 영원으로의 회귀로 규정함으로써 삶과 죽음의 경계를 벗어나고자 한 것과 동일한 방식이라 할 수 있을 것 입니다.

주자는 자신의 이 대답으로 삶과 죽음과 관련된 문제는 해명되었다

60) 『주희집』, 권41, 書, 答連嵩卿, "所謂天地之性, 豈有死而遽亡之理, 此說亦未爲非. 但不知爲此說者以天地爲主耶. 以我爲主也. 若以天地爲主, 則此性卽自是天地間一箇公共道理, 更無人物彼此之間, 死生古今之别. 雖曰死而不亡, 然非有我之得私矣. 若以我爲主, 則只是於自己身上認得一箇情神魂魄, 有知有覺之物, 卽便目爲己性, 把持作弄, 到死不肯放舍. 謂之死而不亡, 是乃私意之尤者, 尙何足與語死生之說, 性命之理哉."

고 믿었습니다. 그러므로 그는 덕명에게 연숭경에게 보낸 내 편지글을 읽으면 그 의문은 순식간에 없어질 것이라고 자신 있게 대답했던 것입니다. 그러나 주자의 기대와는 달리 덕명은 주자의 대답에 만족하지 못했습니다. 그랬기 때문에 그는 연숭경과 동일한 질문을 다시 주자에게 제기한 것입니다. 삶과 죽음은 기가 모이고 흩어지는 것이니다, 요덕명과 연숭경은 삶과 죽음을 기의 취산으로 보는 것에는 동의하였습니다. 문제는 그 다음, 즉 기가 흩어진 다음의 사태에 관한 것이었습니다. 기는 흩어져 없어진다 하더라도 그 기의 근원인 성은 통체 또는 본원으로 되돌아가 영속하는 것이 아닌가? 그렇게 덕명은 생각하였던 것입니다. 달리 말하면 그는 공공의 도리로서의 '성'이 아니라 개체로서의 '성'의 사후 영속을 믿었던 것입니다. 물론 주자는 그런 덕명의 생각을 '나를 주로 삼은 잘못'이라 비판하였습니다.

기의 통체로의 복귀가 아니라 내 성의 통체로의 복귀, 주자는 덕명과 연경의 주장을 '나를 주로 삼은 잘못'이라 비판하였지만 그러나 흩어진 기의 영속과 회귀를 완전히 부정하지는 않았습니다. 그럴 수밖에 없었던 것은 그의 의식 속에는 또 하나의 죽음관이 잠재되어 있었기 때문입니다. 다음에 절을 바꾸어 이를 좀 더 구체적으로 검토하기로 하겠습니다.

2. 리理로서의 죽음

먼저 덕명이 납득하지 못한 이유를 살펴보기로 하겠습니다. 다음 인용글은 앞에서 인용한 편지글의 후반입니다.

아직 명확하지 않은 것은 제향의 일입니다. 이것은 아직 살펴보지 못했습니다. 과연 이와 같이 향음하고자 하겠습니까? 귀신은 류가 다르면 향음하지 않으니 크게 계한이 있습니다. 통체일성으로 돌아간다는 설과 비슷하지 않습니다. 향음, 불향음은 생각할 필요가 없고 다만 근본에 보답하는 길이 항상 그렇기 때문이라 하더라도 『시』, 『서』에는 오히려 분명하게 귀신이 음식을 즐기고 조고가 내격한다고 하니 역시 지극히 향음하는 자가 있는 것과 같습니다. 홀로 생각해보니 사람이 죽으면 지각이 없다고 하지만 지각의 근원은 여전히 존재하여 이 참됨으로 느끼고 그 류로서 응합니다. 만약 지각의 근원이 전혀 없고 다만 이 한 조각의 태허적일 뿐이라고 한다면 끊어지고 소멸해 버려 실연의 리가 없는 것과 같습니다. 아마도 이치에 맞지 않을 것입니다.[61)]

덕명의 의문은 바로 제사에 있어서 내격설과 관련된 것이었습니다. 제사에서 귀신이 향음하는가 하지 않는가를 상관할 필요는 없다, 산 자는 오직 정성을 다 할 따름이다. 무귀론을 표명한 유가들의 제사론이자, 앞에서 소개한 왕충의 제사론이기도 합니다. 덕명은 이 무귀론을 먼저 언급한 다음, 『시경』과 『서경』을 전거로 하여 무귀론을 비판하며 영혼의 내격을 주장한 것입니다.

영혼의 내격, 죽음이 혼백의 분리임을 보여준 『예기』, 「교특생」에서는 "혼기는 하늘로 돌아가고 형백은 땅으로 돌아간다. 그러므로 제사는 그것을 음양에서 구한다"라고 하였습니다. 죽음과 더불어 혼백은

61) 『주희집』, 권45, 書, 答廖子晦, "所未瑩者, 正惟祭享一事, 推之未行. 若以爲果饗耶, 神不歆非類, 大有界限, 與統體還一之說不相似. 若曰饗與不饗蓋不必問, 但報本之道不得不然, 而詩書却明言神嗜飮食, 祖考來格之類, 則又極似有饗之者. 竊謂人雖死無知覺, 知覺之原仍在. 此以誠感, 彼以類應. 若謂盡無知覺之原, 只是一片太虛寂, 則似斷滅, 無復實然之理, 亦恐未安."

분리된다. 그러니 제사는 그 분리된 혼백을 다시 모으는 데서 시작해야 한다. 그렇다면 그것은 혼백이 저 어딘가에 머물러 있다가 자손의 부름에 응하여 여기로 되돌아온다는 의미가 아닌가? 안경(=진순)이 "예기의 '혼기는 하늘로 돌아간다'는 설과 횡거의 '근원으로 돌아간다'는 설은 어떻게 다른가"라고 질문한 것도 결국 기의 사후 영속을 믿고 싶어 하는 기대가 투영된 것이라 할 수 있을 것입니다. 그러나 주자는 횡거의 설을 부정하며 '혼기가 하늘로 돌아간다는 것은 연기가 하늘로 올라가면 돌아오지 않는 것과 같다'라고 하며 영혼의 회귀를 부정하였습니다.[62] 그러나 영혼의 회귀를 부정한다는 것은 제사 자체를 부정하는 것이 아닐까요? 덕명이 '나를 주로 삼는 잘못'이라는 비난을 감수하면서 다시 질문을 던질 수밖에 없었던 것은 그 때문이었던 것입니다. 물론 주자는 덕명에게도 연숭경에게 했던 대답을 되풀이 하며 성에는 생멸이 없음을 강조하였습니다. 그러나 '통체로의 환원'을 제사내격의 근거로 삼은 덕명의 질문에 주자는 지금까지와는 다른 견해를 덧붙였습니다. 다음이 제사내격과 관련된 주자의 답변입니다.

> 이 천지 음양의 기야말로 사람과 만물이 모두 품수 받은 것으로 기가 모이면 사람이 되고 흩어지면 귀신이 된다. 그러나 그 기는 흩어져버려도 이 천지 음양의 리는 생생하여 다함이 없다. 조상의 귀신·혼백이 흩어져 버려도 자손의 정신·혼백은 조금은 연속하고 있으므로 제사의

62) 『주자어류』, 권87, 104조, "安卿問, 禮記魂氣歸于天, 與橫渠反原之說, 何以別." 曰, 魂氣歸于天, 是消散了, 正如火煙騰上去處何歸. 只是消散了, 論理大概固如此. 然亦有死而未遽散者, 亦有冤恨而未散者. 然亦不皆如此, 亦有冤死而魂卽散者."

> 예에 그 성경을 다하면 조상의 혼백을 부를 수가 있다. 이것은 원래 설명하기 어려운 것으로 흩어져 버리면 마치 완전히 없어지는 것 같지만 성경을 다하면 감격이 일어난다. 그렇게 말하는 것도 리가 항상 거기에 있기 때문이다.[63)]

연숭경에게 기는 완전히 흩어진다고 주장하였던 것과는 달리 요덕명에게는 조상의 혼백은 흩어져 없어져도 자손의 정신과 혼백은 연속하므로 제사에 있어서 감격이 가능하다고 주장한 것입니다. 그러나 한편으로는 기가 완전히 흩어져서 두 번 다시 되돌아오지 않는다고 주장하면서 다른 한편으로는 흩어진 기가 자손의 기에 감응하여 회귀한다는 것은 모순된 대답이 아닌가요? 대체 그의 이 모순은 어디서 비롯된 것일까요? 흔히 이 모순의 원인으로 거론되는 것은 불교 윤회설과의 대치, 그리고 그의 사상 속에 혼재되어 있는 이천과 횡거 기론의 충돌 내지 갈등입니다(三浦國雄, 2008: 346-348). 그러나 과연 그것이 전부였을까요? 다시 주자의 발언을 참고하기로 하겠습니다.

> 자손은 반드시 조상의 기이다. 그 기는 비록 흩어져 없어졌지만 그 뿌리는 여전히 자손에게 있다. 정성과 공경을 다하면 역시 그 기를 여기에 불러 모을 수 있다. 마치 물과 파도와 같으니 뒤의 물은 앞의 물이 아니고 뒤의 파도는 앞의 파도가 아니지만 하나의 물과 파도로 통하고 있다.

63) 『주자어류』, 권3, 52조, “性卽是理, 不可以聚散言. 聚而生, 散而死者, 氣而已. 所謂精神魂魄, 有知有覺者, 氣也. 故聚則有, 散則無. 若理則亘古今常存, 不復有聚散消長也.” 曰: “只是這箇天地陰陽之氣, 人與萬物皆得之. 氣聚則爲人, 散則爲鬼. 然其氣雖已散, 這箇天地陰陽之理生生而不窮. 祖考之精神魂魄雖已散, 而子孫之精神魂魄自有些小相屬. 故祭祀之禮盡其誠敬, 便可以致得祖考之魂魄. 這箇自是難說. 看旣散後, 一似都無了. 能盡其誠敬, 便有感格, 亦緣是理常只在這裏也.”

자손의 기와 조상의 기도 마찬가지이다.[64)]

죽어서 흩어진 기가 통체로 돌아가 잔존하다가 다시 이 세상으로 회귀하여 오는 것은 아니다, 이미 흩어진 기는 다시는 이 세상에 되돌아오는 법이 없다. 그러나 그렇다고 하여 그 기가 완전히 없어졌다고 할 수는 없다, 왜냐하면 그 기를 물려받은, 그 기와 같은 기를 공유하는 자손이 이 땅에서 삶을 영위하고 있기 때문이다. 주자는 그렇게 변명하였습니다.

기에는 취산이 있지만 성에는 생멸이 없다, 개체로서의 죽음, 그것은 기의 작용이다, 성의 측면에서 보면 태어남도 없고 죽음도 없다. 주자가 내 성의 '통체로의 복귀'를 부정하며 '공공의 도리'로서의 성을 강조하였던 것은 개체로서의 나를 벗어나 '공公', 즉 리와의 합일을 추구하였기 때문일 것입니다. 그렇게 함으로써 그는 삶과 죽음이라는, 인간이라면 누구나 겪어야 하는 필연적인 사태를 초극하고자 한 것이다. 그러나 다른 한편으로 그는 스스로 부정하였던 기적 세계, 한 번 흩어지면 영원히 회귀하지 못하는 그 기의 영속을 인정하였습니다. 그것은 장재처럼 '태허로의 복귀'를 통해서가 아니라 바로 이 땅에서 삶을 영위하는 자손들을 통해서였습니다. 그리고 그것이 그가 풍수가들을 맹렬히 비난하면서도 '길지'에 대한 꿈을 버리지 않았던

---

64) 『주자어류』, 권3, 57조, "畢竟子孫是祖先之氣. 他氣雖散, 他根卻在這裏; 盡其誠敬, 則亦能呼召得他氣聚在此. 如水波樣, 後水非前水, 後波非前波, 然卻通只是一水波. 子孫之氣與祖考之氣, 亦是如此. 他那箇當下自散了, 然他根卻在這裏. 根旣在此, 又卻能引聚得他那氣在此. 此事難說, 只要人自看得."

이유이기도 합니다.

제사 감격설에 따른 그의 기론의 착종. 그것은 흔히 말하는 것처럼 그가 '제사'라는 의식에 집착하였기 때문만은 아니었을 것입니다. 왕충이 그랬듯이 제사를 '산자의 영위'로 제한하여도 그 의미는 감소하지 않기 때문입니다. 그러나 그는 결코 영혼의 내격을 부정하지 않았습니다. 그것은 그가 제사라는 의식 못지않게 조부와 자손 사이를 관통하는 기의 교감을 중시하였기 때문인지도 모릅니다. 내가 죽어도 나는 완전히 없어지는 것이 아니라 자손의 삶을 통해 영속한다는 동아시아인의 보편적인 믿음이 그의 의식의 저변을 흐르고 있었던 것입니다. 흥미로운 것은 그 기의 영속을 주자는 다시 '리'로 규정하였다는 점입니다. 아마도 주자는 그 산자와 죽은 자의 영위 속에서 영원히 계속될 일종의 '리'를 보았던 것 같습니다.

Ⅲ. 성性 · 명命과 죽음

『논어』, 「자한편」 첫 장은 "공자는 리利와 명命과 인仁에 관해서는 드물게 말하였다"로 시작됩니다. 왜 공자는 命을 즐겨 입에 담지 않았을까요? 그 자신 '오십에 지천명'이라 하여 명이라는 말을 이미 사용하지 않았던가요? 대체 명이란 무엇일까요? 본 장에서는 주자의 '명'을 중심으로 그의 죽음관의 또 다른 일면을 보기로 하겠습니다. 엄밀히 말한다면 이것은 죽음 자체에 대한 관점이라기보다 죽음에 대한 태도에 관한 것이라 해야 할 것입니다. 먼저 '명'에 대한 주자의 해석을 보기로 하겠습니다.

1. 천명의 두 가지 양태

공자가 명을 즐겨 말하지 않았던 이유는 무엇일까요? 「자한편」을 둘러싼 제자의 물음에 주자는 다음과 같이 대답하였습니다.

> 명이란 다만 하나의 명일 따름이지만 리로써 말하는 경우가 있고 기로써 말하는 경우가 있다. 하늘이 사람에게 부여한 까닭이 되는 것은 리이며 사람이 장수하고 요절하며 궁하고 통하는 까닭이 되는 것은 기이다. 리는 정미하므로 말하기 어렵고 기수 또한 그것에 완전히 맡겨서 인사를 폐하기에 이르러서는 안 되므로 성인이 드물게 말한 것이다.[65)]

그리고 또 그는 말했습니다.

> 드물게 말한 명이란 무릇 길흉화복이다. 만약 명만을 말한다면 아마도 사람들은 모든 것을 명에 맡기고 인사를 폐할 것이니 그러므로 드물게 말한 것이다.[66)]

주자는 명을 '리로서의 명'과 '기로서의 명'으로 양분하고 「자한

---

65) 『주자어류』, 권36, 논어18, 자한상편, "命只是一箇命, 有以理言者, 有以氣言者. 天之所以賦與人者, 是理也, 人之所以壽夭窮通者, 是氣也. 理精微而難言, 氣數又不可盡委之而至於廢人事, 故聖人罕言之也."

66) 『주자어류』, 권36, 논어18, 자한상편, "罕言命者, 凡吉凶禍福皆是命. 若儘言命, 恐人皆委之於命, 而人事廢矣."

편」'자한언리장' 의 명을 '기로서의 명' 으로 규정한 것입니다. 공자의 명을 해명하기에 앞서 주자는 왜 이 명을 '리로서의 명'과 '기로서의 명' 으로 구분하였던 것일까요? 그리고 또 그것은 무엇을 의미할까요? 먼저 『맹자』의 다음 일절을 참고하기로 합니다.

> 입이 맛을 추구하고 눈이 색을 추구하며 귀가 소리를 추구하고 코가 냄새를 추구하며 사지가 편안함을 추구하는 것은 성性이지만 명命이 개재되어 있으므로 군자는 그것을 성이라 부르지 않는다. 인이 부자 사이에 베풀어지고 의가 군신 사이에 지켜지며 예가 주인과 손님 사이에 지켜지고 지가 현자 사이에서 밝혀지고 천도가 성인에게서 행해지는 것은 명이지만 그 속에는 성이 개재되어 있으므로 군자는 그것을 명이라 부르지 않는다.[67]

맹자가 명과 성을 구분하여 그 의의를 밝힌 대목입니다. 정자는 이 구절을 주해하여 "다섯 가지의 욕망도 본성이지만 한도가 있어서 원하는 대로 할 수 없으니 명인 것이다. 이를 내 본성에 있다고 하여 구하여 반드시 얻으려 해서는 안 된다. 인의예지와 천도는 사람에게 있어서는 명에서 받은 것이나 받은 것에 후박과 청탁이 있다. 그러나 본성이 선하여 배워서 다할 수 있으므로 명이라 이르지 않는다"라고 하였습니다. 다섯 가지 욕망도 하늘이 명하여 내가 소유하고 있는 나의 본성이고 인의예지도 하늘이 명하여 내가 소유하고 있는 나의 본성이

67) 『맹자』, 「진심 하」, "口之於味也, 目之於色也, 耳之於聲也, 鼻之於臭也, 四肢於眼逸也, 性也, 有命焉, 君子不謂性也. 仁之於父子也, 義之於君臣也, 禮之於賓主也, 知之於賢者也, 聖人至於天道也, 命也, 有性也, 君子不謂命也."

다. 그러나 내가 구하여 얻을 수 없는 것은 명, 내가 배워서 이를 수 있는 것은 성, 그렇게 정자는 해석한 것입니다.

그런데 내가 구하고자 하여도 얻을 수 없는 명, 주자는 그것을 기의 영역에 분속시키고 다시 다음과 같은 설명을 덧붙였습니다.

> 삶과 죽음은 명에 달려 있다고 할 때의 명은 기를 가지고 말 한 것인데 기에는 품부 받은 것의 다소 후박의 다름이 있다. 하늘이 명한 것을 성이라 한다고 할 때의 명은 오직 리만을 말 한 것이다. 그러나 하늘이 명한 것도 기와 떨어질 수는 없다. 다만 중용의 이 구절은 리만을 가지고 말한 것이고 맹자가 성에는 명이 있다고 할 때의 성은 기품 식색을 함께 말한 것이다. 명에도 성이 있다고 할 때의 명은 기를 가지고 말한 것이며 본성은 선하다고 할 때는 기를 제외하고 말한 것이다.[68]

맹자는 성선의 입장에서 확충의 대상인 사단은 성, 악이 게재되어 있는 다섯 가지 욕망은 명에 분속시켜 명과 성을 구분하였습니다. 그러나 주자는 이를 리기론의 입장에서 재편성하여 순선의 성은 본연지성, 욕망이 게재된 것은 기질지성으로 구분하는 한편, 구하여도 얻을 수 없는 이른바 명도 기질지성에 포함시켰습니다. 인간의 탄생이 기의 응축으로부터 비롯되는 것이라면 그 인간의 운명 역시 그 응축된 기의 정조精粗, 후박厚薄에 의해 결정될 수밖에 없기 때문입니다. 그

---

68) 『주자어류』, 권4, 91조, "'天命謂性'之'命', 與'死生有命'之'命'不同, 何也." 曰: "'死生有命'之'命'是帶氣言之, 氣便有稟得多少厚薄之不同. '天命謂性'之'命', 是純乎理言之. 然天之所命, 畢竟皆不離乎氣. 但中庸此句, 乃是以理言之. 孟子謂'性也, 有命焉', 此'性'是兼氣稟食色言之. '命也, 有性焉', 此'命'是帶氣言之. 性善又是超出氣說."

러므로 그는,

> 맑고 밝은 것을 품부 받은 자는 영특하며 돈독하고 두터운 것을 품부 받은 사람은 온화하며 맑고 높은 것을 받은 자는 귀하며 넉넉하고 두터운 것을 받은 자는 부유하며 오래가는 것을 품부 받은 사람은 장수한다. 쇠락하고 얕으며 탁한 것을 품부 받은 자는 어리석고 불초하며 가난하고 천하며 요절한다.[69)]

라고 하며 삶과 죽음, 장수와 요절, 그 모든 것이 품부 받은 기의 속성에 따라 결정된다고 하였습니다. 뿐만 아니라 그는 진사황과 같은 무도한 왕의 출현, 한고조가 전야田野에서 일어난 것 또한 모두 천명이라고 하였습니다.[70)] 인간의 운명만이 아니라 나라의 운명 또한 기수에 따라 이미 정해져 있다고 보았던 것입니다. 소강절의 상수학을 낳은 송대, 『역』에 대한 재해석과 더불어 술수학의 황금시대를 이룬 송대의 시대상이 반영된 것이라고도 할 수 있을 것입니다. 그런데 여기서 하나의 의문이 생깁니다. 그렇다면 인간은 그 명을 어떻게 받아들여야 하는 것일까요? 아니 그 명에 대해서 인간이 할 수 있는 일은 무엇일까요? 앞서 주자가 '인사를 폐하게 해서는 안 되기 때문' 이라는 해석을 덧붙인 것은 그 때문일 것입니다. 절을 바꾸어 이 명에 대

---

69) 『주자어류』, 권4, 92조목, "稟得淸高者, 便貴; 稟得豐厚者, 便富; 稟得久長者, 便壽; 稟得衰頹薄濁者, 便爲愚 · 不肖, 爲貧, 爲賤, 爲夭."

70) 『주자어류』, 권4, 성리1, 99조, "問: 前日嘗說鄙夫富貴事. 今云富貴貧賤是前定, 如何. 曰. 恁地時節, 氣亦自別. 後世氣運漸乖, 如古封建, 畢究是好人在上. 到春秋乃生許多逆賊. 今儒者多歎息封建不行, 然行著亦可慮. 且如天子, 必是天生聖哲爲之. 後世如秦始皇在上, 乃大無道人, 如漢高祖, 乃崛起田野, 此豈不是氣運顚倒. 問. 此是天命否. 曰. 是."

한 주자의 발언을 중심으로 그의 죽음관을 살펴보기로 하겠습니다.

2. 운명과 죽음

일찍이 사마천은 백이가 굶어서 죽고 안연이 끼니를 걸러야 할 만큼 가난했던 것을 한탄하며 천도天道를 의심하였고 왕충은 천인상관설을 부정하며 인간의 운명이 우연에 의해 결정된다고 주장하였습니다(森山樹三郎, 1986: 147-153). 화복불일치禍福不一致, 그것은 감히 유가조차 부정할 수 없었던 동아시아의 전통적인 운명론이기도 하였습니다. 『주자어류』의 제자와의 문답 속에 공자의 수명이 70에 그치고 그의 지위가 빈천하였다는 사실이 자주 언급되고 있는 것은 이 거역할 수 없는 운명에 대한 그들 나름의 반응이었을 것입니다. 앞서 언급했듯이, 주자는 국가의 흥망에서 개인의 삶에 이르기까지, 그리고 거기로부터 파생된 수많은 모순과 부조리조차도 운명으로 받아들였습니다. 그러나 그렇다고 하여 그가 이 모두를 운명에 맡겼다는 뜻은 아닙니다. 고래로 유가들이 '도道'의 우위를 주장하며 전통적인 운명관에 맞서고자 하였듯이, 주자 또한 리와의 합일을 추구하며 그 운명에 대항하고자 하였습니다. 물론 그것은 죽음에 관해서도 마찬가지였습니다.

다음에 『논어』, 「위령공편」 "仁人, 無求生以害仁. 有殺身以成仁"에 대한 주자의 주해를 중심으로 명, 특히 죽음에 대한 그의 견해를 살펴보기로 하겠습니다. 이 구절은 동시에 죽음에 대한 공자의 태도가 가장 잘 드러난 구절이기도 합니다.

어진 사람이란 덕을 이룬 사람이다. 이치상 마땅히 죽어야 하거늘 삶을 구하면 그 마음에 편안하지 못한 것이 있으니 이것은 마음의 덕을 해친다. 마땅히 죽어야 하므로 죽는다면 그 마음이 편안하고 덕이 온전해진다.[71)]

인이란 내 마음의 正理일 따름이다. "仁人, 無求生以害仁. 有殺身以成仁". 모름지기 삶을 구하여 인을 해쳤을 때, 비록 無道하나 생을 얻으면 오히려 내 마음의 全理를 파괴한다. 내 몸을 죽여서 인을 이루고자 할 때에는 내 몸은 비록 죽지만 오히려 이 리는 완전할 수 있다.[72)]

'인은 내 마음의 정리', 주자는 자신의 리기론에 의거하여 공자의 인仁을 리理로 대치시키는 한편, 이 리를 온전히 하는 것이 일시적인 삶, 즉 몸의 죽음보다 중요한 것이라 하였습니다. 기의 '통체로의 복귀'를 부정하고 성=리의 불멸을 주장하였던 것과 같은 맥락의 것이라 할 수 있을 것입니다. '아침에 도를 들으면 저녁에 죽어도 좋다'고 한 공자처럼, 그 또한 이 리를 온전히 할 수 있다면 일시적인 삶, 즉 육체적인 몸은 죽어도 좋다고 생각했던 것입니다. 그리고 그의 이러한 생각은 죽음에 대한 태도와도 관련됩니다. 다음에 주자의 발언을 보도록 하겠습니다.

요수는 수명의 길고 짧음을 말한다. 貳는 의심하는 것이다. 의심하지 않는 것은 천리를 아는 것이 지극함이요, 몸을 닦고 죽음을 기다림은 하

---

71) 『사서집주』, 「논어」, 위령공, "仁人, 則成德之人也. 理當死而求生, 則 其心有不安矣. 是害其心之德也. 當死而死, 則心安而德全矣."

72) 『주자어류』, 권45, 논어 27, 위령공편, "或問仁. 曰. 仁者, 只是吾心之正理. 志士仁人無求生以害仁, 有殺身以成仁. 須知道求生害仁時, 雖以無道得生, 卻是抉破了我箇心中之全理. 殺身成仁時, 吾身雖死, 卻得此理完全也."

늘을 섬겨 몸을 마치는 것이다. 立命은 하늘이 부여한 것을 온전하게 보존하여 人爲로써 해치지 않는 것이다.

『맹자』, 「진심 상」의 "夭壽不貳 脩身以俟之 所以立命也."를 주해한 주자의 언설입니다. 참고로 부언하여 둔다면 『正義』의 공영달은 "貳二也, 仁人之行, 一度而已. 雖見前人或殀或壽, 終無二心改易其道, 殀若顔淵, 壽若邵公, 皆歸之命, 修正其身以待天命, 此所以立命之本也"라 하며 貳를 二, 즉 마음이 한결같지 못함으로 해석하였습니다. 전대의 현인 가운데 혹 요절하는 사람도 있고 혹 장수하는 사람도 있지만 그것으로 마음이 흔들려 그 도를 바꾸지 않아야 함을 강조한 것입니다. 그러나 주자는 처음부터 이貳를 의疑로 해석하여 천명을 의심하지 않는 것으로 주해하였습니다. 주자는 앞서 언급했듯이 세상의 수많은 모순이나 부조리조차 모두 명命으로 받아들였습니다. 그 세상의 숱한 모순이나 부조리조차 명으로 받아들이고 그 명을 의심하지 않는 것, 그것이 그가 선택한 삶이었고 또 동시에 죽음이었던 것입니다. 그러나 그렇다고 하여 그가 그 모순에 무조건 순응하였다는 것은 아닙니다. 그는,

사람과 사물이 살아감에 길흉화복은 모두 다 하늘이 명한 것이다. 그러나 오직 그것을 이르게 함이 없이 저절로 이른 것이 정명이 된다. 그러므로 군자가 몸을 닦고 기다림은 이것을 순히 받기 위함이다.

라고 하여 명을 정명과 비정명으로 구분하고 정명에 따른 삶을 살고자 하는 인간의 자각적 노력을 강조하였습니다. 요수夭壽를 마음에 두지 않고 몸을 닦아 이를 기다린다고 하였던 맹자처럼, 주자 또한

'저절로 이르는 명'을 '순히' 받아들이면서 인간으로서 할 수 있는, 또 해야 할 일을 다 하고자 하였던 것입니다. 그것은 동시에 그가 평생을 통해 갈구하였던 리와 하나 되는 삶이기도 하였습니다.

물론 그렇다고 하여 주자가 자신의 인간적 삶, 인간적 한계를 완전히 초극하였다는 것은 아닙니다. 노경에 이르러 특히 그는 수시로 자신을 침범하는 병마와 싸워야 했으며 또 위학의 금이라고 하는 외부적 압박을 견디지 않으면 안 되었습니다. 실제로 이 시기 그가 제자들에게 보낸 편지에는 그런 자신의 불운을 하소연하는 말들이 많습니다. 그러나 그렇다고 그가 자신의 운명에 굴복하였다는 것은 아닙니다. 자신의 이상을 실현하기 위해 마지막까지 분투한 그의 모습은 노경의 삶의 궤적에서도 발견할 수 있습니다.

> 나는 최근에 점점 더 노쇠하여 … 더 이상 살고 싶은 마음도 없으니 오래 지탱하지 못할 것입니다. 그런데도 남은 날을 애석해 하는 것은 바로 편찬 중인 예전이 이미 단서는 보았지만 아직 완성하지 못하였기 때문입니다. 몇 년 더 살 수 있어서 이것을 끝낼 수 있다면 눈을 감을 수 있을 것입니다.[73)]

예전, 그것이 구체적으로 무엇을 가리키는지 여기서 밝힐 여유는 없지만 그러나 수신, 제가, 치국, 평천하로 표명된 『대학』의 이념을 구현하기 위해 그는 자신의 최 만년을 예서 편찬 작업에 바쳤고 결국

---

73) 『주희집』, 권38, 書, 答李季章, "熹今歲益衰, …益無生意, 決不能復支久矣. 所以未免惜此餘日, 正爲所編禮傳已略見端緒而未能卒就, 若更得年餘間未死, 此與了却, 亦可以瞑目矣."

『의례경전통해』를 미완성 유작으로 남겼습니다. 그 이상理想의 산물이라 할 수 있을 것입니다. '낮이 있으면 밤이 있듯이, 그리고 잠이 들면 다시 잠에서 깨듯이', 삶과 죽음은 하나라고 했던 그는, 현실적인 죽음을 뒤로 한 채 자신의 이상을 향해 쉼 없이 나아가고 있었던 것입니다. 그러므로 그는,

> 세상 만사는 일순간에 변하고 없어지니 마음에 두기에 부족합니다. 다만 치지 역행하여 몸을 닦고 죽음을 기다리는 것을 구경의 법으로 삼고자 합니다.[74)]

라고 담담하게 노경의 자신의 심정을 술회할 수 있었던 것입니다.

앞서 언급했듯이, 만년의 주자는 여는 평범한 인간과 마찬가지로 노쇠해버린 자신을 자주 한탄하였습니다. 그러나 그 하소연은 언제나 '우리 도'의 실현을 호소하는 말로 이어졌습니다. 그가 자신의 늙음을 한탄하였던 것은 실은 늙어가는 자신에 대한 연민 때문이 아니라 결코 실현하지 못한 자신의 이상 때문이었던 것입니다. 논적인 육상산이나 스승이었던 이연평과는 달리 주자는 장례 절차에 대한 훈계를 마지막 유언으로 남겼습니다.[75)] 화복불일치의 운명을 비난하였던 사마천이나 왕충과 달리 그는 그 운명을 뛰어넘어 예禮 – 리와 하나 되

---

74) 『주희집』, 권8, 書, 答馮奇之, "世間萬事須臾變滅, 不足置胸中, 惟有致知力行, 修身俟死爲究竟法耳."

75) 참고로 부언하여 둔다면 공자에게는 자신의 장례를 위해 신하를 세우고자 한 자로에게 차라리 나를 길에다 버려달라고 한 일화가 있으며 증자에게는 역책을 둘러싼 일화가 있습니다. 유가적 삶을 잘 보여준 예라고 생각합니다.

기를 마지막까지 갈구하였던 것입니다.

하지만 그것만이 전부는 아니었습니다. 그의 철저한 리적 세계의 배후에는 훨씬 쾌활하고 명랑한 기적 세계가 존재하고 있었기 때문입니다. 끝으로 그의 기적 세계의 일면을 소개하여 두기로 합니다.

> 삶과 죽음에는 명이 있어서 당초에 기를 품부 받을 때 이미 정해져 있다면 이는 천지조화이다. 다만 많은 기가 있으므로 이를 능히 보존하면 가히 연장할 수 있다. 예를 들어 나와 어떤 사람이 10의 기를 구유 받아 이미 2를 사용하였다. 내가 막 2분을 사용할 때 회수하였고 2를 회수할 때 저 사람이 4를 사용하였다면 나는 약간 연장할 수 있다.[76)]

그가 도교로부터 받은 영향을 짐작하게 하는 대목이기도 합니다. 실제로 그는 호흡을 통한 수명의 연장을 믿었으며 이례적으로 「조식잠」이라는 도교풍의 글을 남겼습니다. 그런데 문제는 그의 이러한 태도가 죽음을 명으로 받아들여 순응하고자 한 그의 평소 태도와는 상충된다는 점입니다. 하지만 다른 한편으로 생각해보면 성의 '통체로의 복귀'를 부정하며 공公으로서의 성을 강조하였던 그가 '조고자손동기'에 입각하여 기의 영속을 주장하였듯이, 죽음이 품부 받은 기의 속성에 따른 것, 즉 명에 불과한 것임을 거듭 강조하면서도 그 기의 연명을 주장하는 이 이중적인 모습이야말로 '인간 주자'의 진면목이자, 그의 사상이 가지고 있는 진폭과 깊이의 열쇠인지도 모릅니다. 그

76) 『주자어류』, 권3, 38조, "死生有命, 當初稟得氣時便定了, 便是天地造化. 只有許多氣, 能保之亦可延. 且如我與人俱有十分, 俱已用出二分. 我才用出二分便收回, 及收回二分時, 那人已用出四分了, 所以我便能少延."

랬기 때문에 송학의 집대성자로서 거대한 성리학적 사상 체계를 완성할 수 있었던 것이 아닐까요? 그리고 어쩌면 그 연명延命조차도 주자에게는 또 하나의 명이었는지도 모릅니다.

Ⅳ. 주자 죽음관의 탈현대적 함의

고래로 동아시아 사람들은 자신들의 삶이 자손을 통해 영속된다고 믿었습니다. 신의 구원을 기대할 수 없었던 사람들이 자신의 유한성을 극복할 수 있는 가장 손쉬운 방법이었을 것입니다. 전국시대에 등장하는 '조고자손동기'라는 이념은 실은 이 믿음을 기라고 하는, 전국시대에 형성된 철학적 개념으로 윤색, 또는 보강하려 한 것이 아니었을까요?

전국시대에 등장한 기, 그것은 생명력의 근원, 혹은 생명력 그 자체를 의미하였습니다. 장자 등이 죽음을 기의 취산으로 설명하였던 것은 기가 생명력의 근원이라고 하는, 이 기에 대한 보편적 인식 때문이었을 것입니다. 그것을 보편적인 인식이었다고 규정하는 이유 가운데 하나는 리기철학이 완성되는 송대에 이르러도 '생명력의 근원'으로서의 기 개념은 불식되지 않았기 때문입니다. 죽음을 기의 취산으로, 그리고 사후 '기의 통체로의 복귀'를 주장하였던 장재의 죽음관이야말로 고대로부터 전승된 죽음관을 한층 세련화한 대표적인 예라 할 수 있을 것입니다. 이미 언급하였듯이, 이 장재의 죽음관은 송대 지식인들 사이에 폭넓게 수용되었습니다.

주자 또한 삶과 죽음을 기의 취산이라고 하는 일종의 기의 유행, 운동과정으로 보았습니다. 낮이 있으면 밤이 있듯이 응취한 것은 반드시 흩어지게 마련이다, 흩어지는 것, 그것이 바로 죽음이다, 그 또한 그렇게 말하였던 것이다. 그러나 그는 장재와는 달리 기의 '통체로의 복귀'를 부정하였으며, 그 기의 근원이라 할 수 있는 성의 '통체로의 복귀' 또한 부정하였습니다. 흩어져서 사라져가는 기를 붙잡아 '통체로의 복귀'를 주장하는 것, 또 생멸도 없고 취산도 없는 성의 '본체로의 복귀'를 주장하는 것, 그것은 모두 '나'라고 하는 '사사로움', '사사로운 욕망'에 갇히는 것이며, 그랬기 때문에 그는 당시 보편화되었던 '기의 본원으로의 복귀'를 부정하고, 생멸하지 않는 성, 즉 '리로서의 성'에 대한 믿음을 피력하였던 것입니다. 내 마음 속의 성, 그것은 즉 우주의 본원인 리이기도 합니다. 삶과 죽음이라는 절실한 문제를 '리'로부터 포착하여 그것을 '격물치지'의 대상으로 환원한 주자는 자신의 삶을 우주와 인간을 관통하는 '리'를 체득하는 데 바쳤으며, 실제로 그의 삶은 이 미지의 리를 체득하여 가는 과정이기도 하였습니다. 또 그것이 그에게 있어서는 생사의 경계를 넘어서 영원한 존재가 되는 길이기도 하였습니다. 다른 한편으로, '기의 본원으로의 복귀'를 부정하였던 그는 리라는 이름 아래 이 땅에서의 기의 연속을 주장하였습니다. '조고자손동기'라는 동아시아의 전통적인 믿음에 근거하여 그는 사사로운 나의 기가 자손을 통해 이 땅 위에 존속한다고 주장한 것입니다. 풍수설을 맹렬히 비난하면서도 아버지의 무덤을 두 번이나 이장한 데에는 이 기의 영속에 대한 믿음이 잠재되어 있었기 때문이었을 것입니다. 그것은 한편으로 그가 죽음을 리기철학 속으로 재편입하면서도 동아시아 고래의 죽음관을 그의 사상 속에 융합하였음을 의미합니다. 그것을 그가 '리'로서 설명하고자 하였듯이, 부모에게서 자식으로 이어지는 그 삶의 연속 속에서 그는 일종의 리를 보았고 그것을 자연으로 받아들였던 것입니다.

'삶과 죽음은 하나이다.' 성의 입장에서 보면 죽음도 없고 삶도 없다. 그리고 기 또한 자손을 통해 연속된다는 점에서 모임도 없고 흩어짐도 없다. 삶과 죽음이 둘이라고 생각하는 것은 현상 밖에 보지 못하는 어리석은 인간의 환상에 불과하다고 주자는 말하고 싶었는지도 모릅니다. 그랬기 때문에 그는 삶과 죽음을 명으로 받아들이고 이를 '순히' 따르고자 하였던 것이 아닐까요? 삶의 숱한 모순이나 부조리조차 명으로 받아들인 주자가 그 명을 넘어 리를 추구한 것은 그의 사상이 어쩔 수 없이 종착하게 될 귀결점인지도 모릅니다.

현대를 사는 우리는 이 땅에서의 삶을 사랑합니다. 물론 주자도 이 땅에서의 삶을 사랑하였습니다. 그의 원대한 이상- 수신, 제가, 치국, 평천하로 이어지는 『대학』의 이념-을 유가의 궁극적 이상으로 규정하고 그것을 이 땅위에 구현하고자 한 그의 삶은 이 땅에서의 삶을 사랑하는 자만이 선택할 수 있는 삶의 한 전형이었을 것입니다. 그러나 주자는 우리 현대인들과 달리 이 삶에 갇히지 않았습니다. 생멸하지 않는, 생과 사의 경계를 넘어선 더 근원적인 것을 통찰함으로써 그는 이 한정된 삶의 틀을 초극하고자 하였던 것입니다. 그가 선택한 삶의 방식, 영원한 것과의 합일을 추구하고 갈망한 그의 삶은 일시적이고 현상적인 삶에 집착하여 죽음을 회피하는 현대인들에게 삶과 죽음의 의미를 되새기게 하는 또 하나의 계기가 될 것이라 생각합니다.

제4장 양명의 죽음관

Ⅰ. 죽음과 참된 자기

이 글은 인간이면 누구나 지니고 있는 '죽음'에 대한 관념에서 생기는 문제를 해결하기 위한 방안을 양명陽明의 죽음관에서 찾아보기 위한 것입니다. 양명의 죽음관에서 그 해답을 찾는 이유는, 우리가 가지고 있는 삶과 죽음의 문제를 동시에 해결할 수 있는 간단하고 쉬운 방법을 제공하고 있기 때문입니다.

고등학교 2학년 때 선친께서 돌아가셨습니다. 선친은 필자가 중학교 3학년 때부터 암으로 투병 생활을 하셨습니다. 슬픔에 잠긴 누나는 나에게 아버지께서 곧 돌아가실 것이라고 말하곤 하였습니다. 나는 누나의 말을 들을 때마다 책상에 앉아 눈물을 펑펑 쏟으며 울곤 했었습니다. 그러다가 고등학교 2학년 때 아버지께서 돌아가셨습니다. 이미 예상된 사실이었지만, 아버지의 죽음은 고등학생인 나에게는 너무나 큰 충격이었습니다. 그때 나에게 닥친 죽음에 대한 공포는 엄청난 것이었습니다. 그 당시 성당을 다니던 나로서는 아버지가 천국에 가셨을 것이라는 위안으로 애써 울음을 참곤 했었습니다.

나는 아버지가 돌아가시는 일을 계기로 처음으로 죽음을 생각하게 되었습니다. 이때에는 막연히 죽음에 대한 두려움을 지닌 채, 애써 죽음에 대한 생각들을 물리치고 있었습니다. 그러던 중 고등학교 2학년 때 성당에서 산간 학교를 갔습니다. 명상 시간에, 풀밭에 누워 이런 저런 생각을 한 때의 일입니다. 그 때에도 나는 막연히 죽음을 떠올리며 누워 있었습니다. 그런데 갑자기 나의 눈에 조금 색다른 풀 한포기가 들어왔습니다. 그 풀은 여느 풀과는 달리 한 쪽은 완전히 말라 있었고, 다른 한쪽은 파릇한 싹이 나 있었습니다. 그 때의 나의 생각으로는 마치 삶과 죽음이 공존하고 있는 것처럼 보였습니다.

"저 풀은 반은 죽어 있고 반은 살아 있다. 어떻게 저렇게 함께 할 수 있을까?"
"아픔은 있는 것일까?"
"죽으면 어디로 갈까?"

그 풀을 본 이후로 죽음에 대한 의문들이 더욱 나의 머릿속에 떠오르기 시작했습니다. 그래서 그 때부터 명상과 죽음에 관한 이런 저런

책들을 읽기 시작했습니다. 그러나 삶과 죽음에 대한 어떠한 의문도 결코 시원하게 해결되지 않았습니다. 나는 죽음에 대한 막연한 두려움을 가슴에 품은 채 죽음은 결코 경험할 수 없고 알 수 없는 것이라고 생각하며, 애써 죽음을 생각하지 않으려고 더욱 더 노력했습니다. 그래서 그 때부터 '잘 죽자'는 좌우명을 새기며, 잘 죽기 위해 이 현생의 삶을 열심히 살아야 한다고 생각했습니다. 그래서 어떤 사람을 만나더라도 대화를 잘 하기 위해 이런 저런 지식들을 주워 모우고, 여러 가지 취미들에 몰두하기 시작했습니다. 왜냐하면 많은 지식과 다양한 경험들이 삶과 죽음에 대한 나의 고민들을 해결해 줄 수 있을 것이라 생각했기 때문입니다. 그러나 최근까지도 그러한 노력들과 삶을 잘 살아야지 하며 다짐해 온 결심들이 삶과 죽음에 대한 어떠한 이해도 가져다주지 않았습니다. 더욱이 죽음에 대한 공포를 조금도 제거해 주지 않았다는 사실을 알았습니다. 오히려 죽음이라는 생각을 떨치려고 하면 할수록, 또 그것이 무엇인가하고 생각하면 할수록 죽음에 대한 두려움과 그것을 회피하려는 마음이 더욱 커져 갔습니다.

많은 사람들은 생명이라는 것이 어머니의 몸속에서 잉태되는 순간이나 태어나는 순간에 시작해서 죽을 때 끝나는 것이라고 믿습니다. 무無에서 태어나서 다시 무로 돌아가는 것이라고 생각합니다. 그래서 자신이 사라져 버릴 것이라는 두려움으로 가득 찬 채 애써 죽음을 외면하며 삶을 살아갑니다. 그리고 또 다른 부류의 사람들은 나는 신을 믿으니 좋은 곳에 가거나 영생을 누릴 것이라고 생각합니다. 많은 사람들이 죽는 것을 보았지만, 자신은 종교나 교리를 통하여 결코 죽지 않을 것이라고 상상합니다. 그래서 자신은 죽음과는 무관한 존재이며, 걱정할 필요가 전혀 없다고 스스로 위안을 삼습니다. 그러나 우리 모두는 언젠가는 반드시 죽어야 합니다. 탄생 속에는 이미 죽음이 있기에 어느 누구도 죽음을 피할 수는 없습니다.

그래서 우리는 모두 죽음에 대한 두려움을 갖고 있습니다. 우리가 어떤 종교를 믿던, 신에 의존하던 의존하지 않던, 우리가 가장 두려워하는 것은 아마 '죽음' 일 것입니다. 자신이 죽으면 모든 것이 끝나고 이 세상에서 아무 것도 아닌 존재가 된다는 두려움 말입니다.

우리는 매일 사람들이 죽어가는 것을 보았고, 또 나이가 들어 늙고 몸이 쇠약해져 가는 것을 지켜보았습니다. 나이가 들어서나 사고를 당해서, 살해당하거나 혹은 자살로 인해 육체적인 삶이 끝난다는 것을 지켜보았고, 또 너무나 잘 알고 있습니다. 그래서 대부분의 사람들에게 있어 죽음은 가장 피하고 싶은 '사건' 이자 삶의 '끝' 입니다.

그러나 가만히 생각해 보면, 우리는 사고나 질병이나 잔인한 행위 등에 대해서는 잘 알지만 죽음에 대해서는 전혀 모른다는 것을 알 수 있습니다. 죽는다는 것이 무엇인지, 그리고 자신이 죽기 전까지는 죽음은 아무 의미도 없다는 것을 정말 모릅니다. 우리가 두려워하는 것은 죽음이라고 불리어 지는 것, 즉 알지 못하는 '무엇' 입니다. 죽음이라는 것에 무엇이 내포되어 있는 지를 전혀 모르기 때문에 우리는 죽음을 가장 두려워합니다. 그러나 사실 이것은 죽음에 대한 생각을 두려워하는 것이지, 죽음이 무엇인지 알고 죽음을 두려워하는 것은 결코 아닙니다. 왜냐하면 죽음은 직접 경험해 볼 수 없는 것이기 때문입니다.

그렇다면 우리가 무척이나 두려워하는 죽음을 어떻게 이해하고 반아들여야 할까요? 사람들은 어떻게 행복하게 죽을 것이며, 그것을 어떻게 자연스러운 것으로 받아들일 수 있는가 등에 대해 많은 생각들을 만들어 내었습니다. 그리고 죽음을 뛰어 넘기 위해 많은 방법들도 고안해 내었습니다. 어떤 사람들은 죽음을 숭배하고, 많은 사람들은 죽음을 부정하며, 또 다른 사람들은 종교와 신앙에 매달립니다. 그러나 이러한 것들을 통해서는 결코 죽음을 이해할 수 없습니다. 왜냐하면 이러한 일들은 모두 생각이 만들고 구상해 놓은 '허구'이기 때문입니다.

한 때 필자는, 일상日常의 삶만을 강조하는 유가儒家는 삶과 죽음에 대해 고민하는 나에게 아무런 도움도 되지 않는다고 생각했었습니다.

"왜 유가는 죽음에 대해 아무런 말도 하지 않을까?"

"왜 불가와 도가처럼 나를 사로잡을 만한 삶과 죽음에 대한 사유가 없을까?"

"일상의 예를 강조하는 유가는 도나 깨달음과는 거리가 먼 사상이 아닐까?"

이런 의문들로 인하여 유가는 삶과 죽음에 대한 아무런 문제도 해결해 줄 수 없는 얕은 사상일 뿐이라고 생각했었습니다. 그러다가 우연히 『전습록』을 읽었고, 모임[77] 선생님과의 대화를 통해 왜 유가는

77) '동양사상과 탈현대 연구회' 모임을 가리킵니다. 이 모임의 선생님들로부터 삶에 무엇이 중요한 것인가를 절실히 배웠습니다.

일상만을 말하는가에 대한 의문을 해결할 수 있었습니다. 유가가 일상日常의 일들만을 말할 수밖에 없는 이유는, 그것이 바로 잠시도 떠날 수 없는 도道이자 죽음을 뛰어 넘는 확실한 방법이기 때문입니다.

양명陽明은 "이 삶과 죽음에 대한 생각은 실재와는 아무 상관이 없는 개체 생명의 뿌리에서 나오는 것이기 때문에 제거하기가 쉽지 않다."고 말합니다. 이 말은 곧 우리가 생각하는 삶과 죽음은 육체와 생각들의 다발을 통해 비롯되는 '나(ego)'라는 의식이 만들어낸 관념일 뿐이라는 것입니다. 이처럼 양명은 '삶과 죽음이 실재한다고 믿는 것이 바로 본성을 실현하기 힘들게 만드는 가장 강력한 것'이라고 말합니다.[78] 단지 나라는 개체 의식이 '삶과 죽음이 있다'는 생각을 만들어 낼 뿐이라는 것입니다. 이처럼 우리는 개체 의식 때문에 있지도 않는 삶과 죽음의 문제를 만들어 내어 스스로 자신의 생각에 끄달리며 살아갑니다. 그래서 양명은 유가의 전통에서 일상의 일을 강조하며, 구체적인 일에서 공부를 해 나가는 것이 삶의 전부임을 말하고 있습니다. 실제로 경험되는 구체적인 삶을 각성하여 살 때에는 '내가 산다', '내가 죽는다'라고 하는 망상이 끼어들 틈은 조금도 없기 때문입니다.

현재를 사는 사람은 미래를 걱정하지도 삶에 집착하지도 않습니다. '지금 여기'를 진정으로 사는 사람은 삶을 아는 사람이요, 만족할 줄 아는 사람입니다. 보상도 필요 없고 죽음도 개의치 않습니다. 지금 당장 죽음이 온다 해도 이미 준비가 되어 있습니다. 이 순간만을 사는

---

78) 『전습록』, 278조목, "人於生死念頭, 本從生身命根上帶來, 故不易去."

사람은 진정으로 삶을 즐기고 진정으로 삶을 찬미하는 자입니다. 그러므로 우리가 단 한 순간만이라도 진정으로 산다면 그것으로 충분합니다. 그러나 천년을 산다 해도 삶을 진정으로 살지 않으면 모든 것이 헛 것입니다. 천 년의 삶도, 만 년의 삶도 무가치한 것입니다(오쇼 지음, 2004: 328). 그래서 양명은 이 매순간을 살라고 늘 강조합니다. 왜냐하면 단 한 순간만이라도 진정으로 살면 '참된 자기(眞己)'가 되기 때문입니다.

'참된 자기'를 알면, 나는 죽어서 소멸되어 없어질 것이라는 생각을 떨쳐 버릴 수 있습니다. 다시 말해, 저절로 구체적인 이 삶을 진실로 살게 되어, 단지 개체 의식에서 생긴 '내가 산다', '나는 죽는다'는 등의 생각들은 저절로 사라집니다. 그래서 양명은 "우리의 공부는 오직 나날이 줄어드는 것을 추구하지, 나날이 늘어나는 것을 추구하지 않는다. 한 푼의 인욕을 줄일 수 있다면 곧 한 푼의 천리를 회복할 수 있다. 얼마나 경쾌하고 깨끗한가! 얼마나 간단하고 쉬운가!"[79]라고 외치며 이 일이 전혀 어려운 일이 아니라고 말합니다.

우리는 죽음을 한 번도 진지하게 생각해 보지 않습니다. 항상 거부하고 회피하며, 머리에 떠올리기를 싫어합니다. 그러나 가만히 생각해 보면, 죽음만 회피하고 거부한 것이 아닙니다. 삶도 항상 연기하고 미루며 살아왔습니다. 그래서 사실은, 우리는 한 번도 제대로 삶을 살아보지를 못했습니다. 사실 우리의 일생은 죽음을 준비하는 과정이

79) 『전습록』, 99조목, "吾輩用功, 只求日減, 不求日增. 減得一分人欲, 便是復得一分天理, 何等輕快脫灑, 何等簡易."

자, 매순간 삶을 배우는 과정이라고 할 수 있습니다.

그러므로 양명의 죽음관을 통하여 개체 생명 의식(ego)이 만들어 낸 죽음이라는 생각을 떨쳐버려, 실재하는 현재의 삶만이 소중하고 가치로운 것이라는 사실을 깊이 받아들였으면 좋겠습니다.

Ⅱ. '요수불이夭壽不貳' 로서의 죽음

양명은 35세(1506년) 때, 당시 권세가였던 환관 유근劉瑾을 탄핵하려고 했다는 일로 무종의 화를 불러 투옥되어 가혹한 벌을 받았습니다. 이듬해인 36세 때에는 지난해에 받은 정장의 형벌로 고통스러운 몸을 이끌고, 역사驛舍의 직무를 맡고 용장龍場으로 좌천되었습니다(최재목, 2003: 95-100). 열악한 풍토와 문화로부터 차단된 변경 지역이라는 특성은, 양명에게 싫건 좋건 간에 문명인으로서의 색안경을 벗겨내고 하늘이 준 생생한 눈으로 인간을 보아야 한다는 교훈을 가르쳐 주었습니다. "유배지에서 살며 어려움에 부딪치기도 하고, 심한 고생을 참고 견뎌 보기도 했다."라는 그의 말이 이를 잘 말해 줍니다. 이리하여 세속적인 욕망과 좌절은 모두 뛰어 넘었지만, '삶과 죽음(生死)' 이라는 한 가지 생각만은 벗어날 수 없었습니다. 이전의 삶의 방식에 대해 미덥지 못함을 기억하면서도 새로운 경지로 벗어나는 길을 찾을 수 없는 극한 상황에 내몰린 사람의 어쩔 수 없는 고뇌를 상징적으로 나타내 주는 것이 바로 '생사生死' 라는 두 글자입니다. 이리하여 그는 커다란 의문을 품고서, 석곽 속에 앉아 마침내 커다란 전환점을 찾아내게 됩니다(아라키 켄고, 2000: 81-82).

양명은 용장에서 어떠한 방편이나 의사도 첨가하지 않은 채 양지를 실현했습니다. 그리고 생각이 만들어 내는 삶과 죽음이라는 관념을 완전히 떨쳐 버렸습니다. 그래서 '참된 자기(眞己)'가 되었습니다. 이런 양명의 삶과 죽음에 대한 태도는 사유의 산물이 아니라 자신의 마음에서 스스로 밝아진 밝은 달[80]과 같은 것이었습니다. 이처럼 한 평생을 밝은 달로서 살아간 양명에게는 죽음이란 결코 존재하지 않았습니다.

양명은 '일찍 죽고 오래 사는 것은 둘이 아니다.'[81]는 것에 대한 제자의 물음에 다음과 같이 대답하였습니다.

> 배우고 묻는 공부가 다른 사람에게 자신을 드러내려는 의도로 공부하는 것이나 자신에게 이익이 되는 일을 도모하는 것, 그리고 무엇에 대해 좋아하고 싫어하는 마음을 내는 것 등을 모두 벗어 버릴 수 있다고 하더라도 여전히 삶과 죽음에 관한 생각이 조금이라도 마음에 걸려 있다면, 전체全體에 대해 아직도 풀리지 않은 부분이 있는 것이다. 사람이 생사에 대해 생각하는 것은 본래 개체 생명의 뿌리로부터 나오는 것이기 때문에 제거하기가 쉽지 않다. 만약 이 곳에서 간파하여 꿰뚫어 나갈

80) 만년에 양명을 자신의 양지를 밝은 달에 비유하여 "내 마음에 저절로 빛나는 밝은 달이 있네. 천고에 만월은 영원토록 흠이 없네(吾心自有光明月 天古團圓永無缺)."라는 시를 읊었습니다(『양명전집』 권 20 「거월시」). 그리고 유언으로 "이 마음이 빛나고 밝은데, 다시 무슨 말을 하겠는가(此心光明 亦復何言)?"라고 말하고는 조용히 숨을 거두었습니다(최재목, 2003: p. 378, p. 386 재인용).

81) 공영달은 '夭壽不貳'의 貳를 '二'로 해석하여 '마음이 한결같이 못함'으로 풀이하였고, 주자는 貳를 '疑'로 해석하여 '의심하지 않는다'는 의미로 주석하였습니다(이승연, 2009: 176쪽-177쪽 참조). 그러나 필자는 '不貳'를 '不二'로 해석하여 '원래 나눌 수 없는' 의미로서의 '둘이 아님'으로 해석합니다.

수 있다면 이 마음의 전체가 흘러서 막힘이 없으니, 이것이 바로 본성을 다하고 명命을 아는 공부이다.[82]

양명은 묻고 배우는 자가, 다른 사람에게 자신을 드러내려는 의도로 공부하는 것이나 자신에게 이익이 되는 일을 도모하는 것, 그리고 무엇에 대해 좋아하고 싫어하는 마음을 내는 것 등을 모두 벗어 버릴 수 있다고 하더라도, 삶과 죽음에 관한 생각으로 털끝만큼이라도 끄달림이 있다면 전체全體에 대해 아직 풀리지 않은 부분이 있다고 말합니다. 이 말은 삶과 죽음에 대한 의문을 지닌 채, 도와 하나가 될 수 없다는 의미입니다. 왜냐하면 도와 하나 된다는 것은 개체로서의 삶과 죽음에 대한 의문이 완전히 사라져 개체 생명 의식에서 완전히 벗어났다는 것을 의미하기 때문입니다. 그래서 양명은 삶과 죽음의 문제에서 간파하고 꿰뚫어나갈 수 있다면 이 마음 전체가 막힘없이 유행할 것이며, 이것이 바로 본성을 다 실현하여 천명에 이르는 공부라고 말했습니다. 양명에 의하면, 삶과 죽음에 대한 생각은 개체 생명의 뿌리에서부터 나오는 것이기 때문에 없애기가 쉽지 않습니다. 개체 생명이란 자기중심적으로 사고하는 '나(ego)'를 가리킵니다. 그리고 우리는 에고를 유지하기 위해 자신의 목숨을 너무나 소중히 여깁니다.

세상 사람들은 모두 자신의 생명을 너무 중요하게 여겨서 죽는 것이 마땅한지 마땅하지 않는지 묻지 않고, 변화에 따라 자신의 뜻을 굽혀서

82) 『전습록』, 278조목, "問, 夭壽不貳. 先生曰, 學問功夫, 於一切聲利, 嗜好俱能脫落殆盡, 尙有一種生死念頭毫髮掛帶, 便於全體有未融釋處. 人於生死念頭, 本從生身命根上帶來, 故不易去. 若於此處見得破, 透得過, 此心全體方是流行無礙, 方是盡性知命之學."

> 목숨을 온전히 보존하려고 하기 때문에 천리를 잃어버리게 되었다. 양심을 외면하고 천리를 해치는데, 무슨 짓인들 하지 못하겠는가? 만약 천리를 어겼다면 금수와 다름이 없으니, 구차하게 살아남아 세상에서 천백 년을 머물더라도 천백 년을 묵은 금수에 지나지 않는다. 배우는 자는 이 점을 분명하게 알아야 한다.[83)]

개체 생명 의식은 생명체로서의 목숨을 유지해 나가기 위해 우리에게 반드시 있어야 하는 것입니다. 그러나 우리는 생명을 유지하기 위해 활동하는 개체 생명 의식(ego)을 '참된 자기(眞己)'와 동일시합니다. 그리고 우리는 이러한 에고와의 자기 동일시로 인해 참된 자기를 잃어버립니다. 그래서 양명은 개체 생명을 소중히 여겨 천리를 어기는 것은 금수와 같은 것이라고 힘주어 말하고 있는 것입니다.

우리는 하루에도 수만 가지의 생각을 합니다. 그 많은 생각들 중 아름다운 것과 추한 것, 선한 것과 악한 것, 진실한 것과 거짓된 것 등으로 이분화하여, 양단兩端 중 어느 한 쪽을 붙잡고 끄달리며 괴로워합니다. 이처럼 우리가 둘이 아닌(不二) '만물일체萬物一體'의 세계를 이것과 저것으로 나누어 선과 악으로 대립시키는 것은, '존재계'가 불완전하거나 어떤 문제가 있어 그렇게 하는 것이 아니라, 본래 우리 생각의 경향성이 둘로 나누어 자신과 세계를 해석하기 때문입니다. 그러므로 우리가 이러한 사고의 경향성을 올바로 이해하지 않는 한, 대립은 결코 사라지지 않습니다.

---

83) 『전습록』, 254조목, "先生曰, 只爲世上人都把生身命子看得來太重, 不問當死不當死, 定要宛轉委曲保全, 以此把天理卻丟去了, 忍心害理, 何者不爲. 若違了天理, 便與禽獸無異, 便偷生在世上百千年, 也不過做了千百年的禽獸. 學者要於此等處看得明白."

(황직이) 물었다. 선생께서는 일찍이 '선과 악은 다만 하나일 따름이다.' 라고 말씀하셨습니다. 선과 악의 두 단서는 마치 얼음과 숯불처럼 서로 대립하는데, 어떻게 다만 하나라고 말씀하십니까? 선생께서 말씀하셨다. 지극히 선한 것이 마음의 본체이다. 본체상에서 조금이라도 마땅함을 지나치면 곧 악이 된다. 하나의 선이 있는데, 다시 하나의 악이 다가와서 서로 대립하는 것이 아니다. 그러므로 선과 악은 다만 하나일 따름이다.[84)]

위의 대화에서, 사고의 경향성을 이해하지 못한 황직은 선과 악을 대립시켜 바라봅니다. 황직의 이러한 태도는 항상 '나' 와 '나 아닌 것' 으로 이분화하여 모든 일에 끄달리는 결과를 낳습니다. 그러나 양명은 선과 악이 본래 하나일 따름이라고 말합니다. 악이란 자신의 사사로움, 곧 분별심으로 인해 마땅함이 지나친 것으로, 본래부터 존재한 것은 아닙니다. 다만 우리의 사사로움이 선과 악이라는 대립을 낳는다는 것이지요. 이러한 사고의 경향성은 비단 선악의 문제에만 국한되는 것이 아니라, 우리 삶의 모든 영역에 영향을 미칩니다. 그러므로 이러한 사고의 경향성을 알고 세상을 바라보면, 그냥 '있는 그대로' 가 천리임을 알아, 지금처럼 둘로 나누어 사고하던 것은 자기 스스로가 만들어 낸 망상妄想[85)]임을 저절로 알게 됩니다.

삶과 죽음의 문제도 또한 이러한 사고의 경향성에 의해 생겨난 것

84) 『전습록』, 228조목, "問, 先生嘗謂善惡只是一物. 善惡兩端, 如冰炭相反, 如何謂只一物. 先生曰, 至善者, 心之本體, 本體上才過當些子, 便是惡了. 不是有一箇善, 卻又有一箇惡來相對也. 故善惡只是一物."

85) 망상이란 원래부터 존재하지 않는다는 의미로, 생각이 만들어낸 허구라는 뜻입니다. 사실 생각이 만들어내는 모든 것들은 지금 이 순간의 일이 아닙니다.

일 뿐입니다. 그러나 우리는 이 사실을 이해하지 못하고, 스스로 '문제 꺼리'를 만들어 내고(自繩自縛) 그것을 해결하려고 여러 가지 방법들을 동원합니다. 사실 이러한 경향성을 철저히 이해한다면, '문제 꺼리'는 처음부터 생겨나지 않았고, 또 그것을 해결하려는 여러 가지 방법들은 결코 시도할 필요가 없는 노력들이었음을 알 수 있습니다. 이런 노력들 중에 가장 흔한 것이 바로 생각을 없애려는 것입니다.

> 구천이 물었다. 근년에 저는 넓기는 하지만 대충 훑어보는 학문에 싫증이 났기 때문에 매번 고요히 앉아 생각과 사려를 물리쳐 그치게 하려고 했습니다. 그러나 그럴 수가 없었을 뿐만 아니라 더욱 혼란스러움을 느낍니다: 무엇 때문입니까? 선생께서 대답하셨다. 생각을 어떻게 그치게 할 수 있겠는가? 다만 바르게 해야 한다. (구천이) 말했다. 본래 생각이 없는 때가 있는 것은 당연하지 않습니까? 선생께서 말씀하셨다. 사실 생각이 없을 때는 없다.[86)]

우리는 구천처럼 생각과 사려를 물리쳐 그치게 하려고 합니다. 이것은 생각을 도구로써 사용하지 못하고 그 생각들에 끄달려 현재의 삶을 놓치는 것을 의미합니다. 그러나 생각을 도구로 사용할 수 있다면 생각을 통해 '지금 여기'를 살 수 있습니다. 양명의 말처럼 생각은 결코 없앨 수 있는 것이 아닙니다. 생각이 완전히 사라지는 경우는 오직 육체의 죽음뿐입니다. 그러므로 생각을 없애려고 하는 것과 고요함(靜)을 추구하는 등의 모든 시도는 생각을 하나의 수단으로 사용하

---

86) 『전습록』, 202조목, "九川問, 近年因厭泛濫之學, 每要靜坐, 求屛息念慮, 非惟不能, 愈覺擾擾, 如何. 先生曰, 念如何可息. 只是要正. 曰, 當自有無念時否. 先生曰, 實無無念時."

지 못하고, 그것에 끄달림으로 인해 비롯되는 무모한 행동인 것입니다. 그래서 다만 생각을 바르게 해야 합니다. 비록 인도의 명상 수행에서는 생각과 동일시하는 자신(ego)은 진정한 자기가 아니라는 것을 가르쳐 주기 위해, '생각과 생각의 틈'을 지켜보고[87] 확장해 나가는 수행을 말하기도 합니다. 그러나 이러한 수행은, 자신과 동일시하던 마음은 다만 '생각들의 다발'일 뿐임을 알아, 그 동일시를 깨뜨리기 위한 방편으로 사용하는 것일 뿐입니다. 사실 생각과 자신의 동일시가 사라지면, 생각 하나하나가 곧 천리와 다름이 없음을 저절로 알게 됩니다. 이처럼, 생각은 없애야 할 대상이 아니라 우리의 삶을 윤택하게 살아가기 위해 사용해야할 중요한 도구인 것입니다. 그러나 우리는 생각을 도구로 사용하지 못하고 생각이 만들어낸 많은 망상에 스스로 사로잡힙니다.

이처럼 생각을 없애려는 노력을 통해서는 결코 도를 이해할 수 없는 것과 마찬가지로, 자신의 일상의 일을 떠나 고요함을 추구하는 것으로도 도와 하나가 될 수는 없습니다. 왜냐하면 고요함을 추구하는 것 자체가 생각을 없애려는 목적이나, 현실을 피해 자신이 발디딘 구체적인 삶을 회피하고 삶의 한쪽 면만을 취하려는 의도에서 행하는 경우가 대부분이기 때문입니다. 도는 어떠한 인위적인 노력을 통하여 머물 수 있는 경계가 아닐 뿐만 아니라, 어떠한 조작造作도 아니고, 헤

87) 석가도 '참된 나는 생각과 생각 사이에서 얼핏 얼핏 보인다.'라고 말했습니다. 석가의 이 말은 생각들의 다발을 자신과 동일시하는 제자들의 병을 치료해 주기 위한 방편으로 사용한 말이지, '자기'란 생각이 없는 상태의 영원한 지속을 가리키기 위해 말한 것은 아닙니다.

아림도 없는 것이며, 아무런 의도도 갖지 않는 것입니다.

> 유군량이 산 속에서 정좌 수행을 하려고 하였다. 선생께서 말씀하셨다. 그대가 만약 다른 사람들과 관계하는 일이나 자신의 업무 등을 싫어하는 마음으로 고요함을 구하고자 한다면, 도리어 하나의 교만하고 게으른 기질을 기르게 된다. 그대가 만약 외부 사물을 싫어하지 않는다면 다시 조용한 곳에서 함양하더라도 괜찮다.[88)]

현실의 떠난 수행은 자기의 일상의 삶을 싫어하여 교만하고 게으른 기질을 기르게 합니다. 그리고 무엇보다 삶을 떠난 수행은 억제와 조절을 위주로 하는 경우가 대부분입니다. 그래서 유지해야할 경계가 있게 되고 항상 그것을 지속하기 위한 노력이 뒤따라야 합니다. 그러므로 이러한 노력들은 모두가 삶을 조작하는 일입니다. 그리고 조작을 통해서는 결코 '참된 자기'가 될 수는 없습니다. 왜냐하면 참된 자기는 생각에 사사로움이 사라진 지금 그대로의 모습이기 때문입니다. 이런 이유에서 양명은 '공부는 반드시 일삼음이 있어야 한다.'고 말합니다. 그러나 처음 공부하는 사람이 자신의 일상 생활을 싫어하지 않는다면, 조용한 곳에서 함양하는 것이 시끄러운 곳에서 공부하는 것보다 자신을 돌아보기가 훨씬 쉽다는 것은 말할 필요도 없겠지요.

> 천지 사이에 활발발한 것은 이 이치가 아닌 것이 없다. 그것은 바로 나의 양지가 유행하여 쉬지 않는 것이다. 치양지가 곧 반드시 일삼음이

---

88) 『전습록』, 256조목, "劉君亮要在山中靜坐. 先生曰, 汝若以厭外物之心去求之靜, 是反養成一箇驕惰之氣了. 汝若不厭外物, 復於靜處涵養, 卻好."

있는 공부이다. 이 이치는 떠나서는 안 될 뿐만 아니라, 실제로 떠날 수도 없다. 어디를 가더라도 도가 아닌 것이 없으며, 어디를 가더라도 공부가 아닌 것이 없다.[89)]

이처럼 '반드시 일삼음이 있어야 한다.'는 말은 매순간의 구체적인 일에서 그 양지를 실현해야 한다는(事上磨鍊) 의미입니다. 흐르는 강물을 정해진 모양으로 한정지을 수 없듯이, 시시각각 변화해 가는 삶도 고정된 무엇으로 파악할 수는 없습니다. 삶을 정해진 '틀'로 한정짓고 해석하는 것은 매순간을 박제화剝製化하는 것입니다. 삶은 원래 불확실합니다. 그래서 항상 깨어서 불확실한 삶 속에 뛰어들어야 합니다. 그래야지만, 매순간을 배움의 기회로 삼을 수 있으며, 지금 여기를 진실하게(誠) 살 수 있습니다.

(구천이) 말했다. 주자朱子는 왜 '중 · 정 · 인 · 의로 안정시키되 고요함을 위주로 한다.'고 말했습니까? 선생께서 말씀하셨다. '욕망이 없으므로 고요하다.'라는 것은, '움직여도 안정되고 고요해도 안정된다(靜亦定, 動亦定).'의 안정(定)의 의미로써, 그 본체를 위주로 말한 것이다. 경계하고 두려워하는 생각은 살아 움직이는 것(活潑潑)이다. 이것은 하늘의 기틀이 쉬지 않는 곳으로서, 이른바 '오직 하늘의 명령만이 심원하여 그치지 않는다.'는 것이니, 일단 쉬기만 하면 곧 죽음이다. 본체의 생각[90)]이 아닌 것은 곧 사사로운 생각이다.[91)]

---

89) 『전습록』, 330조목, "天地間活潑潑地無非此理. 便是吾良知的流行不息. '致良知'便是'必有事'的工夫. 此理非惟不可離, 實亦不得而離也. 無往而非道, 無往而非工夫."

90) 본체의 생각이란 본체를 생각한다는 말이 아닙니다. 왜냐하면 본체는 생각을 통해 잡을 수 있는 무엇이 아니기 때문입니다. 여기서 생각(念)이란 부모가 군에 간 자식을 생각하듯이 하는 것입니다. 자식을 생각하는 것도 아니고 그렇다고 전혀 생각하지 않

사실 선유先儒가 말하는 '고요함'이란 '안정(定)'을 말하는 것으로, 움직임(動)에 대비되는 의미의 고요함(靜)이 아닙니다. 하늘의 기틀이 쉬지 않는 것과 마찬가지로, 우리의 생각도 끊임없이 생생하게 살아 움직입니다. 이 사실을 분명히 알아 일어나는 매순간을 털끝만큼의 거부도 없이 경험할 때 생겨나는 충만감이 바로 안정인 것입니다.

우리는 많은 생각들을 만들어 냅니다. 또 우리에게는 많은 생각들이 저절로 피어납니다. 스스로 만들어낸 많은 생각들 중 우리가 가장 집착하는 것은, '나'와 '나 아닌 것'이라는 분별에서 생겨나오는 것들입니다. 이 중에도 가장 뿌리가 깊은 것이 바로 '나(ego)'라는 개체의식입니다. 그리고 이 '나'라는 개체 의식을 통해 태어남과 죽음이라는 개념을 만들어 내었습니다. 우리는 항상 개체로서의 '나'를 자기와 동일시하기 때문에, '나'의 죽음을 두려워하며, 항상 에고를 통해 이 '나'를 견고하게 해나가는 것에 모든 에너지를 쏟습니다. 그래서 우리는 끊임없이 경전을 외고 지식을 끌어 모우며, 항상 바깥을 향해 무엇인가 몰두하며 살아가는 것입니다. 그래서 양명은 이 '나'라

는 것도 아니지만, 항상 자식에게 마음이 가 있는 그런 상태입니다. 그래서 유종주는 "여기서 말하는 생각이라는 것은 '무념의 념'이니, 잘못 이해하지 말아야 한다. 그렇지 않으면 한 생각이 일어나면 이미 인욕이 된다. 그러므로 '무릇 지향하는 바가 있으면 곧 인욕이다.' 그러나 선생의 가르침은 그 자체로 참되고 절실하다(此所謂念, 是無念之念, 莫錯會. 不然, 纔起一念已是欲也, 故曰 '凡有所向, 便是欲.' 然先生之敎, 自是眞切)."라고 하였습니다(『명유학안』, 권10, 15上).

91) 『전습록』, 202조목, "曰, 周子何以言 '定之以中正仁義而主靜.' 曰, '無欲故靜', 是 '靜亦定, 動亦定'的定字, 主其本體也. 戒懼之念, 是活潑潑地, 此是天機不息處. 所謂 '維天之命, 於穆不已.' 一息便是死, 非本體之念卽是私念."

는 의식을 뿌리 채 뽑을 것을 말합니다. 사실 우리 스스로가 옳다고 믿고 있는 많은 편견, 선입관, 주의(ism), 가치관 등을 당장 내려놓으면, 지금 이대로가 바로 천리天理인 것입니다.

> 우리의 공부는 오직 (나라는 것이) 나날이 줄어드는 것을 추구하지, 나날이 늘어나는 것을 추구하지 않는다. 한 푼의 '나라는 것에서 생겨난 하고자 함(人欲)'을 줄일 수 있다면 곧 한 푼의 천리天理를 회복할 수 있다. 얼마나 경쾌하고 깨끗한가! 얼마나 간단하고 쉬운가![92]

우리의 생각은 어딘가에 몰두하면 할수록, 그리고 무엇인가를 의도하면 할수록 더욱 더 복잡하고 혼란스럽게 일어납니다. 그래서 우리는 생겨난 사소한 생각 하나에도 자유롭지 못하고 구속을 받습니다. 물론 이러한 구속 중에 우리를 가장 강력하게 매는 것이 '죽음' 입니다. 그래서 양명은 죽음의 문제가 '곤고하게 알아서 힘써 행하는' 초학자들이 뚫고 나가야 하는 공부라고 언급하고 있습니다.

> 선생께서 말씀하셨다. 자하自夏는 성인을 독실하게 믿었고, 증자曾子는 자기에게 돌이켜서 구했다. 독실하게 믿는 것도 나쁘지 않지만 돌이켜 구하는 것만큼 절실하지는 않다. … '마음을 다하고 본성을 알고 하늘을 안다(盡心知性知天).'는 것은 '태어나면서부터 알고 편안히 행하는(生知安行)' 일이고, '마음을 보존하여 본성을 기르고 하늘을 섬긴다(存心養性事天).'는 것은 '배워서 알고 이롭게 여겨서 그것을 행하는(學知利行)' 일이며, '일찍 죽고 오래 사는 것은 둘이 아니니 자신을 닦

92) 『전습록』, 99조목, "吾輩用功, 只求日減, 不求日增減得一分人欲, 便是復得一分天理, 何等輕快脫灑, 何等簡易."

아 기다린다(殀壽不貳修身以俟).'는 것은 '곤고하게 알고 힘써 행하는(困知勉行)' 일이다.[93]

이처럼 양명은 '요수불이'를 '나면서부터 알고 편안하게 행하는' 성인聖人의 공부로 본 주자와는 달리, '곤고하게 알아서 힘써 행하는' 자의 공부로 보았습니다. 그리고 성인을 독실하게 믿는 것도 중요하지만 자신에게 돌이켜 구할 것을 더욱 중시하였습니다. 왜냐하면 이 일보다 더 중요한 일은 없기 때문입니다. 그러나 처음 공부를 할 때에는 성인을 독실하게 믿는 것이 매우 중요합니다. 왜냐하면 그렇게 해야만 성인의 가르침이 자신의 가슴에 스며들게 되어, 끈기 있게 공부를 할 수 있기 때문입니다. 그러나 성인의 가르침을 조금만 주의 깊게 살펴보면, 그 내용의 대부분이 '자신에게 돌이켜 구할 것(反求諸己)'을 가르치고 있음을 알 수 있습니다. 왜냐하면 자신이 스스로를 돌이켜 변화하고자 하지 않으면 자신에게 어떠한 변화도 일어나지 않기 때문입니다. 그래서 스승은 거울과 같습니다. 거울은 다만 대상을 비쳐주기만 할 뿐이지, 대상에게 어떠한 것도 만들어내지는 못합니다. 그래서 독실하게 믿는 것도 중요하지만 자신에게 돌이켜 구하는 것을 더욱 중시한 것입니다.

---

93) 『전습록』, 6조목, "先生曰, 子夏篤信聖人, 曾子反求諸己, 篤信固亦是, 然不如反求之切. 今旣不得於心, 安可狃於舊聞, 不求是當. 就如朱子亦尊信程子, 至其不得於心處, 亦何嘗苟從. 精一博約盡心, 本自與吾說脗合, 但未之思耳. 朱子'格物'之訓, 未免牽合附會, 非其本旨. 精是一之功, 博是約之功, 曰仁旣明知行合一之說, 此可一言而喩. '盡心知性知天'是'生知安行'事, '存心養性事天'是'學知利行'事, '殀壽不貳修身以俟'是'困知勉行'事."

학문에는 (스승의) 지도와 가르침도 필요하지만, 자신이 이해하여 깨닫는 것만 못하다. 스스로 한 가지를 분명하게 안다면 백 가지가 마땅하게 되리라. 그렇지 않으면 지도하고 가르쳐 주는 것이 많을 지라도 얻지 못할 것이다.[94)]

주자는 '일찍 죽고 오래 사는 것에 의심하지 않고 자신을 닦아 명을 기다리는 일'을 성인聖人의 일로 여겼습니다. 이것을 통해 볼 때, 주자도 '삶과 죽음'을 자신의 가장 큰 문제로 삼았다는 것을 알 수 있습니다. 그러나 양명은, 성인은 이미 본성을 알기에 삶과 죽음이 문제가 되지 않음을 알고, '일찍 죽고 오래 사는 것이 둘이 아니어서' 흔들리지 않고 자신을 닦는 일을 '곤고하게 알고 힘써 행하는(困知勉行)' 일로 삼고, 처음 배우는 자의 일로 여겼습니다. 그래서 양명은 '마음을 다하여 본성을 아는 공부'를 초학자들에게 하게끔 하는 것은 올바른 공부에 들어가게 할 수 없는 것이라고 비판한 것입니다. '마음을 다하고 본성을 알고 하늘을 안다'는 것은 이미 자신의 본성을 실현한 것입니다. 이는 천인합일天人合一의 상태로, '사물과 나', '이것과 저것'으로 분별하고 간택하는 눈으로 바라보는 초학자에게는 적합하지 않다는 것입니다. 이 말을 이해하지 못한 서애는 "마음을 다하여 본성을 안다는 것이 어떻게 나면서부터 알고 편안히 행하는 것이 됩니까?"라고 되묻습니다. 여기에 대해 양명은 다음과 같이 말합니다.

---

94) 『전습록』, 298조목, "先生曰, 學問也要點化, 但不如自家解化者, 自一了百當. 不然, 亦點化許多不得."

본성은 마음의 본체이고, 하늘은 본성의 근원이다. '마음을 다한다'는 것은 곧 '본성을 다한다'는 것이다. 오직 천하의 지극히 성실한 사람이라야 자기의 본성을 다할 수 있고, 하늘과 땅이 생성 발육시키는 것을 알 수 있다. … 일찍 죽고 오래 사는 것이 둘이 아닌 그 마음은 곧 학문하는 사람들로 하여금 한결같은 마음으로 선을 행하도록 하여, 빈궁하고 영달하며 요절하고 장수하는 일 때문에 선을 행하는 마음을 동요시키지 말고, 다만 '자신을 닦아 명을 기다리게' 하는 것이다. … '명을 기다린다'는 것은 아직 만나지 못하여 여기서 기다리는 것과 비슷하니, 이것은 바로 초학자가 처음 뜻을 세울 때 '곤고하게 알고 힘써서 행하려는' 생각을 지니고 있는 것이다. 그런데 지금 도리어 전도시켜서 학문하는 사람이 착수할 곳을 잃어버리게 하였다.[95]

마음을 다하고 본성을 알며 하늘을 아는 일은 비록 쉬운 일로 보일 수도 있으나, 정말로 준비된 자가 아니면 이런 일은 결코 쉽게 일어나지 않습니다. 왜냐하면 우리는 항상 스스로를 인정하지 못하며, 이 일을 이룬 자는 나와 다른, 아니 결코 나일 수 없는, 그리고 부족한 내가 끊임없이 노력해서 도달해야 할 '무엇'으로 인식하기 때문입니다.

우리가 개체 생명(ego)이라는 관점에서 자신과 세상을 바라보는 한 모든 존재계는 분리되어 있는 것처럼 보입니다. 그러나 에고로서의 나는 '진정한 나(眞己)'가 아닙니다. 나는 '원래' 만물과 구분되지 않는 일체一體입니다. 나와 모든 존재들을 함께 가리킬 때 전체全體라고 부를 수 있는 것입니다. 만물로부터 분리된 내가 만물과 하나로

95) 『전습록』, 6조목, "性是心之體, 天是性之原, 盡心卽是盡性. 惟天下至誠, 爲能盡其性, 知天地之化育. … 至於夭壽不貳其心, 乃是教學者一心爲善, 不可以窮通夭壽之故, 便把爲善的心變動了. 只去修身以俟命, … '俟命'便是未曾見面, 在此等候相似. 此便是初學立心之始, 有箇困勉的意在. 今卻倒做了, 所以使學者無下手處."

합일하는 것이 아니라, 처음부터 구별이 없는 '나'인 것입니다. 그래서 양명은 다음과 같이 말했습니다.

> 사람의 양지가 바로 풀, 나무, 기와, 돌의 양지이다. 만약 풀, 나무, 기와, 돌에 사람의 양지가 없다면 풀, 나무, 기와, 돌이 될 수 없다. 어찌 풀, 나무, 기와, 돌만이 그러하겠는가? 천지도 사람의 양지가 없다면 역시 천지가 될 수 없다. 생각건대 천지 만물은 사람과 원래 일체이며, 그것이 발하는 가장 정밀한 통로가 바로 사람의 마음의 한 점 영명靈明이다. 바람, 비, 이슬, 우레, 해, 달, 행성, 별, 산짐승, 길짐승, 풀, 나무, 산, 강, 흙, 돌은 사람과 원래 한 몸이다. 그러므로 오곡과 금수의 종류가 모두 사람을 기를 수 있고, 약과 침의 종류가 모두 질병을 치료할 수 있다. 단지 하나의 기운을 공유하기 때문에 서로 통할 수 있다.[96)]

이처럼 양명은 양지는 오직 인간만이 가지고 있는 것이 아니며, 만물과 인간은 본래부터 한 몸(一體)임을 강조하였습니다. 우리가 그것을 나누어 바람, 이슬, 우레, 해, 달 등으로 부를 수 있을 뿐이지, 처음부터 구분된 것으로 존재하는 것이 아닙니다. 이 사실을 안다면, 일체一體를 뭐라고 나누어 부르든 그것은 다만 임시로 붙여진 이름(假名)일 뿐임을 이해합니다. 이처럼 일체를 나누어 분별하던 사사로운 생각을 내려놓아 양지가 실현되면, 개체 생명의 뿌리는 제거되고 그로 인해 생겨난 삶과 죽음의 문제도 자연히 해결됩니다.

---

96) 『전습록』, 274조목, "朱本思問, 人有虛靈, 方有良知. 若草木瓦石之類, 亦有良知否. 先生曰, 人的良知, 就是草木瓦石的良知. 若草木瓦石無人的良知, 不可以爲草木瓦石矣. 豈惟草木瓦石爲然, 天地無人的良知, 亦不可爲天地矣. 蓋天地萬物與人原是一體, 其發竅之最精處, 是人心一點靈明, 風雨露雷, 日月星辰, 禽獸草木, 山川土石, 與人原只一體. 故五穀禽獸之類皆可以養人, 藥石之類皆可以療疾, 只爲同此一氣, 故能相通耳."

한 친구가 공부가 절실하지 못하다고 문의하였다. 선생께서 말씀하셨다. 학문 공부에 대해 나는 이미 한 마디로 다 말했다. 그런데 어째서 오늘 날에는 말을 하면할수록 더욱 멀어져서 도무지 뿌리를 내리지 못하는가? (한 친구가) 대답했다. 치양지致良知에 대해서는 대개 가르침을 들었습니다. 그러나 역시 반드시 강론하여 밝혀야 합니다. 선생께서 말씀하셨다. 이미 치양지를 알았다면 또 무엇을 강론하여 밝힐 수 있겠는가? 양지는 본래 명백하니 실제로 공부하기만 하면 된다. 기꺼이 공부하려 하지 않고 단지 언어상에서 설명한다면 더욱 모호해질 것이다. (한 친구가) 말했다. 바로 (양지를) 실현하는 공부를 강론하여 밝혀 주시기를 바라는 것입니다. 선생께서 말씀하셨다. 이것도 반드시 그대 스스로 구해야 한다. 나도 달리 말할 수 있는 방법이 없다. 옛날에 어떤 선사가 있었는데, 사람이 방법을 묻자 다만 불자拂子를 치켜들었다. 하루는 그 학생이 불자를 감추고 그가 어떻게 설법하는지를 시험하였다. 선사는 불자를 찾다가 보이지 않자, 다만 빈손을 치켜들었다. 나의 이 양지는 바로 법을 베푸는 불자이다.[97] 이것을 버리고 치켜들 만한 것이 무엇이 있겠는가? 잠시 뒤에 다른 친구가 공부의 요점을 물었다. 선생께서 주변을 둘러보시며 말씀하셨다.

"내 불자가 어디에 있지?"[98]

---

97) 법法은 말로써 나타낼 수 없습니다. 양지도 다만 지금 여기에 충실할 것을 가르치기 위한 방편일 뿐입니다.

98) 『전습록』, 280조목, "一友問功夫不切. 先生曰, 學問功夫, 我已曾一句道盡, 如何今日轉說轉遠, 都不著根. 對曰, 致良知, 蓋聞教矣, 然亦須講明. 先生曰, 旣知致良知, 又何可講明. 良知本是明白, 實落用功便是, 不肯用功, 只在語言上轉說轉糊塗. 曰, 正求講明致之之功. 先生曰, 此亦須你自家求, 我亦無別法可道. 昔有禪師, 人來問法, 只把麈尾提起. 一日, 其徒將其麈尾藏過, 試他如何設法. 禪師尋麈尾不見, 又只空手提起. 我這箇良知, 就是設法的麈尾, 舍了這箇, 有何可提得. 少間, 又一友請問功夫切要. 先生旁顧曰, 我麈尾安在."

III. '주야지도晝夜之道' 로서의 죽음

양명의 최대 관심은 양지를 실현하는 것(致良知)이자 도道를 체득하는 것이었습니다. 그래서 죽음의 문제에는 직접적인 관심을 보이지 않았습니다. 죽음에 대한 관심보다는 오직 현재의 일상적인 삶에만 관심을 보였습니다. 그래서 배우는 자들을 도에 들어가게 하기 위해서 어떠한 이론도 사용하지 않았습니다. 오직 양지를 말하여, 실재하는 매순간을 충실히 살게 하고, 제자의 근기와 상황에 맞게 도를 체험하게 하여, 자연스럽게 삶의 문제를 해결할 수 있도록 하였습니다.

양명은 구체적인 이 삶을 떠나지 않고 보편적인 인륜을 무시하지 않았습니다. 그래서 귀신과 영혼과 죽음 등에 관하여 크게 관심을 기울이지 않았습니다. 그래서 양명에게는 사생관死生觀과 죽음관에 대한 직접적인 논의는 보이지 않습니다. 그럼에도 불구하고 다음의 소혜와의 대화는 양명의 사생관을 엿볼 수 있습니다. 이것은 비록 죽음에 대한 직접적인 언급은 아니지만, '삶과 죽음의 문제를 어떻게 바라보고 이해해야 하는가?' 에 대한 양명의 지혜를 엿볼 수 있습니다. 양명은 이 언급을 통해 자기에게 닥치지 않은 죽음을 문제 삼지 말고 구체적으로 경험되는 삶을 충실히 살 것을 권하고 있습니다.[99]

---

99) 이러한 태도는 공자에게서도 찾을 수 있습니다. 다음의 자로와의 대화는 이를 잘 드러내 줍니다. 자로가 공자에게 귀신을 섬기는 일에 대해 물었다. 공자는 '아직 사람을 섬기는 일도 능하지 못한데, 어찌 귀신을 능히 섬기겠느냐?' 라고 하였다. 감히 죽음에 대해 질문하였다. 공자는 '아직 삶을 알지 못하는데, 어찌 죽음을 알겠는가(季路問事鬼神, 子曰, 未能事人, 焉能事鬼? 敢問死, 曰, 未知生, 焉知死)?' 라고 말하였다.(『論語』,「선진 11」) 정병석은 이 문답을 "자로가 공자에게 죽음에 대해 물으려고

> 소혜가 죽음과 삶의 도리를 물었다. 선생께서 말씀하셨다. 낮과 밤을 알면 죽음과 삶을 알게 된다. 소혜가 낮과 밤의 도리를 물었다. 선생께서 말씀하셨다. 낮을 알면 밤을 알게 된다. 소혜가 물었다. 낮에도 알지 못하는 것이 있습니까? 선생께서 대답하셨다. 너는 낮을 알 수 있는가? 멍청하게 일어나서 느려 터지게 밥을 먹으며, 행하면서도 분명하게 알지 못하고, 익히면서도 살피지 못하며, 하루 종일 흐리멍덩하게 보내는 것은 다만 꿈속에서 낮을 보내는 것이다. 오직 숨을 쉴 때도 본성을 함양하고, 눈 깜짝할 사이에도 마음을 보존하여 이 마음이 밝게 깨어 있어서 천리가 한순간이라도 끊어지지 않아야 비로소 낮을 알 수 있다. 이것이 바로 천덕天德이며, 낮과 밤의 도에 통하여 아는 것이니, 다시 무슨 삶과 죽음이 있겠는가?[100)]

이 대화에서 양명은 낮을 알면 밤을 알게 되고, 낮과 밤을 알게 되면 죽음과 삶을 알게 된다고 말합니다. 그러나 이 말을 이해하지 못한 소혜는 너무나 당연하게 "낮에 알지 못하는 것이 있느냐?"고 반문합니다. 왜냐하면 소혜는 낮에 눈을 뜬 채 밥을 먹고, 책을 읽으며, 사람을 만나는 등의 일들을 할 때 우리의 감각 기관이 활발하게 작동하고 있

한 것은 결코 사후 세계의 객관적 존재 상황이나 인식에 관하여 말하는 '사후지도死後之道'가 아니라 '처사지도處死之道'를 알려고 하는 것임을 분명히 말하고 있다 '처사지도'는 살아있는 우리의 자아와 생사生死문제에 대한 주체적인 관조觀照 및 결단과 관련 있는 태도를 말한다. 이것은 다른 말로 하면 '어떻게 잘 죽을 수 있을까?'라는 죽음을 준비하는 태도로 오늘날의 생사학生死學의 과제와 일맥상통하는 것이라고 할 수 있다(정병석, 2008: 53-56, 72)."고 하였습니다. 그러나 필자는 이 대화를 양명의 '주야지도晝夜之道'와 같은 의미로 해석합니다.

100) 『전습록』, 126조목, "蕭惠問死, 生之道. 先生曰, 知晝夜卽知死生. 問晝夜之道. 曰, 知晝則知夜. 曰, 晝亦有所不知乎. 先生曰, 汝能知晝. 懵懵而興, 蠢蠢而食, 行不著, 習不察, 終日昏昏, 只是夢晝. 惟'息有養, 瞬有存', 此心惺惺明明, 天理無一息間斷, 才是能知晝. 這便是天德, 便是通乎晝夜之道而知, 更有甚麽死生."

는데 어떻게 낮을 모를 리가 있느냐는 것입니다. 이 질문은 우리들 대부분이 갖는 생각으로, 감각과 생각에 의존하여 잠들어 있지 않는 상태에서 모든 것을 알고 있다고 생각해 그렇게 말한 것입니다. 그러나 양명은 '다만 눈을 뜨고 잠을 자고 있지 않다고 해서 삶을 살고 있다고 말할 수는 없다.' 고 강한 어조로 말합니다. 양명에게 있어 삶을 자각하며 경험하지 않는 것은, 꿈속에서 낮을 보내는 것과 같이 잠자고 있는 것이나 다름이 없기 때문입니다. 그러면서 양명은 사사로운 뜻에 물들지 않고 본성을 함양하고 마음을 보존하여 항상 밝게 깨어 천리가 한순간도 끊어지지 않아야 낮을 알 수 있다고 말합니다.

그렇다면 사사로운 뜻에 물들지 않고 본성을 함양하고 마음을 보존한다는 말은 무슨 의미일까요? 그것은 생각과의 동일시를 내려놓아 지금 여기를 자각하고 경험하며 살아간다는 말입니다. 사실 우리의 마음은 특별히 본성이라고 부를 만한 것이 없습니다. 그러므로 특별히 함양하고 보존할만한 '무엇' 이 없습니다. 그래서 허虛하고 무無한 본체本體로서의 마음을 허공虛空에 비유합니다. 모든 것은 허공에서 일어나고 사라지지만, 허공은 잡을 수도 없고 보존할 수도 없는 것과 마찬가지로, 마음도 말을 하고, 소리를 들으며, 냄새를 맡는 등의 일로 드러나지만 마음 그 자체는 결코 얻을 수 있는 것이 아닙니다(心不可得). 사사로운 생각으로 함양하려거나 보존하려는 노력을 멈추면, 저절로 항상 밝게 깨어 천리가 한 순간도 끊어지지 않게 됩니다. 이런 의미에서 양명은 '마음밖에 사물이 없고(心外無物)', '마음에는 안과 밖이 없다(心無內外).' 고 하였습니다.

> 마음에 어찌 안과 밖이 있겠는가? 예컨대 그대가 지금 여기서 토론하고 있는데, 또 어찌 하나의 마음이 안에서 지켜보고 있겠는가? 이 강론을 들을 때 전일하게 깨어 있는(敬) 것이 곧 저 정좌할 때의 마음이다. 공부가 하나로 관통하고 있는데, 어찌 다시 생각을 일으킬 필요가 있겠는가? … 또 말씀하셨다. 공부는 본체를 떠나지 않으며, 본체는 원래 안과 밖이 없다. 다만 후세의 공부하는 자들이 안과 밖을 나누었기 때문에 그 본체를 잃어버리게 되었을 뿐이다.[101)]

우리는 개체로서의 나를 마음으로 여겨 안과 밖으로 나누어 본체를 잃어버립니다. 그러나 양명에 의하면, 마음은 안과 밖이 없습니다. 그래서 마음은 오로지 한 덩어리의 피와 살만은 아닙니다.[102)] 다만 분별을 통해 삼라만상森羅萬象으로 구분되기 이전의 한 몸(本體)을 '마음'이라고 부르는 것입니다. 양명이 마음이라고 부르는 것은 모든 것이 일체인 상태를 일컫는 말로써, '마음 그대로가 바로 이치(心卽理)'인 것입니다. 생각을 통한 분별이 들어오지 않아 모든 것이 하나인 상태, 이것을 바로 '마음'이자 '양지良知'의 실현입니다. 사실 실상實相을 바로 알면, 만물 일체를 마음이라고 하든, 불자拂子라고 하든, 양지라고 하든 전혀 상관이 없습니다. 왜냐하면 이런 말들은 모두 개념일 뿐이기 때문입니다. 다만, 실상을 바로 알아 '나(ego)'라는 개체 의식만 떨쳐 버리기만 하면 됩니다. 그러므로 본성을 함양하고 마

---

101) 『전습록』, 249조목, "心何嘗有內外. 卽如惟濬今在此講論, 又豈有一心在內照管. 這聽講說時專敬, 卽是那靜坐時心. 功夫一貫 … 曰, 功夫不離本體, 本體原無內外. 只爲後來做功夫的分了內外, 失其本體了. 如今正要講明功夫不要有內外, 乃是本體功夫."

102) 『전습록』, 112조목, "所謂汝心, 亦不專是那一團血肉."

음을 보존한다는 것은, 마음이 끊임없이 자신을 비추어(照心), 지극히 성실하여 쉬지 않는 것(至誠無息)을 가리킵니다.

> 무릇 거짓된 마음은 (사사로운 뜻에) 끄달리지만(動), 비추는 마음(照心)은 끄달리지 않는다. 항상 비추기 때문에 항상 움직이고 항상 고요하다. 이것이 바로 천지가 항구하여 그치지 않는 까닭이다. 비추는 마음은 진실로 비추지만, 거짓된 마음도 역시 (진실로) 비춘다. 사물로 삼는 것이 둘이 아니니, 곧 사물을 낳는 것에 쉼이 없다. 잠깐이라도 머물러서 새김이 있으면 곧 쉬는 것이니, '지극히 성실하여 쉬지 않는' 학문은 아니다.[103)]

두 마음이 되지 않아야 마음은 어디에도 머물지 않고 끊임없이 활발발活潑潑하게 흘러갑니다. 두 마음이 되지 않는다는 것은 비추는 마음을 비춤으로 여기고 거짓된 마음을 거짓됨으로 여기지 않음을 말합니다.[104)] 다시 말해, 삶에 깨어있고자 하는 것은 깨어있는 것이 아닙니다. 깨어있음에 의도가 있으면, 깨어있음과 그렇지 못함을 둘로 나누어 깨어있음을 유지하려고 하는 노력이기 때문입니다. 깨어있음은 삶의 진실에 눈뜰 때 저절로 생겨나는 것입니다. 그래서 양명은 지극히 성誠하면 그 속에 저절로 경敬이 있다고 말했습니다. 이런 깨어있

---

103) 『전습록』, 151조목, "夫妄心則動也, 照心非動也. 恆照則恆動恆靜, 天地之所以恆久而不已也. 照心固照也, 妄心亦照也. 其爲物不貳, 則其生物不息, 有刻暫停, 則息矣, 非至誠無息之學矣."

104) 『전습록』, 160조목, "照心非動者, 以其發於本體明覺之自然, 而未嘗有所動也, 有所動卽妄矣. 妄心亦照者, 以其本體明覺之自然者, 未嘗不在於其中, 但有所動耳, 無所動卽照矣. 無妄無照, 非以妄爲照, 以照爲妄也. 照心爲照, 妄心爲妄, 是猶有妄有照也. 有妄有照, 則猶貳也, 貳則息矣. 無妄無照則不貳, 不貳則不息矣."

음(敬)이어야지만 비춤과 거짓으로 분별된 두 마음이 생기기 않아 마음에 사사로움이 없게 됩니다.

그래서 '저절로' 비추는 마음은 끄달리지 않습니다. 그저 배가 고프면 밥을 먹고, 목이 마르면 물을 마시며, 생각을 해야 할 때에는 오직 생각을 합니다. 그래서 양지를 체득한 자는 생각을 하되 사사로움으로 물들지 않습니다.[105] 일어나는 생각에 끄달리지 않으면 생각 그대로가 곧 양지이자 천리인 것입니다. 그래서 양명은 다음과 같이 말했습니다.

> 양지는 천리가 환하고 밝아서 영명하게 깨닫는 곳이니, 그러므로 양지가 곧 천리이다. 생각은 이 양지가 발하여 작용하는 것이다. 만약 양지가 발하여 작용하는 생각이라면 생각하는 것이 천리가 아님이 없다. 양지가 발하여 작용하는 생각은 자연히 명백하고 간이하며, 양지 역시 저절로 알 수 있다.

그러나 항상 양단에 끄달리는 우리에게 있어 생각은 늘 사사로움입니다. 그래서 양명은 우리가 해결해야 할 공부도 '생각에 사사로움이 없다'는 이 한 마디뿐이라고 말합니다.

> (황면지가) 물었다. '생각에 사사로움이 없다.'는 한 마디 말이 어떻게 『시경』 삼백 편의 뜻을 개괄할 수 있습니까? 선생께서 말씀하셨다. 어찌 시 삼백 편뿐이겠는가? 육경도 단지 그 한 마디 말로 모조리 꿸 수

105) 『전습록』, 169조목, "良知是天理之昭明靈覺處, 故良知卽是天理, 思是良知之發用. 若是良知發用之思, 則所思莫非天理矣. 良知發用之思, 自然明白簡易, 良知亦自能知得."

있으며, 고금 천하의 성현의 말을 끝까지 밝혀내는 일도 '생각에 사사로움이 없다.'는 한 마디 말로 모조리 꿸 수 있다. 이 밖에 다시 무슨 말을 할 수 있겠는가? 이것이 바로 한 가지가 해결되면 백 가지가 마땅해지는 공부이다.[106]

그렇다면 어떻게 생각에 사사로움이 없게 할 수 있을까요? 그것은 참된 자기가 무엇인지를 아는 것입니다.

소혜가 물었다. 자신의 사사로움을 이기기 어려운데, 어떻게 해야 합니까? 선생께서 대답하셨다. 너 자신의 사사로움을 가지고 오너라. 너를 대신해서 이겨 주겠다. 또 말씀하셨다. 사람에게는 반드시 자기를 위하는 마음(爲己之心)이 있어야 비로소 참된 자기를 바로 알 수 있으며[107], 참된 자기를 바로 알 수 있어야 비로소 참된 자기가 될 수 있다. … 참된 자기가 어찌 형체를 떠난 적이 있겠는가? … 어찌 너의 이목구비와 사지가 스스로 보고 듣고 말하고 움직일 수 있겠는가? 반드시 네 마음으로 말미암아야 한다. 보고 듣고 말하고 움직이는 것이 모두 너의 마음이다. 네 마음이 보는 것이 눈을 통해 실현되고, 네 마음이 듣는 것이 귀를 통해 실현되며, 네 마음이 말하는 것이 입을 통해 실현되고, 네 마음이 움직이는 것이 사지를 통해 실현된다. 만약 네 마음이 없다면 이목구비

---

106) 『전습록』, 249조목, "問, '思無邪'一言, 如何便蓋得三百篇之義. 先生曰. 豈特三百篇. 六經只此一言便可該貫, 以至窮古今天下聖賢的話, '思無邪'一言, 也可該貫. 此外更有何說. 此是一了百當的功夫."

107) 참된 자기(眞己)란 한 덩어리의 피와 살로 이루어진 육체나 생각의 다발로서의 마음이 아니라, 천지 만물과 한 몸입니다. 그러므로 양명에 있어 극기克己란 사사로운 자기를 '극복한다'거나 '이긴다'는 의미가 아니라, '참된 자기를 바로 안다'는 의미입니다. 그래서 양명은 소혜에게 (극복하거나 이길) 너의 사사로움을 가져와 보라고 말한 것입니다. 과연 소혜가 무엇을 가지고 올 수 있었겠습니까? 사실 소혜뿐만 아니라 어느 누구도 가지고 올 '무엇'이 없습니다. 왜냐하면 극복하거나 이길 '자기'란 본래 없기 때문입니다.

도 없다. … 이른바 네 마음이 그것을 보고 듣고 말하고 행동할 수 있게 한다. 이것이 바로 본성이고 천리이다. 이 본성이 있어야 비로소 살 수 있으니, 이 본성의 생명원리를 인仁이라 한다. 이 본성의 생명 원리가 눈에서 발현하면 볼 수 있고, 귀에서 발현하면 들을 수 있고, 입에서 발현하면 말할 수 있고, 사지에서 발현하면 움직일 수 있다. 이 모든 것이 다만 저 천리가 발생한 것이다. 천리가 일신을 주재하기 때문에 그것을 마음이라 한다. 이 마음의 본체는 본래 다만 하나의 천리이며, 본래 예가 아님이 없다. 이것이 바로 너의 참된 자기(眞己)이다. 이 참된 자기가 육체를 주재한다.[108)]

우리는 많은 것에 마음을 빼앗깁니다. 그래서 생각은 잠시도 자기에게로 향하지 않습니다. 명예, 학벌, 돈, 경전, 취미 생활 등 그럴듯한 것에 목표를 정하고 항상 무엇인가 새로운 것을 찾고, 더 나은 무엇인가가 되려고 노력합니다. 끊임없이 부정적인 상相(下愚, 衆生, 佛, 聖人 등)을 만들어 스스로를 그것과 동일시합니다. 그러나 참된 자기는

---

108) 『전습록』, 122조목, "蕭惠問, 己私難克, 奈何. 先生曰, 將汝己私來替汝克. 又曰, 人須有爲己之心, 方能克己, 能克己, 方能成己. … 眞己何曾離著軀殼. … 恐汝連那軀殼的己也不曾爲. 且道汝所謂軀殼的己, 豈不是耳目口鼻四肢. 惠曰, 正是爲此, 目便要色, 耳便要聲, 口便要味, 四肢便要逸樂, 所以不能克. 先生曰, 美色令人目盲, 美聲令人耳聾, 美味令人口爽, 馳騁田獵令人發狂, 這都是害汝耳目口鼻四肢的, 豈得是爲汝耳目口鼻四肢, 若爲著耳目口鼻四肢時, 便須思量耳如何聽, 目如何視, 口如何言, 四肢如何動, 必須非禮勿視聽言動, 方才成得箇耳目口鼻四肢, 這箇才是爲著耳目口鼻四肢. 汝今終日向外馳求, 爲名爲利, 這都是爲著軀殼外面的物事. 汝若爲著耳目口鼻四肢, 要非禮勿視聽言動時, 豈是汝之耳目口鼻四肢, 自能勿視聽言動, 須由汝心. 這視聽言動, 皆是汝心. 汝心之視, 發竅於目, 汝心之聽, 發竅於耳, 汝心之言, 發竅於口, 汝心之動, 發竅於四肢, 若無汝心, 便無耳目口鼻. … 所謂汝心, 卻是那能視聽言動的 這箇便是性, 便是天理. 有這箇性, 才能生這性之生理, 便謂之仁. 這性之生理發在目, 便會視, 發在耳, 便會聽, 發在口, 便會言, 發在四肢, 便會動, 都只是那天理發生. 以其主宰一身, 故謂之心. 這心之本體, 原只是箇天理, 原無非禮. 這箇便是汝之眞己, 這箇眞己是軀殼的主宰."

현재의 자기를 부정하고 이루어야 할 어떤 '무엇'이 아닙니다. 사실 현재의 자기를 부정한 어떠한 것도 도와는 전혀 상관이 없습니다. 그래서 참된 자기가 아닌 다른 것에 마음이 있는 순간, 우리는 이미 죽은 것입니다. 도는 밖으로 향하던 모든 관심을 거두어들이고, 지금까지 거부하고 회피하며 없애려 했던 자신의 모습과 삶을 있는 그대로 받아들이고 사랑하는 것(爲己之心)입니다. 그래서 인위적인 노력을 기울이지 않고 오직 지금 여기를 살아가는 일입니다. 왜냐하면 이것만이 실재하는 유일한 삶이기 때문입니다. 그러므로 밖으로 향하려는 생각만 돌이키면, 스스로 만들어 낸 생각들은 저절로 쉬어져 참된 자기가 됩니다.

우리는 항상 부정적인 감정들과 느낌들을 경험하지 않으려고 합니다. 사실 어느 누가 괴로움, 슬픔, 짜증, 아픔, 갑갑함 등 이런 느낌들과 감정들을 경험하고 싶겠습니까? 그러나 이러한 것을 떠나 따로 도는 존재하지 않습니다. 우리가 무엇인가를 회피하고 현재 이외의 것들을 추구하고 있는 한 결코 도와 하나가 될 수 없습니다. 내가 슬픔에 잠겨있을 때에는 다만 슬픔만이 있습니다. 내가 괴로움에 빠져 있을 때에는 오직 괴로움만이 있습니다. 왜냐하면 매순간 일어나는 것만이 존재하며 그 이외의 것들은 모두 생각이 만들어낸 망상이기 때문입니다. 도는 갖추고 얻는 무엇이 아니라, 거부하고 회피하던 그것들과 만나는 것입니다. 다시 말해, 의식 속에서 일어나는 모든 것들을 온전히 만나고 경험하는 것이 바로 도이자 양지입니다.

참된 자기에게는 생각에 사사로움이 없습니다. 생각에 사사로움이 없다는 것은 곧 중中의 상태에 있다는 것입니다. 그래서 사사로운 의

사만 첨가하지 않는다면, 우리의 감정은 저절로 중의 상태에 있게 됩니다. 그래서 양명은 "희노애락喜怒哀樂의 본체는 저절로 이 중화中和이다. 조금이라도 자기의 의사를 붙이자마자 곧 지나치거나 미치지 못하니, 이것이 바로 사사로움이다."[109]라고 하였습니다. 그리고 중中에 대해서도 고정된 견해나 어떤 한 가지를 고집하는 것이 아님을 말합니다.

중中이란, 시시각각으로 변화하는 삶을 자신의 어떠한 의사도 첨가하지 않고 경험하는 것을 말합니다. 이러한 중은 부정에 대한 반대로서의 긍정이 아니라, 부정까지도 긍정하는 것입니다. 이러한 긍정은 생각이 끼어들 틈이 없는 즉각적인 '받아들임'을 말합니다. 중은 사사로운 생각이나 일에 끄달림이 없어 치우침이 없는 상태이며, 이것이 바로 천리인 것입니다. 그리고 이러한 중은 모든 사람이 가지고 있는 것입니다. 그러나 비록 모든 사람이 가지고 있기는 하지만, 공부하는 자는 일체의 사사로운 마음을 말끔히 쓸어내어 이 마음의 전체가 확 트여 순수한 천리(未發之中)가 되게 해야만 합니다.

이처럼 중의 상태는 본성을 함양하고 마음을 보존하는 상태여서 항상 밝게 깨어 천리가 한순간도 끊어지지 않습니다. 이것이 바로 양명에게 있어 밤과 낮을 통하는 도인 것입니다. 또 양명은 이러한 상태를 야기夜氣에 비유하여, "양지가 야기에서 발현하는 것이 바로 본모습이니, 물욕에 섞이지 않았기 때문이다. 배우는 자는 사물이 어지러운 때에도 항상 야기와 똑같이 해야 하니, 이것이 바로 낮과 밤의 도에

---

109) 『전습록』, 58조목, "喜怒哀樂本體自是中和的. 纔自家著些意思, 便過不及, 便是私."

통하는 것이다."[110]라고 하였습니다. 야기란 성인의 특별한 마음의 상태를 말하는 것이 아니라, 보통 사람들에 대해 말한 것으로, 공부하는 자들이 힘을 기울일 수만 있다면 낮에도 일이 있을 때나 없을 때나 모두 이 기운이 모이고 발생하게 됩니다.

> 사람은 하루 동안에 고금의 세계를 모두 한 차례 경험하고 지나가지만 사람이 보지 못할 뿐이다. 밤기운이 맑고 깨끗할 때는 보는 것도 없고 듣는 것도 없으며, 생각하는 것도 없고 작위를 하는 것도 없어서 가슴 속이 담담하고 평온하다. 이것이 바로 복희, 황제의 세계이다. 새벽녘에는 정신이 맑고 기운이 명랑하여 온화하고 화목하다. 이것이 바로 요임금과 순임금의 세계이다. 오전에는 예의로 사귀고 기상이 질서정연하다. 이것이 바로 삼대의 세계이다. 오후에는 정신과 기운이 점점 어두워지고 가고 오는 것이 복잡하고 어지럽다. 이것이 바로 춘추전국의 세계이다. 점점 어두워져 밤이 되면 만물은 잠들어 쉬고 풍경은 적막하고 고요하다. 이것이 바로 사람이 소멸하고 사물이 다한 세계이다. 배우는 자가 양지를 믿어서 기운에 의해 어지럽혀지지 않는다면, 항상 복희와 황제 이전의 사람이 될 수 있다.[111]

양명의 이러한 말은 오직 실재하는 삶을 또렷하게 자각하고 살면, 삶과 죽음은 더 이상 문제가 되지 않는다는 말입니다. 앞의 양명과 소

---

110) 『전습록』, 268조목, "又曰, 良知在夜氣發的方是本體, 以其無物欲之雜也. 學者要使事物紛擾之時, 常如夜氣一般, 就是通乎晝夜之道而知."

111) 『전습록』, 311조목, "人一日間, 古今世界, 都經過一番, 只是人不見耳. 夜氣淸明時, 無視無聽, 無思無作, 淡然平懷, 就是羲皇世界. 平旦時, 神淸氣朗, 雍雍穆穆, 就是堯舜世界. 日中以前, 禮儀交會, 氣象秩然, 就是三代世界. 日中以後氣所亂, 便常, 神氣漸昏, 往來雜擾, 就是春秋戰國世界. 漸漸昏夜, 萬物寢息, 景象寂寥, 就是人消物盡世界. 學者信得良知過, 不爲做箇羲皇以上人."

혜의 문답에서, 양명의 말은 마치 삶을 죽음과 떼어놓고 오직 한 쪽만을 말한 것처럼 보입니다. 그러나 양명에게 있어 삶과 죽음은 결코 분리될 수 없습니다. 삶과 죽음은 본래 하나(不二)이서, 둘 가운데 하나를 고립시킬 수 없고 따로 떼어서 이해하려고 해서도 안 됩니다. 그러므로 이 사실을 가장 먼저 이해해야 합니다. 그런데 우리들 대부분은 삶과 죽음을 떼어놓고 생각합니다.

양명은, 낮을 흐리멍덩하게 보내는 것은 꿈을 꾸는 것과 같은 것처럼, 삶을 깨어서 보내지 않는 것은 곧 죽은 것이라고 말합니다. 그래서 양명에게는 우리가 생각하는 것과 같은 죽음은 없습니다. 매순간 깨어서 살지 못하면 그것이 바로 죽음인 것입니다. 이처럼 양명에게 있어 죽음은 육체의 소멸이 아니라, 다만 삶에 대한 진실성(誠)의 부재인 것입니다.

우리는 항상 밝음을 긍정하고 어둠을 부정하며, 즐거움을 추구하고 괴로움을 회피합니다. 그래서 항상 낮과 밤, 삶과 죽음을 둘로 구분하고 마치 서로 다른 두 개의 것으로 생각합니다. 그러나 어둠이 단순히 빛의 부재不在이듯이, 죽음은 단순히 삶의 부재일 따름입니다. 그래서 양명은 낮이 무엇인지를 알면 저절로 밤을 알 수 있고, 낮을 알게 되면 삶과 죽음의 도리도 알게 된다고 말합니다. 이 점은 우리의 인생이 낮이나 삶만으로 채워질 수 없다는 것은 조금만 생각해 보아도 알 수 있는 일입니다. 그러므로 밝음과 어둠, 삶과 죽음은 어느 하나만 존재할 수 있는 것이 아닙니다. 이것은 서로 다른 둘이 아니라, 하나가 있으면 반드시 나머지 것이 있게 되는 동전의 양면과 같은 것입니다. 사실 낮과 밤을 구분하는 것은 우리의 사사로운 생각에 기인하는 것입니다.

‘성인聖人은 낮과 밤의 도에 통하여 안다.’는 구절에 대해 물었다. 선생께서 말씀하셨다. 양지는 원래 낮을 알고 밤을 아는 것이다. 또 물었다. 사람이 깊이 잠들었을 때는 양지 역시 알지 못합니다. 선생께서 말씀하셨다. 알지 못한다면 어찌하여 한 번 부르면 곧 대답을 하는가? 말했다. 양지가 늘 알고 있다면, 어떻게 깊이 잠드는 때가 있겠습니까? 선생께서 말씀하셨다. ‘날이 저물면 들어가서 편히 쉰다.’고 했는데, 이 역시 조화의 항상恒常된 이치이다. 밤이 오면 천지가 어둑하여 형체와 색깔이 모두 없어져서, 사람도 보고 듣는 것이 없어서 여러 감각 기관이 모두 닫히게 된다. 이것이 곧 양지가 거두어들여져서 하나로 응취된 것이다. 천지가 열리면 만물이 드러나고 사람도 보고 듣는 것이 있어서 여러 감각 기관이 모두 열리게 된다. 이것이 곧 양지의 오묘한 작용이 발생하는 때이다. 여기서 사람의 마음과 천지가 본래 한 몸(一體)임을 알 수 있다. … 말했다. 잠잘 때는 어떻게 공부합니까? 선생께서 말씀하셨다. 낮을 아는 것이 곧 밤을 아는 것이다. 낮에는 양지가 순응하여 막히지 않으며, 밤에는 양지가 거두어들여져서 하나로 응취된다. 꿈을 꾸는 것은 징조를 앞서서 드러내는 것이다.[112)]

또 말씀하셨다. 양지가 밤기운에서 발현하는 것이 바로 본모습이니, 물욕에 섞이지 않았기 때문이다. 배우는 자는 사물이 어지러운 때에도 항상 밤기운과 똑같이 해야 하니, 이것이 바로 낮과 밤의 도에 통하는 것이다.[113)]

---

112) 『전습록』, 267조목, “問, 通乎晝夜之道而知. 先生曰, 良知原是知晝知夜的. 又問, 人睡熟時, 良知亦不知了. 曰, 不知何以一叫便應. 曰, 良知常知, 如何有睡熟時. 曰, 向晦宴息, 此亦造化常理. 夜來天地混沌, 形色俱泯, 人亦耳目無所睹聞, 衆竅俱翕, 此卽良知收斂凝一時. 天地旣開, 庶物露生, 人亦耳目有所覩聞, 衆竅俱闢, 此卽良知妙用發生時. 可見人心與天地一體, 故上下與天地同流. 今人不會宴息, 夜來不是昏睡, 卽是妄思魘寐. 曰, 睡時功夫如何用. 先生曰, 知晝卽知夜矣. 日間良知是順應無滯的, 夜間良知卽是收斂凝一的, 有夢卽先兆.”

113) 『전습록』, 268조목, “又曰, 良知在夜氣發的方是本體, 以其無物欲之雜也. 學者要使事物紛擾之時, 常如夜氣一般,就是通乎晝夜之道而知.”

우리는 잠이나 꿈에서 조차 깨어서 지켜보고자 합니다. 그러나 밤이 되면 천지가 어둠 속에 들어가 모든 것이 구분되지 않는 것과 마찬가지로, 잠이 들면 감각기관이 모두 닫혀져 양지가 거두어들여져서 하나로 응취되어 어떠한 사사로움도 없게 됩니다. 낮에 모든 것을 자각하여 어떠한 분별과 사사로움이 없이 생활하고, 잠을 자거나 꿈을 꿀 때에도 어떠한 사사로움이나 분별이 없음을 말합니다. 이것은 불가佛家의 오매일여寤寐一如와 같은 의미로, 낮과 밤, 생시와 꿈, 깨어있을 때와 잠잘 때, 모두가 분별심이 없어 한결같다(一如)는 말입니다. 지켜보는 어떤 경계나 '내'가 있는 것이 아니라, 다만 사욕이 섞이지 않은 상태, 즉 사사로움이 없는 상태를 가리키는 말일 뿐입니다. 그러므로 다만 물욕에 섞이지만 않으면 됩니다. 물욕이란 '어떤 일을 하고자 의도함'을 가리키며, 물욕에 섞이지 않아야 한다는 것은 어떤 일을 할 때 그 일에 깨어서, 자신이 삶에 주인으로서 살아간다는 말입니다.

이처럼 낮의 도와 밤의 도는 따로 있는 것이 아닙니다. 도는 따로 존재할 수 없습니다. 현재 발딛고 있는 이 구체적인 상황에 온전히 사는 것, 이것이 바로 도道이자 양지良知입니다. 양명에게 있어 밤과 낮을 통하는 도道란 다름 아닌 양지의 실현인 것입니다. 우리는 반드시 저마다의 양지를 실현해야 합니다. 왜냐하면 양지를 실현하는 일은 우리 삶의 유일한 목적이기 때문입니다.

Ⅳ. 양명 죽음관의 탈현대적 함의

지금까지 양명의 죽음관을 살펴보았습니다. 양명에 의하면 삶과 죽음의 문제는 다만 개체 생명(ego)에서 생겨난 관념에 불과한 것입니다. 우리가 '개체 생명(ego)'에서 생긴 죽음이라는 관념에 사로잡히면, 죽음을 두려워하여 삶을 집착하며 살아가게 됩니다.

현대 사회의 여러 문제 중 가장 심각한 것은 우리 개개인이 행복을 위한 어떠한 노력을 하더라도 결코 행복해질 수 없다는 것입니다. 우리가 어떠한 노력으로도 행복해질 수 없는 이유는 바로 나에 대한 인식이 개체 생명에 근거하고 있기 때문입니다. 이처럼 우리가 '나'와 '나 아닌 것'으로 구분하여 자신을 이해하고 세상을 바라보는 한, 결코 행복해질 수 없으며, 삶과 죽음의 문제는 더더욱 해결할 수 없습니다.

우리는 끊임없이 생각을 해왔습니다. 그리고 생각을 통해서만 문제를 해결하는데 익숙합니다. 그래서 죽음의 문제도 생각을 통해서 해결하려고 합니다. 그러나 나를 개체로 인식하든 이 세상과 한 몸(全體)이라고 인식하든, 생각을 통해 나온 어떠한 논의도 삶에 대한 이해를 가져다주지 않습니다. 이와 마찬가지로 사고와 분별을 통해 죽음을 극복하려는 시도로도 결코 죽음의 문제를 해결할 수는 없습니다. 왜냐하면 삶과 죽음의 문제는 생각이 만들어낸 망상이기 때문입니다.

그래서 양명은 양지를 실현할 것(致良知)을 강조합니다. 머리로 아무리 '삶과 죽음이 이런 것이다.'라고 이해했다고 하더라도 그것은 자신이 해석한, 고정되고 제한된 어떤 '무엇'이지, 매순간의 활발발

活潑潑한 삶은 아닌 것입니다. 그러므로 양지를 실현하여 자기 생각과의 동일시가 저절로 사라질 때, 우리는 생각과 관념의 사슬에서 해방되어 생각을 도구로써 사용할 수 있으며, 삶과 죽음의 문제도 저절로 해결할 수 있습니다.

삶은 잠시도 멈추지 않습니다. 흐르는 물처럼 오직 흘러갈 뿐입니다. 이처럼 삶은 잠시도 중단됨이 없이 영원합니다. 그래서 우리는 결코 삶을 알 수 없습니다. 왜냐하면 어느 한 순간을 붙들고 그것을 삶이라고 부르는 것은 자기의 기억을 붙들고 실재하는 것으로 착각하는 것과 같기 때문입니다. 사실 영원히 흘러가는 삶의 흐름을 우리가 어떻게 알 수 있겠습니까! 다만 지금 여기를 '주인'이 되어 살아갈 수 있을 따름입니다. 그래서 매순간을 통해 삶을 더욱 배울 뿐입니다.

오직 실재하는 것은 '지금 여기' 뿐입니다. 그리고 지금 여기는 매순간 계속됩니다. 그래서 양명은 '닥치지도 않은 죽음을 문제 삼지 말고 지금 당장의 삶을 살라!'고 말합니다. 양명의 이 말은 아주 평범한 말임에도 불구하고 함의는 무척 넓고 깊습니다. 왜냐하면 삶을 안다는 것은 삶을 산다는 것이고 무엇이 닥칠지 모르는 불확실한 삶 속에 뛰어든다는 것이기 때문입니다. 이것은 도道에 대한 강한 믿음과 모든 존재와의 '통일체적' 삶 속에서만 가능한 일입니다. 이렇게 할 때, 우리는 매순간을 두려워하지 않고 살아갈 수 있으며, 죽음에 대한 두려움으로부터도 자유로울 수 있습니다. 이것은 삶과 죽음이라는 관념에 대한 집착이 완전히 사라졌을 때 가능한 일입니다

양명이 말하는 '양지의 실현(致良知)'이란 사실 어려운 것이 아닌, 너무나 간이簡易한 것입니다. 왜냐하면 단지 자신의 관념, 사상, 주의

들을 내려놓기만 한다면, 다만 무엇인가가 되려고 현재의 삶을 무시하지만 않는다면, 이미 우리는 '지금 이대로' 양지를 실현하고 있는 존재이기 때문입니다.

그러므로 단 한순간만이라도 지금 여기를 살아, 자신과 동일시하던 생각과 감정들과의 분리를 체험한다면, 우리가 두려워하는 것들은 모두 생각이 만들고 구상해 놓은 허구라는 사실을 알게 됩니다. 그래서 우리를 그토록 힘들게 하던 죽음에 대한 두려움도 한순간에 끝낼 수 있습니다.

양명의 죽음관을 통하여 운전을 하고, 사무를 보며, 학생들을 가르치고, 자식들을 따뜻하게 바라보며 처를 안아 주는 일 등에서 삶의 진실을 발견하는 계기로 삼을 수 있을 것입니다.

제2부

동양사상과 새로운 죽음교육

제1장 죽음교육과 탈현대 교육

탈현대의 새로운 문명을 위한 청사진을 마련하는 것은 우리 시대, 우리들의 과업입니다. 그리고 탈현대 교육의 청사진에서 가장 중요한 것이 바로 나와 존재계의 근원적 통일성을 깨닫는 교육입니다. 전현대교육에서 깨달음 교육은 주로 종교교육이 담당하였습니다. 그러나 소수의 진실한 사제들을 제외하고는 종교는 대다수의 민중들에게는 하나의 지배 이데올로기와 신분적 족쇄로 작용하였습니다. 현대에 이르러 종교교육은 교육의 세속화라는 이름으로 공교육에서 제외되었습니다. 이런 상황에서 죽음교육은 깨달음 교육의 유일한 수단일지도 모릅니다.

이러한 죽음교육을 통해 우리는 우리의 삶이 삶과 죽음이라는 한 토막으로 존재하는 것이 아님을 깨달을 수 있고, 나아가 삶과 죽음이라는 양 둑을 사이에 두고 사랑의 강이 끝없이 흘러가는 삶=죽음을 살아=죽어가게 될 수 있을 것입니다.

Ⅰ. 서구 현대문명과 죽음교육

서구 근대 이성은 '모든 인간은 평등하게 태어난다'고 선언하였습니다. 그러나 이것은 사실이 아닙니다. 미국에서 태어난 아이–비록 슬럼가에서 태어났더라도–와 태어나자마자 기아와 전쟁의 고통 속에 살아가야 하는 이라크의 아이가 평등할까요? 재벌의 아들로 태어난 사람과 태어나자마자 보육원에 버려진 아이가 과연 평등하게 태어난 것일까요?

한편 소크라테스는 '모든 인간은 평등하게 죽는다'고 하였습니다. 그러나 현실로 나타난 죽음의 모습은 그렇지 않습니다. 예나 지금이나 죽어서 묻히는 묘지의 크기는 다릅니다. 무덤을 장식하는 석물과 조경도 다릅니다. 그러나 모든 사람이 평등하게 죽는다는 말이 잘못된 것은 이러한 외면적인 불평등 때문이 아닙니다. 육체적, 심리적 고통 속에서 죽어가는 사람이 있고, 평화롭고 깨어있는 상태에서 죽는 사람이 있기 때문입니다. 죽음교육은 바로 이러한 내면적 '죽음의 평등'을 위한 교육입니다.

부처는 모든 인간은 생노병사生老病死라는 과정을 겪게 된다고 하였습니다. 병들어 죽지 않고 늙어서 죽는 사람도 있지 않은가 하는 반론도 있습니다. 그러나 황수기 교수가 지적하듯 '고령화는 긴 병의 일종' 입니다(전병술역, 2001: 45). 그러나 그것보다 중요한 것은 생노병사라고 하는 과정이 점차적 혹은 단계적으로 이루어지는 것이 아니라는 것입니다. 생노병사는 출생과 더불어 시작됩니다. 늙음도 출생과 함께 이루어지고, 병도 출생과 더불어 시작되고, 그리고 죽음도 출생과 더불어 시작되는 것입니다. 죽음교육이 죽음을 목전에 둔 사람들만을 대상으로 하는 것이 아니라 어렸을 때부터 시작해야 하는 것은 바로 이 때문입니다.

죽음이 삶과 더불어 시작되는 것임에도 불구하고 서구 현대문명은 인위적으로 죽음을 삶과 격리시켰습니다. 오늘날 우리들은 아이들에게 죽음이라는 생물학적 사실을 가르치고 싶어 하지 않습니다. 이것은 의심의 여지없이 현대라고 하는 문명의 현 단계에서만 지배적으로 나타나는 특수한 현상입니다. 오늘날 역사상 어느 때보다도 죽음은 사회생활의 배후로 밀려났고, 위생적으로 제거되고 있습니다. 그 어떤 선례도 찾아볼 수 없을 정도로 시체는 악취 없이 신속하게 죽음의 병상에서 무덤으로 너무도 완벽하게 기술적으로 처리됩니다(김수정역, 1999: 35). 그래서 우리들은 죽어가는 사람 앞에서 마땅히 할 말을 알지 못합니다. 이 상황에 사용될 수 있는 어휘는 상대적으로 빈약하고 고통의 감정이 앞서서 언어를 억제합니다. 장례식과 무덤을 둘러싼 경건성, 무덤 주변에는 정적이 있어야 한다는 생각, 묘지에서는 목소리를 낮추어야 한다는 관념, 이 모든 것은 죽은 자를 산 자와 격리시키는 형식이자 죽은 자들의 인접성, 그리고 그 때문에 우리가 느끼는 위협을 가능한 한 멀리 하려는 수단입니다. 결과적으로 현대인들의 죽음에 대한 태도는 죽어가는 자의 외로움과 살아있는 자들에게는 낯섬과 당혹스러움으로 대별됩니다. 이처럼 서양의 현대는 죽음이 미래의 어느 모퉁이에서 웅크린 채 그대를 기다리고 있는 것이라고 가르쳤습니다. 그로 인해 우리는 단조롭고 답답한 이차원적 삶을 강요당하게 되었습니다(이용주, 2001: 35).

> 우리가 '근대'라고 부르는 어느 시점부터 인간은 죽는다는 사실 이외의, 죽음과 관련한 어떤 상상력의 진실성도 부정하는 확고한 신념을 고수하기 시작한다. 합리성이라고 부를 수 있는 그 신념 앞에서 인간은 불사와 초월을 상상할 수 있는 인간의 특권을 포기해야 했다. 그리고 세상은 단조로워졌다. 이제는 죽는다는 사실만이 인간 앞에 가로놓인 진실이 되었다. 그리고 죽음과 더불어 인간에게는 다른 어떤 가능성도 미래도 사라진다. 죽음이외의 다른 출구를 인정하지 않는 진실은 우리에게 폭력으로 다가온다. 죽는다. 그리고 그것으로 끝이다. 그 사실만이 유일한 폭력적 진실로 강요되면서 죽음은 어떤 일이 있어도 회피해야 할 세상의 끝으로 단죄되었다. 죽음을 삶의 세계, 생명의 세계에서 배제해 버린 뒤로 우리는 평면적 삶의 영역에 갇혀 지내 왔다. 그 답답함이여.

그러나 그렇다고 해서 우리가 죽음과 결별할 수 있는 것은 아닙니다. 우리는 태어나면서부터 죽음에 대해 관심을 갖습니다. 1948년 헝가리의 심리학자인 미라아 나기는 세 살부터 열 살까지 어린아이의 생사관에 대한 연구를 통해 어린아이는 죽음에 관해 대체로 세 가지 의문을 품는다고 밝히고 있습니다(오진탁역, 2003: 162). 그 의문은 다음과 같습니다.

–죽음이란 무엇일까?
–사람은 왜 죽는 것일까?
–죽은 다음에 사람은 어떻게 될까?

우리나라의 경우 몇 몇 신학대학원에서 죽음을 가르치고 있습니다. 외국의 경우에는–최근에 이르러–초 중등 학교에서도 죽음교육을 실시하고 있습니다. 이들 나라의 경우 대개 죽음교육은 보건교육의 일부로 가르치기도 하고, 문학적 교재를 이용하여 죽음을 취급하기도 합니다. 일부 나라에서는 사회과목 수업 중 다양한 각도로 죽음에 대해 인식할 수 있도록 하는 학교도 있습니다. 독일의 경우 중학생용 교과서 시리즈 중 아홉 번째로 『죽음과 죽어가는 과정(Sterben und Tod)』을 선택하여 가르치고 있습니다. 여기에는 다음과 같은 다섯 가지 주제가 실려 있습니다.

1) 죽음과 장례식
2) 청소년의 자살
3) 인간답게 죽는 방법–윤리적인 문제
4) 생명에 대한 위협–죽음과의 대결
5) 죽음의 해석

특히 죽음의 해석에서는 학생들에게 묘지를 견학하여 묘비명을 연구하도록 하고 신문의 사망광고를 통해 죽음이 어떻게 표현되는지 분석하도록 숙제를 내주기도 합니다(오진탁역, 2003: 172).

뉴질랜드의 경우에도 보건(health and physical well-being)과목이나 예술(arts) 등의 교과목 속에서 죽음을 가르치고 있습니다. 그러나 뉴질랜드 죽음교육의 독특한 측면은 원주민인 마오리 언어와 문화를 통해 죽음을 가르친다는 것입니다. 뉴질랜드는-물론 많은 비판도 받고 있지만-원주민 문화를 가장 잘 보존하고 있는 나라로 알려져 있습니다. 그런 측면에서 뉴질랜드는 전현대와 현대가 명시적으로 공존하고 있는 유일한 사회라고도 할 수 있습니다. 뉴질랜드 교육과정에서는 마오리의 전통과 역사 및 가치를 중요시하고 있어, 학생들은 초등학교 때부터 마오리의 언어와 문화를 습득합니다. 죽음교육은 이러한 마오리의 문화의 일부로 실시되고 있습니다. 예컨대 학생들이 제일 처음 배우게 되는 마오리의 민속무용 하카(Haka)는 다음과 같은 노래를 부르면서 시작됩니다(정종진편, 1998: 25).

Ka mate! Ka mate!(죽음이다! 죽음이다!)
Ka ora! Ka ora!(삶이다! 삶이다!)
Te nei te tangata puhuruhuru(머리 숱이 많은 자가 태양을 더욱 빛나게 한다.)

그러나 이러한 나라에서 이루어지는 죽음교육은 단순히 "그림자를 통해 빛을 강조하는", 즉 죽음을 통해 삶의 의미를 강조하는 것에서 벗어나지 못하고 있습니다. 이것은 현대교육의 극복이 아니라 현대교육의 보완에 불과한 것입니다. 진정한 죽음교육은 현대성과의 결별입니다. 죽음교육은 일직선적인 시간관과 외면적 삶에 대한 반성에서 비롯되는 것이기 때문입니다. 그리고 진정한 죽음교육이 중요한 것은 그것이 인간 성장의 마지막 기회이기 때문입니다.

죽음교육에서 분명히 가르쳐야 할 것은 죽음은 삶의 일부분이라는 것입니다. 죽음은 단절이 아닌 연속되는 과정입니다. 미래로 향하는 과정이 아닌, 지금 여기에 존재하는 것입니다. 우리에게는 오직 세 개의 신비만이 존재합니다. 그것은 삶, 죽음, 그리고 사랑입니다. 삶과 죽음 사이로, 삶과 죽음의 두 개의 둑 사이로 사랑이라는 강이 흐릅니다. 그 다음으로 죽음에 대해 이해해야 할 것은 죽음만이 확실하다는 것입니다. 그 이외의 모든 것은 불확실합니다. 다른 것은 일어날 수도 있고 일어나지 않을 수도 있습니다. 그러나 죽음은 확정적입니다.

죽음이 삶의 한 부분이고 우리의 삶에서 오로지 죽음만이 확실하다는 사실을 앞에 두고 우리는 반드시 커다란 방향 전환을 해야 합니다. 삶의 초점을 외면적인 것에서 내면적인 것으로 방향을 바꾸고, 무언가 소유하는 대신 존재라는 새로운 가치영역을 발견해야 합니다. 이제 죽음을 현대의 사슬에서 해방시켜야 합니다.

죽음교육은 현대교육을 극복할 수 있는 중요한 대안이 될 수 있습니다. 우리가 살고 있는 산업사회는 점차 그리고 급격히 종말을 고하고 있습니다. 그렇기 때문에 현대교육을 통해 끊임없이 재생산되는 낡은 세계관은 정보사회의 새로운 사회구조와 불가피하게 충돌을 일으키고 있습니다. 산업사회의 세계관 속에서 인간은 세계로부터 분리되고 고립된 존재로서 오직 자신의 욕망을 충족시키는 것을 삶의 궁극적인 목적으로 삼고 있습니다. 이처럼 욕망을 충족시키는 일이 목적이 될 때 생산과 소비 활동이 삶의 중심을 차지하게 됩니다. 이러한 고생산-고노동-고소비 사회 속에서 우리들은 자신이 획득한 희소자원을 가지고 자신의 가치를 평가하며, 희소자원을 차지하기 위해 모든 노력을 경주하게 되는 것입니다.

그러나 이제는 인간의 궁극적인 관심이 외부세계로부터 내면세계로, 존재계를 개발하고 이용하는 것에서 존재계를 이해하고 사랑하는 것으로 바뀌어야 합니다. 이것이 탈현대 세계의 세계관입니다. 우리가 깨달음이라고 할 때 이는 곧 나와 존재계간의 근원적인 통일성을 깨닫는 것입니다. 시공을 초월하여 자신과 우주만물이 하나임을 자각하는 것입니다. 이러한 깨달음을 위한 교육의 방법으로 가장 적절한 것이 바로 죽음교육인 것입니다.

죽음이란 체험할 수 있는 성질의 것이 아닙니다. 아니 모든 사람은 반드시 죽음을 체험합니다. 그러나 살아서 그 죽음을 체험할 수는 없습니다. 따라서 죽음의 체험은 결코 남에게 전달할 수 있는 것이 아닙니다.

그러나 우리 주위에는 죽었다가 다시 살아난 사람들이 이야기가 있습니다. 이런 죽음과 유사한 죽음의 체험을 '사후생死後生(Life after Life)'이라고 합니다. 사후생이 실제의 죽음과 과연 같은 것인지 확인할 길은 없습니다. 다만 이런 경험을 한 사람들은 종전의 삶과 전혀 다른 삶을 살아가게 됩니다. 『크리스마스 캐롤』의 스크루지 영감이 그 대표적인 사례입니다. 『타나토노트』라는 소설은 이러한 사후생을 과학적인 방법으로 연구하고자 하는 사람들에 대한 이야기입니다. 주인공은 사형수들을 대상으로 의학적으로 죽인 뒤 다시 살아나도록 하여 그 과정에서 그들이 본 것을 설명하도록 합니다. 적지 않은 사람들의 희생 후에 그들은 사후생에 대한 단계적인 사실들을 알 수 있게 됩니다. 그러나 그들도 결코 죽음의 최종 단계에 대해서는 알 수 없음을 스스로 깨닫게 됩니다.

이처럼 죽음이란 살아있는 인간에게는 결코 알려지지 않은 세계입니다. 어쩌면 죽음이란 우리의 생각이나 언어로는 표현할 수 없는 대상일지도 모릅니다.

II. 탈현대를 위한 죽음교육

소크라테스는 독배를 마신 후, 소란스럽게 슬퍼하는 제자들에게 말했습니다. "제발 좀 조용히 해라. 나는 지금 죽음의 과정을 지켜보고 있다. 지금 내 몸은 서서히 죽어가고 있지만, 나는 죽지 않고 있다." 소크라테스의 말과 같이 죽음은 깨달음, 즉 진정한 자아를 찾을 수 있는 마지막 기회입니다.

불교는 죽음을 깨달음을 위한 중요한 수단으로 활용합니다. 부처가 수행의 장소로 묘지를 적극 추천한 것은 죽음을 통해 깨달음을 얻도록 하기 위함이었습니다. 그러나 죽음이 중요한 것은 그것이 깨달음의 마지막이고 그리고 사실은 가장 결정적인 기회이기 때문입니다. 그렇기 때문에 불교에서의 죽음교육은 생유시生有時, 즉 살아 있을 때의 죽음교육과 중유시中有時 즉 임사시의 죽음교육으로 구별됩니다. 화엄에서는 우리의 존재 방식을 4가지로 나누는데, 태어남은 시유始有이고, 삶은 본유本有이고, 죽음은 사유死有입니다. 본유와 사유

사이에 존재하는 것을 중유中有라고 합니다. 물론 이러한 사유四有의 구분은 두 가지 뜻이 있습니다. 그 한 가지는 죽음도 삶과 같이 하나의 존재 방식이라는 것을 나타냄이요, 또 한 가지는 삶과 죽음이 걸림 없다는 사사무애를 나타내기 위함입니다. 그러면 생유시의 죽음교육과 중유시의 죽음교육을 살펴보기로 하겠습니다.

1. 생유시生有時의 죽음교육

생유시의 죽음교육은 죽음을 통해 삶을 더욱 삶답게 살도록 하는 교육입니다. 더 나아가 죽음을 통해 깨달음을 위한 발심發心을 일으키기 위한 것이기도 합니다. 죽음을 통해 삶을 삶답게 하기 위한 죽음교육은 준비되지 못한 죽음이 얼마나 두렵고 괴로운 것인지를 설명하는 내용으로 구성됩니다. 우리는 종종 타인의 기쁨이나 슬픔에 공감하여 함께 즐거워하고, 또 슬퍼하기도 합니다. 그러나 타인의 죽음을 목도하는 경우는 다릅니다. 비록 절친한 사이라고 하더라도 타인의 죽음은 기쁨이나 슬픔과 같이 쉽게 공감하기 어려운 것입니다. 고인을 잃은 가족들의 슬픔은 쉽게 공감할 수 있지만 고인의 죽음은 어떤 방법으로든 공감하기 어렵습니다. 이것을 하이덱거는 실존의 비본래성이라고 표현했습니다. 레오 톨스토이의 소설 「이반 일리치의 죽음」은 "이반 일리치의 생활은 가장 단순하고 가장 평범했기 때문에 가장 두려운 것이었다"로 시작됩니다(Leo Tolstoy, 2006). 우리 생활의 매 순간은 동시에 죽음을 향해 나아가는 순간이고, 따라서 가장 단순하고 평범한 시기가 사실은 가장 두려운 시기라는 것입니다. 그러므로 우리가 바로 그 사실을 직시할 때, 우리는 우리의 삶이 얼마나 아름다운 것인지를 깨닫게 됩니다. 그러면 죽음에 임박해서, 다음 생애에서는 정원에 더 많은 꽃을 심고, 더 자주 낚시를 다니고, 더 많이 사랑하리라고 다짐할 필요가 없습니다.

『모리와 함께 한 화요일』에서 스승 모리는 제자에게 죽음을 배우게 되면 보다 더 생생하게 자연을 감상할 수 있음을 말하고 있습니다.

> 그래 매일 저 창 밖을 내다보지. 나무가 어떻게 변하는지, 바람이 얼마나 강해졌는지도 알아차린다네. 그것은 시간이 창틀을 지나치는 것을 아는 것과 비슷하지. 내 시간이 거의 끝났음을 알기에 처음으로 자연을 보는 것처럼 그렇게 자연에 마음이 끌린다네(Michy Aelbom, 1998: 115).

우리가 우리의 삶을 진정으로 즐길 수 있는 것은 그것이 영원하지 않기 때문입니다. 그래서 우리는 삶을 즐길 책임이 있고, 삶을 즐기는 것을 인간의 본성으로 여길 수 있는 것입니다. 또 우리는 죽음을 육체적 생명의 휴가로 혹은 더 큰 하루의 시작으로 받아들일 수 있습니다.

죽음교육은 특히 노인들에게 절실하게 필요합니다. 노인은 급격하게 몸이 쇠약해지기 때문에 갑작스럽게 의식을 잃거나 죽음을 맞이할 수 있습니다. 따라서 사람구실을 할 수 없기 전에, 또 죽기 전에 기회를 놓치지 말고 꼭 해결해야함 할 문제를 하나씩 풀어나가야 합니다(삶과 죽음을 생각하는 회, 2007: 25). 그러기 위해서는 자신의 미래에 일어날 몸의 부재라는 사건에 대하여 자신이 어떤 의미를 부여하는지 살펴보아야 합니다. 즉 자신이 얼마나 진지하고 정직하게 죽음을, 그래서 삶을, 고뇌하고, 또 그 완성을 위해서 노력하는지 돌아보는 일을 우선해야 합니다(위의 책, 43-44). 이러한 죽음준비는 결과적으로 어떤 삶을 살아야 하는지 깨닫도록 해줍니다.

그러나 이러한 생유시의 죽음교육만으로는 죽음교육은 완전하다고 할 수 없습니다. 생유시의 죽음교육은 앞에서도 언급하였듯이 '그림자를 통해 빛을 강조하는' 즉 죽음을 통해 삶의 의미를 강조하는 것에 불과합니다. 물론 이러한 죽음교육도 매우 중요합니다. 그러나 죽음교육의 궁극적인 목적은 깨달음입니다. 깨달음이란 분리 독립된 개체로서의 나에서 벗어나 우주 삼라만상과 하나인 나로 새롭게 태어나는 것입니다. 따라서 진정한 죽음교육은 현대성과의 결별이며 이는 현대문명의 일직선적인 시간관에서 벗어나는 것을 의미합니다. 프랭클린의 '시간은 금이다'라는 말로 표현되는 수학적 시간, 강박적으로 분할하고, 원자화하고, 측정하고, 계산하는 시간 개념은 뉴턴의 '절대적이고 수학적인 진리의 시간개념'을 무기로 시간의 다양성과 고유성을 말살하였습니다. 그리고 이러한 수학적 시간은 모든 삶의 영역에서 '배중排中'을 초래하였습니다. 그리고 죽음교육이 정말로 중요한 것은 그것이 인간 성장의 마지막 기회이기 때문입니다.[114]

2. 중유시中有時의 죽음교육

수행자에게 있어 죽음은 삶의 절정이고 최고봉입니다. 티베트 불교

114) 이는 부위훈의 책 제목이기도 합니다.

에서는 임사체험의 경험자들을 '델로크' 즉 '죽음에서 돌아온 사람 '이라고 부릅니다. 델로크들의 증언 중 공통되는 것은 긴 터널을 빠져나가 밝고 평화스럽고 지극히 행복한 빛과 만나 그 빛과 하나가 되어 지복을 누리는 경험을 한다는 것입니다. 또 한 가지는 아주 짧은 시간, 즉 1-2분 사이에 태어나서 죽기까지 자기가 경험한 모든 사건을 돌이켜 보았다는 것입니다. 1-2분이라는 짧은 시간에 그것이 가능한 것은 하나씩 차례로 보는 것이 아니라 동시에 볼 수 있기 때문입니다. 임사체험자들은 이 짧은 시간에 모든 형상, 소리, 느낌을 분명한 깨어있음 속에서 동시에 인식하게 됩니다. 이것은 깨달은 마음의 전지全知와 비슷한 현상입니다(툴쿠 톤둡, 2002: 102).

티베트 불교의 중음수행中陰修行은 죽음 단계에서의 수행입니다. 죽음의 단계에선 누구나 모든 기운이 가슴 차크라로 집중됩니다. 그리고 사망자 앞에 동트기 전의 새벽하늘과 유사한 정광명淨光明[115]의 상태가 나타납니다. 사망자가 이를 인식하여 정광명의 투명한 빛으로 들어가면 그는 태어남도 죽음도 없는 근원의 세계로 들어갈 수 있습니다. 『사자死者의 서書』는 죽은 자를 정광명으로 인도하기 위해 사자死者에게 읽어주는 책입니다. 육체의 죽음과 함께 우리의 인식도 조금씩 소멸해 갑니다. 색성향미촉色聲香味觸의 다섯 가지 인식 중 가장 오래도록 남아 있는 것이 듣는 것, 즉 소리입니다. 생전에 사자의 영적인 스승이나 아니면 도반은 임종자의 귀에 가까이 대고 분명하고

115) 정광명은 죽음의 순간에 나타나는 투명한 빛입니다. 임사체험자들은 그 빛이 태양보다 수백배나 강하지만 전혀 눈부시지 않고 부드러운 빛으로 경험합니다. 정광명을 아뇩다라삼먁삼보리 즉 無上正等覺으로 표현하기도 합니다.

정확하게 반복해서 죽음의 순간에 나타나는 투명한 빛으로 사자를 인도해야 합니다. 사자의 서에서는 죽음을 맞이하는 순간부터 다시 환생하는 49일간 사자를 세 단계에 걸쳐 인도합니다. 그 첫 번째 단계는 죽음의 순간과 죽음의 순간부터 3-4일에 걸쳐 전개되는 치카이 바르도[116] 단계에서의 가르침입니다.

> 아, 고귀하게 태어난 아무개여. 그대가 존재의 근원으로 돌아가는 길을 찾을 순간이 다가왔다. 그대의 호흡이 멎으려 하고 있다. 그대는 한때 그대의 영적 스승으로부터 존재의 근원에서 비치는 투명한 빛에 대해 배웠다. 이제 그대는 사후 세계의 첫 번째 단계에서 그 근원의 빛을 체험하려 하고 있다. 그대여, 이 순간에 모든 것은 구름 없는 텅 빈 하늘과 같고, 아무것도 걸치지 않은 티 없이 맑은 그대의 마음은 중심도 둘레도 없는 투명한 허공과 같다. 이 순간 그대는 그대 자신의 참나를 알라. 그리고 그 빛 속에 머물러 있으라. 이 순간 나 역시 그대를 인도하리라.(중략) 아, 고귀하게 태어난 자여. 그대의 현재의 마음이 곧 존재의 근원이며 완전한 선이다. 그것은 본래 텅 빈 것이고 모습도 없고 색깔도 없는 것이다. 그대 자신의 마음이 참된 의식이며 완전한 선을 지닌 붓다임을 깨달으라. 그것은 텅 빈 것이지만 아무것도 없는 텅 빔이 아니라 아무런 걸림도 없고, 스스로 빛나며 기쁨과 행복으로 가득한 텅 빔이다(류시화역, 1995: 241-249).

첫 번째 바르도가 끝났을 때 자신에게 죽음이 일어났다는 사실을 깨달은 사자는 두 번째 초에니 바르도를 경험하기 시작합니다. 이는 존재의 근원을 체험하는 바르도입니다.

---

116) 바르도는 섬 사이(between island)를 뜻합니다. 아뢰야식에 저장된 종자로 인해 새로운 존재로 환생할 때 거쳐가는 디딤돌입니다.

> 아, 고귀하게 태어난 자여. 그대의 육체와 마음이 따로 분리되어 있는 이 때, 그대는 순수한 진리의 세계를 잠깐 경험하게 되리라. 그것은 밝고 눈부시고 미묘하며 무서울 정도로 빛이 난다. 마치 봄날의 풍경 속을 가로지르는 신기루처럼 끝없이 물결치며 흘러간다. 그러나 그것들을 보고 당황하거나 두려워하거나 무서워하지 말라. 그것은 그대 자신의 참 자아에서 나오는 빛일 뿐이다. 이 사실을 깨달으라. 그 빛 한가운데서 천 개의 천둥이 동시에 울리는 것처럼 존재의 근원에서 나오는 자연스런 소리가 들려올 것이다. 그것은 그대 자신의 참자아에서 나오는 자연스런 소리이다. 그 소리에 당황하거나 두려워하거나 무서워하지 말라. 지금 그대가 갖고 있는 몸은 살아 있을 때 생겨난 그대의 정신적 성향으로 이루어진 사념체이다. 그대는 살과 뼈로 만들어진 육체를 갖고 있지 않으므로 어떤 것이 그대 앞에 나타나든지, 그것이 소리든 빛이든 광선이든 어떤 것도 그대를 해칠 수 없다. 그대는 죽을 수 없기 때문이다. 이 환영들이 그대 자신의 생각에서 나온 것임을 아는 것으로 충분하다(류시화역, 1995: 265-266).

초에니 바르도에서 깨달음을 얻지 못한 사자는 자신이 죽었음에도 불구하고 여전히 육체를 갖고 있다는 착각에서 벗어나지 못합니다. 그러나 실제로 자신이 몸을 갖고 있지 않다는 것을 깨닫는 순간, 사자는 육체를 소유하려는 강렬한 욕망을 갖기 시작합니다. 그리고 다음 단계인 시드파 바르도로 진입합니다. 이 단계에서는 자궁문을 닫는 가르침을 사자에게 들려주고, 그리고 사자가 자궁문을 닫는 가르침을 따르지 못했다면 마지막으로 자궁문을 선택하는 가르침을 읽어줍니다. 이것이 중유시의 마지막 가르침입니다.

대부분의 사람들은 죽음에 임박하여 두려움과 고통에 압도됩니다. 비록 『사자의 서』를 읽어 준다고 하더라도 우리들은 두려움과 고통으로 인해 이에 집중하기 어렵습니다. 그래서 중요한 것은 죽음에 임박하여 의식이 맑게 깨어 있도록 하는 것입니다. 죽음에 임박하여 의식이 맑게 깨어 있기는 매우 어렵습니다. 평소에 깨어서 지켜보는 연습이 충분히 이루어지지 않으면 죽음의 순간에 두려움과 고통에 압도되어 버립니다. 따라서 자신의 죽음을 깨달음을 위한 마지막 기회로 활용하기 위해서는 깨어서 지켜보는 연습을 꾸준히 하여야 합니다.

우리는 매일 조금씩 살고, 또 조금씩 죽어가고 있습니다. 잠은 작은 죽음의 연습입니다. 『일리아드』에 나타나는 잠의 신 휘프노스는 죽음의 신인 타나토스의 형제입니다. 그래서 많은 선사들이 잠을 지켜보는 것을 깨닫기 위한 한 가지 방법으로 제안하고 있습니다. 잠드는 모습에 대한 주시, 그것이 비록 육체적 죽음에 비해 은미한 것이라고 해도 정말 놓치기에는 아까운 기회입니다. 더 많은 삶을 낳는 방법은 더 많은 죽음을 체험하는 것입니다. 죽음이 일생에 단 한 번뿐인 것이 되게 해서는 곤란합니다. 삶의 순간순간들을 죽음으로 체험해야 합니다.

깨어서 지켜보는데 있어서 중요한 것은 상념과 상념 사이의 연결고리를 확인하고 끊는 것입니다. 부처는 "참된 나는 생각들 사이의 빈틈에서 얼핏 얼핏 보인다."고 했습니다. 마음은 상념의 단절을 죽음이라고 생각합니다. 마음은 생각, 관념, 개념, 의미, 기억, 계획, 걱정, 의심, 상상, 환상, 몽상, 두려움, 억측, 망상, 정서, 감정, 편견, 부정, 투사, 편집증, 공포증, 후회, 죄책감 등 모든 방법을 동원하여 상념의 단절을 막으려 합니다. 깨달음을 통해 이러한 모든 것이 거짓된 자아의 생존 전략에 불과하다는 것을 알게 되면 마지막으로 마음은 다음과 같은 질문을 던집니다. "생존을 확실히 보증해 주는 '내'가 없이 '너'는 어떻게 생존하고 삶을 영위할 것인가? '내'가 계획을 세우지 않는다면 '너'는 어떻게 밥을 먹을 것인가? 삶의 온갖 필요조건을 어떻게 충족시킬 것인가?"

그러나 깨달은 자의 앎의 수준에서 볼 때 죽음은 마음이 지어낸 상념에 불과한 것입니다. 존재와 마찬가지로 생명은 그와 반대되는 것을 가지고 있지 않습니다. 진실이 그와 반대되는 거짓이라는 실체를 가지고 있지 않듯이. 우리는 언제라도 죽음을 맞이할 준비를 해야 합니다. 마가복음에서 예수는 늘 깨어 있으라고 했습니다. 아무도 언제 죽을지 모르기 때문입니다. 그리고 열 처녀의 비유에서 예수는 신랑이 돌아왔을 때 등불을 준비하고 깨어있지 않으면 어떤 일이 벌어질지 경고합니다. 다섯 명의 무의식적인 여인들은 등불을 킬 수 있는 충분한 기름, 즉 깨어 있음을 준비하지 않았다가 신랑, 즉 죽음을 놓치고 피로연, 즉 깨달음에 참석하지 못하였음을 말하고 있습니다.

Ⅲ. 깨달음과 탈현대교육

인간은 깨닫기 위해 이 세상에 태어났습니다. 깨달음은 인간의 권리이자 의무입니다. 다른 생명체-생명체뿐만 아니라 모든 존재도 깨달을 수 있습니다. 무엇을 깨닫는다는 말일까요? 자신이 깨달은 자라고 하는 것을, 자신이 존재계 전체라는 것을, 자신이 피조물인 동시에 창조자라는 것을, 자신이 그토록 갈망하는 하나님이라는 것을.

> 나무가 산소를 내어줄 때도, 강물이 물을 내어줄 때도 생색을 내거나, 누구는 갖고, 누구는 갖지 말라고 차별하는 법도 없다. 조건 없이 모든

> 것을 내어줄 뿐이다. 이처럼 모두는 그대를 위해 있고, 그대는 모두를 위해 있다. 시비와 갈등과 고통은 물론 사랑과 평화라는 말조차 필요 없이, 헌신하며 상생하며 조화로운 자연, 그것이 우리의 본래 모습이다. 우리는 이렇게 원래부터 깨달음 자체이며, 본디 자유롭고, 사랑 없이는 존재할 수 없으며, 이미 행복하다는 것을 깨닫는 것, 이곳으로 가는 것이 우리가 떠나는 나를 찾는 여행이다(조연현, 2001: 17).

교육은 물론 깨달음을 위한 것입니다. 사실 인간의 모든 삶 자체가 깨달음을 위한 것입니다. 그러나 교육은 보다 의도적이고 계획적인 것입니다. 교육은 인간의 깨달음을 위한 의도적이고 계획적인 노력인 것입니다. 인류의 출현과 함께 교육은 시작되었습니다. 그리고 인류의 출현과 함께 시작된 그 교육은 신神을 위한, 신을 향한 것이었습니다.

이러한 교육의 정의, 교육의 목적에 근본적인 변화를 일으킨 것은 서구 현대문명이었습니다. 현대는 영혼을 물질로 대체했습니다. 이때부터 교육은 신을 향한 것이 아니라 자신의 노동력의 가치를 높이는 것으로 바뀌었습니다. 프로 선수들이 자신의 몸값을 높이기 위해 훈련에 열중하듯이 자본주의 시장에서의 교육은 보다 높은 몸값을 받기 위한 노력으로 변했습니다.

현대 이전 사회에서 깨달음을 위한 교육은 모든 사람들을 위한 것이 아니라 소수의 엘리트들의 것이었습니다. 사람들은 그들을 먹여 살렸습니다. 왜냐하면 깨달음이란 자신만을 위한 것이 아니라 그 깨달음의 빛이 미치는 모든 사람들을 위한 것임을 알고 있었기 때문이었습니다. 그러나 교육이 몸값을 높이기 위한 것이 되면서 교육은 노동력을 팔아야 살아갈 수 있는 모든 사람들이 것이 되었습니다. 한 사람의 스필버그가 수만 명을 먹여 살린다고 하지만, 결국 교육은 자기 자신만을 위한 철저히 개인적인 것이고, 또 보다 더 높은 값을 받기 위한 경쟁적인 것이 되고 말았습니다. 스필버그는 수만 명을 먹여 살리는 대신 수만 명을 딛고 그 자리에 올라설 수 있었던 것입니다.

죽음교육의 핵심은 끊임없이 자기를 비워나가는 것입니다. 자기를 비워나간다고 하니 지속적으로 이루어져야 할 과업이라고 생각하기 쉬우나, 원래 자기란 없는 것입니다. 자기란 생명 보전을 위해 우리 몸과 마음이 만들어 낸 허구입니다. 원래 없는 것에 우리는 자꾸 옷을 덧입어 무언가 있는 것으로 착각하는 것입니다. 우리 몸은 이 방에 있는 가구나 물건이 그렇듯이 한 개인의 소유물이 아니며, 그저 존재하는 모든 것의 하나에 불과합니다.

자기를 비운 자리에 신, 하나님, 성령 즉 존재계 전체가 들어옵니다. 원래 존재계 전체는 한 몸입니다. 우리는 존재계라는 커다란 나무에 달려 있는 나뭇잎입니다. 나뭇잎에게 나라고 주장할 아무런 근거, 즉 독립된 개체는 없습니다. 그렇지만 모든 나뭇잎은 자신이 다른 나뭇잎에 의해 어떻게 체험되는지 알고 있으며, 진정한 존재계의 기쁨을 함께 나눌 수 있습니다.

인도의 시인 타고르는 어느 보름날 밤, 자신의 수상가옥에서 크로체의 미학에 관한 책을 읽고 있었다. 그 수상가옥은 무성한 숲 속에 있는 아름다운 강에 위치해 있었다. 크로체의 복잡한 설명에 지친 타고르는 책을 덮고 촛불을 껐다. 바로 그 순간 수상가옥의 모든 창문을 통해 달빛이 밀려 들어왔다. 은은한 달빛이 집안을 가득 채웠다. 타고르는 한동안 고요히 앉아 있었다. 그것은 참으로 신성한 체험이었다. 그가 집밖으

> 로 나갔을 때 고요한 강 위에 달이 아름답게 빛나고 있었다. 숲은 적막하기 이를 데 없었고, 강물은 소리 없이 도도하게 흐르고 있었다. 그는 일기에 다음과 같이 썼다. "아름다운 달빛이 사방에서 나를 에워쌌는데 작은 촛불이 그 아름다움을 차단하고 있었다. 그 촛불 때문에 달빛이 집 안으로 들어오지 못하고 있었다(오쇼 라즈니쉬, 1998: 187)."

나라고 하는 작은 불꽃, 에고의 작은 불꽃이 우주 전체가 우리에게 쏟아져 들어오는 것을 방해하고 있습니다. 우리의 작은 이기심이 사랑과 평화로움에 충만함을 가로막고 있습니다. 작은 이익을 위한 경쟁이 우리의 본질, 우리의 영성을 깨닫는 교육을 가로막고 있습니다.

깨달음의 교육은 전통교육의 핵심인 종교교육을 통해 가장 잘 이루어질 수 있습니다. 종교란 깨달음을 본질로 하기 때문입니다. 물론 이때의 종교교육은 교회나 사찰과는 아무 관련이 없습니다. 오늘날의 사찰과 교회는 사후 세계에서의 안락을 위한 보험과 같은 것이기 때문입니다. 또한 공교육에서의 종교교육은 편협해진 신도들 간의 갈등을 불러올 수 있습니다. 이러한 문제를 극복하기 위해 종교교육 대신 죽음교육을 제안해 봅니다.

우리에게 깨달음을 위한 중요한 계기가 두 가지 있습니다. 그것은 사랑과 죽음입니다. 사랑은 자아를 벗어나는 최초의 경험이 될 수 있습니다. 사랑에 빠진 연인의 마음은 자신의 자아가 아니라 온통 상대방으로 가득 차 있습니다. 그러므로 깨달음을 위한 교육, 진정한 교육은 지식이 아니라 사랑을 나누어주는 것입니다. 교사의 사랑이 교실을 가득 채우면 그것이 바로 교육입니다. 이러한 사랑 속에서 깨달음의 또 하나의 계기인 죽음을 가르친다면 그 효과는 얼마나 클까요?

제2장 노인을 위한 죽음교육

Ⅰ. 우리 사회의 노인문화

2006년 10월 25일 저는 노인문화를 직접 체험하기 위해 파격적인 가격의 고군산열도(선유도) 관광에 참여하였던 적이 있습니다. 관광버스에는 35명 남짓의 노인들이 타고 있었습니다. 연령은 60대에서 70대로 다양했고, 남자보다는 여자가 많았습니다. 일정은 대구를 출발하여 금산의 협찬업체를 방문한 뒤 군산에 도착, 1시간 40분 남짓 걸리는 선유도까지 배를 타고 가서 1시간의 자유 시간을 가지고 돌아오는 것이었습니다. 돌아오는 길에 강경에 들러 저녁 식사를 하고 젓갈 공장에서 쇼핑을 하도록 하였습니다. 워낙 파격적인 가격-즉 아침, 점심, 저녁 식사 제공에 선유도 배 삯까지 모두 일인당 2만원-이라 협찬 업체에 들르는 것은 당연한 것이라고 가이드는 말했습니다.

내가 체험한 노인문화의 첫 번째는 소란함이었습니다. 버스는 출발하기가 무섭게 뽕짝 음악을 틀었습니다. 뽕짝 음악도 노인들이 춤추기에 적합하게 반주를 넣은 것이었습니다. 노래의 가사는 '당신이 부르시면 어디라도 달려갈거야', '당신만을 사랑한다고 영수증을 써 줄거야', '얼마나 산다고', '춤추는 탬버린' 등 노골적인 내용이 대부분이었습니다.

두 번째는 무례함이었습니다. 노인들은 버스 안에서 큰 소리로 노래하고 춤추는 것이 다른 사람에게 방해된다는 생각을 전혀 하지 않는 듯 했습니다. 내 어깨에 닿도록 엉덩이를 흔들며, 귀 옆에서 큰 박수 소리를 내면서도 전혀 미안한 기색이 없는 듯했습니다. 저녁 식사 후 돌아오는 길에 버스 기사가 잠시 프로야구 한국 시리즈 경기를 틀자, 한 노인이 화를 내며 뽕짝으로 바꿔줄 것을 요구했고, 기사는 고속도로로 접어들자 마지못해 시끄러운 뽕짝 음악으로 바꿔 주었습니다.

세 번째는 기이함이었습니다. 버스 안에서도 그랬지만, 선유도로 가는 유람선 안에서 노인들은 전속 가수 부부의 반주와 노래에 맞추어 끊임없이 춤을 추었습니다. 청년들이 아니라 나이든 노인들의 그러한 모습은 무척이나 기이하게 느껴졌습니다. 노인들의 춤은 다리는 뛰듯이 흔들며, 주로 팔과 상체를 반주에 맞추어 움직이는 것인데, 전문적으로 배운 것 같은 춤을 추는 노인은 찾기 어려웠습니다. 잠시 숨이 차면 자리에 앉아 쉬었다가도 곧바로 다시 배 앞 편에 마련된 무대에 뛰어들었습니다. 일부 노인들은 선유도에 도착해도 섬 구경은 하지 않고 배 안이나 근처에서 쉬다가 배가 출발하자 다시 춤판에 끼어들었습니다. 배가 군산에 도착해서도 다른 사람들이 하선할 때까지 이들은 아쉬운 듯이 춤을 추었습니다.

얼마 전에 개봉된 영화 '죽어도 좋아'는 노인들의 성생활을 주제로 하고 있습니다. 이 영화를 본 많은 사람들은 노인들의 성적 욕망을 사실적으로 다루었다는 점에서 긍정적인 평가를 하였습니다. 그러나 그것이 과연 긍정적일까요? 나이가 들어서도 여전히 성적 욕망에 매달리는 것이 사실은 비참한 일은 아닌가요?

고령화가 진행될수록 노인들을 대상으로 한 사회교육 프로그램들이 많이 등장하고 있습니다. 이들 프로그램들에서는 대부분 '죽어도 좋아'에서와 같이 나이든 노인들도 충분히 삶을 즐길 수 있다는 것을 가르치기 위해 안간힘을 쓰고 있습니다. 그러나 이러한 노력은 소멸해 가는 현대적 세계관, 즉 노동은 궁극적인 가치를 가지며, 노동력을 상실한 노인은 쓸모없는 존재라는 것을 벗어나려는 마지막 절규에 지나지 않습니다. 물론 젊음과 생명을 유지하고, 늙음과 죽음을 회피하고자 하는 것은, 시대를 떠나서 모든 인간이 갖고 있는 자연스런 소망이라고도 할 수 있습니다. 하지만, 현대적 세계관은 나이 들어감을 바라보는 부정적인 관점을 극단화시키고, 노년기가 가질 수 있는 아름다움이나 의미 같은 것을 철저하게 배제시켜 버렸습니다. 홍승표(2007: 75)는 이를 다음과 같이 지적하고 있습니다.

> … 근대적 관점에서 자신을 바라보았을 때, 노인들은 필연적으로 사라져 가는 젊음에 매달리게 된다. 그는 성적 매력을 잃지 않고자 애를 쓰고, 건강을 잃지 않고자, 일터를 잃지 않고자, 자신의 경제력이나 사회적 지위, 권력을 잃지 않고자 애를 쓰게 된다. 이러한 집착들이 노인

을 추하게 만들고 있다.

아마 역사적으로 현대는 노인들에게 가장 불행한 시대일 것입니다. 오늘날 나이가 든다는 것은 곧 추하고 불행하게 된다는 것을 의미합니다. 그래서 노인들은 나이가 들수록 젊은 시절에 갖고 있었던 것을 잃지 않으려고 비극적인 노력을 기울입니다. 검은 머리카락, 직장, 돈, 권력, 사회적 지위, 미모, 팽팽한 피부, 단단한 근육, 건강, 강한 성욕과 성행위 능력 등과 같은 것들을 잃지 않으려고 애씁니다. 이런 노인들의 모습은 비유하자면, 가을이 깊었는데도 아름답게 물들기를 거부하는 나뭇잎과 같습니다(홍승표, 2007: 115).

사람은 늙어가는 것이 아니라 좋은 포도주처럼 세월이 가면 익어가는 것입니다. 우리 사회에서 노인문화의 핵심적 문제는 그들이 정말로 즐겨야 하는 것이 무엇인지 모르는데 있다고 생각합니다. 노인들의 최대의 관심사는 건강입니다. 노인들이 이야기하는 것을 들어보면 그들의 대화는 거의 대부분 건강에 관한 것입니다. 그리하여 누가 무엇이 좋다는 소리를 하면 그것을 구해 먹고, 어느 병원이 좋다고 하면 병원을 순례하여 각종 검사로 몸을 상하게 합니다. 누가 왜 건강해야 하는가를 물으면 그들은 의아한 듯 쳐다 볼 것입니다. 건강에 무슨 목적이 있는가 하고. 그러나 건강은 오직 수단일 뿐입니다. 무엇을 위한 수단인가요? 건강은 '나는 누구인가'를 깨닫기 위해 수행할 에너지를 얻기 위한 수단입니다.

나는 누구일까요? 이는 우리의 삶에서 반드시 해결해야할 숙제입니다. '인생은 미완성'이라는 노래도 있지만, 이 질문에 대한 답변을 마련하지 못하고 죽는 것은 미완성의 삶에 불과합니다. 자신의 직업이나 인간관계 등 사회적 관계로서의 나도 아니고, '피부 밑 자아'[117]라는 끊임없이 생성되고 소멸되는 몸도 아니고, 태어나서 지금까지 기억의 총체도 아닌 진정한 내가 누구인지를 밝혀내는 것이 우리 삶의 목표입니다.[118]

노인들은 낙도樂道라는 최상의 즐김이 있다는 것을 모르기 때문에 천박한 춤추기에 몰입하게 됩니다. 낙도란 도道를 즐기는 것입니다. 그리고 도란 곧 자연입니다. 시간과 공간이라는 자연 속에 인간이 들어가, 삼간三間이 하나가 되는 것을 즐기는 것입니다. 물론 예술작품이나 음악을 즐기는 것도 낙도가 될 수 있습니다. 그것은 예술 작품이나 음악이 자연을 모방한 것이기 때문입니다.[119] 그러나 인간의 작품

---

117) 이 말은 알란 와츠(Alan Watts)가 『자신이 누구인지를 아는 것을 막는 터부에 관한 책』(The Book on the Taboo against Knowing who you are)이라는 다소 긴 제목의 책에서 사용한 말입니다. 그는 이 말을 통해 피부가 끝나는 데서 인간 개체가 끝난다는 개념이 인간의 심각한 소외를 낳았다고 주장합니다(Alan Watts, 2001: 187-188).

118) 모든 종교에서는 진정한 자기를 찾는 것을 목표로 삼고 있습니다. 진정한 자기란 현상적 자아를 버렸을 때 드러납니다. 죽음이란 현상적 자아에게만 존재합니다. 내가 나라고 생각하는 모든 것이 현상적 자아입니다. 이런 현상적 자아를 버렸을 때 더 이상 '나'라고 부를만한 실체는 존재하지 않습니다. 그리고 남는 것은 있는 그대로의 자연, 우주의 모습입니다. 현상적 나를 버렸을 때 나는 대자연과 동일시됩니다. 대자연 속에서는 시간이 존재하지 않습니다. 존재한다고 하더라도 시간은 대자연을 꾸미는 하나의 장식물일 뿐입니다. 시간이 존재하지 않기 때문에 죽음도 존재하지 않습니다. 아주 단순한 논리입니다.

119) 화가가 꽃을 볼 때 그는 과학자와 다릅니다. 그는 꽃의 신비에 참여합니다. 그는 분리되어 있지 않습니다. 잠시 동안이지만 그는 꽃과 하나가 됩니다. 시인이 꽃이 되고 관찰자가 관찰되는 순간이 있습니다. 시인이 꽃을 볼뿐만 아니라 꽃을 통해서 보는 순간, 즉 꽃의 눈이 되는 순간이 있습니다(노호상역, 2001: 251). 우리가 그림을 즐기는 것의 화가가 꽃의 눈이 된 모습을 즐기는 것입니다.

보다는 신의 작품인 자연 그 자체를 즐기는 것이 더 낫지 않겠습니까?

북아메리카의 인디언들은 자신의 삶이 자연에서 멀어진다고 느끼면, 깊은 산 속으로 들어가 홀로 생활하면서 자신을 성찰하는 '비전의 추구(Vision Quest)'를 행하였다고 합니다. 처음에는 자신이 선택한 고독 속으로 물러서는 것이 무척 고통스러울 수도 있습니다. 그러나 비전의 추구를 통해 자신이 얼마나 외형적인 것에 매달렸으며, 자신의 자의식이 그 외형적인 것에 의하여 얼마나 좌지우지되었는지 깨닫게 됩니다. 그런 깨달음을 통해 그들은 자신이 단순한 육체나 기억의 총체 이상의 무엇이라는 사실을 알게 됩니다. 그 순간 그들은 내면에 존재하는, 마치 신과도 같은 불멸의 그 무엇과 만날 수 있게 되는 것입니다(심원진역, 2005:92). 봄 밤에 목련이 터지는 소리를 듣고, 여름에 맨몸으로 소나기를 맞으며 그 감촉을 느끼는 것, 장엄한 붉은 낙조를 바라보는 것, 가을에 갈대 숲 사이에서 낚시를 하며 물고기의 활발발活潑潑을 온몸으로 느끼는 것이 바로 낙도입니다. 우리는 존재의 경이로움을 느끼는 법을 배워야 합니다. 우리는 꽃 주위에서 춤추는 법을 배워야 합니다. 우리는 산과 교감하는 법을 배워야 합니다. 별과 교감하고, 나무와 교감하는 법, 존재와 조율되는 법을 배워야 합니다.

낙도는 진정한 내가 누구인지 깨달아야 가능합니다. 우리의 일생에서 진정한 내가 누구인지 깨닫기 위한 세 가지 계기가 있습니다. 그 한 가지는 남녀 간의 사랑을 통해서이고, 또 한 가지는 자식에 대한 사랑을 통해서이고, 그리고 마지막 계기는 자신의 죽음을 통해서입니다. 진정한 내가 누구인지 깨닫기 위해서는 죽음까지도 낭비되어서는 안된다는 말입니다.

Ⅱ. 노인들을 위한 죽음교육 프로그램

'인생의 모든 일 중 가장 이상한 것은 무엇인가' 라는 물음에 인도의 대서사시 『마하바라타』의 유디슈티라는 다음과 같이 말했습니다. "주변의 모든 사람들이 죽어가는 것을 보면서도 자신이 죽을 거라고는 생각하지 못하는 것입니다(이명원역, 2005: 10)." 이처럼 우리는 타인의 죽음은 당연한 수학적 공리로 여기면서도, 자신의 죽음은 있을 수 없는 것처럼 여기는 '뻔뻔스러운' 삶을 살아갑니다. 우리는 아직도 시간이 많이 남아 있다고 착각하며 살아갑니다. 그러나 막상 노인이 되어 죽음에 가까이 가게 되면 더 이상 뒤로 미룰 시간이 없게 됩니다.

현재 우리나라 노인들의 여생은 유가적 틀과 근대문화의 틈바구니에서, 말 그대로 연명하는 삶을 살아가는데 그치고 있습니다. 유가적 틀에서의 노인들의 여생은 자식들로부터 봉양을 받고 그 대신 자신의 삶의 지혜를 나누어 주는데 그 의미가 있습니다. 그러나 오늘날 자식들로부터의 봉양은 어쩔 수 없는 의무감에 의존하여 이루어지고 있으며, 노인들이 자식들에게 나누어줄 지혜는 거의 없습니다. 이러한 추세는 더 심화될 것이 분명합니다. 더구나 암 등의 질병에 의해 시한부 인생을 선고받은 노인들의 경우 더더욱 비참합니다. 근대의 과학주의는 어떤 영적 가치도 부정하기 때문에, 시한부 인생을 선고받은 사람은 자신이 아무 쓸모도 없는 물건처럼 내팽겨쳐진 듯한 느낌에 몸서리치게 됩니다. 오늘날 죽어가는 사람에게 대다수가 표하는 유일한 관심이란 그의 장례식에 참석하는 것뿐입니다(오진탁, 2003: 26).

주검은 더러운 쓰레기를 위생 처리하는 방식으로 이루어집니다. 얼마 전까지만 해도 대부분의 죽음은 망자의 집에서 이루어지고 장례식도 집을 중심으로 행해졌지만, 최근에는 집에서 사망한 사람도 병원 영안실로 시신을 옮겨 문상객을 받고 있습니다. 그래서 대형 병원에서는 앞 다투어 영안실을 증축하느라 혈안이 되어 있습니다. 병원에서 시신은 냉동실에 안치되어 있다가 영구차에 실려 화장장이나 무덤으로 실려갑니다.[120) 이처럼 우리 사회가 죽음을 천시하는 것은 결국 삶을 천시하는 것과 다름 아닙니다. 아니 거꾸로 삶이 이미 천해졌기 때문에 그 삶이 지닌 죽음이해가 죽음을 천하게 여기는 것(정진홍, 2003: 212)인지도 모르겠습니다.

우리나라에서 노인들을 위한 죽음교육프로그램을 만들어 운영하는 대표적인 기관은 각당복지재단입니다. 이 기관은 1991년 '삶과 죽음을 생각하는 회'를 창립하여 지속적으로 죽음준비에 대한 강연회와 세미나를 개최하고 있습니다. 그리고 2002년부터는 죽음준비교육 전문지도자를 양성하기 시작하여, 2006년 10월까지 300여명의 전문지도자를 양성하였습니다. 여기서 양성된 전문지도자는 금호감리교회 노인대학, 정동제일교회 노인대학, 샬롬 노인대학, 청운양로원, 서울교회 노인대학, 예능교회 노인대학, 강남 노인대학, 반포 종합복지관 등의 기관에서 죽음준비교육을 실시하였거나 하고 있습니다. 그 밖에

---

120) 서구 근대 문명은 죽음을 삶과 격리시켰습니다. 이것은 의심의 여지없이 문명화의 현단계에 지배적으로 나타나는 특수한 현상입니다. 오늘날 역사상 어느 때보다도 죽음은 사회생활의 배후로 밀려났고, 위생적으로 제거되고 있습니다. 또 그 어떤 선례도 찾아볼 수 없을 정도로 시체는 악취 없이 신속하게 죽음의 병상에서 무덤으로 너무도 완벽하게 기술적으로 처리되고 있습니다(김수정역, 1999: 35).

도 상도종합복지관, 은평사회복지관, 노원종합복지관 등의 시설에서는 자체적으로 노인들을 위한 죽음준비교육 프로그램을 실시하고 있으며, 봉은사 등의 사찰에서도 웰다잉 체험교실을 운영하고 있습니다.

저는 현재의 노인들을 위한 죽음교육을 직접 체험하기 위해 2007년 3월부터 7월까지 대구의 '아름다운 노년문화연구소'에서 주관하는 '제1회 죽음준비교육 지도자과정'에 참여하였습니다. 제가 참여한 프로그램과 각당복지재단에서 개설한 노인들을 위한 죽음준비교육프로그램을 종합하여 살펴보면, 현재의 죽음준비교육 프로그램은 크게 세 부분으로 나누어 볼 수 있습니다. 첫 번째는 죽음준비의 필요성에 관련된 프로그램입니다. 이 프로그램은 주로 강연이나 집단 활동을 통해 이루어집니다. 두 번째는 죽음과 친해지기 프로그램입니다. 주로 죽음에 대한 태도나 느낌을 드러내놓고 함께 나누는 내용으로 이루어집니다. 그리고 세 번째는 보다 실제적인 프로그램인 유언장 작성, 존엄한 죽음을 위한 선언서 작성 등으로 이루어집니다. 각각을 구체적으로 살펴보면 다음과 같습니다.

1. 죽음준비의 필요성

죽음준비교육의 필요성과 관련된 프로그램들은 주로 강연을 통해 이루어집니다. 강연 내용은 주로 준비되지 못한 죽음이 얼마나 두렵고 괴로운 것인지를 설명하는 내용으로 구성되어 있습니다. 강의 내용은 대개 노인은 급격하게 몸이 쇠약해지기 때문에 노쇠하여 사람구실을 할 수 없기 전에, 또 죽기 전에 기회를 놓치지 말고 하나씩 풀어나가야 합니다(정진홍, 2007: 25). 그러기 위해서는 자신의 미래에 일어날 몸의 부재라는 사건에 대하여 자신이 어떤 의미를 부여하는지 살펴보아야 한다는 것입니다. 즉 자신이 얼마나 진지하고 정직하게 죽음을, 그래서 삶을, 고뇌하고, 또 그 완성을 위해서 노력하는지 돌아보는 일을 우선해야 한다(정진홍, 2007: 43-44)고 말합니다. 그리고 이러한 죽음준비는 결과적으로 어떤 삶을 살아야 하는지 깨닫도록 해준다고 합니다.

그러나 이러한 이성적인 설득으로 사람들이 죽음 준비의 필요성을 얼마나 느낄지는 의문이 듭니다. 죽음 준비의 필요성에 대한 고전적 설득 방식은 파스칼의 '도박에 비유한 죽음'입니다(오진탁, 2003: 201).

> 만일 어느 누가 사후 생명의 존재를 믿었는데 실제로 존재하지 않을지라도 특별히 손해볼 것은 없다. 그러나 사후 생명이 존재함에도 불구하고 이를 믿지 않았기 때문에 손에 넣을 수 있었는데 그렇지 못하게 되었다면 다시 복원할 수 없다. 그 사람은 영원히 모든 것을 잃게 된다. 사후 생명을 믿으면 모든 것을 손에 넣는 것이 가능하고 그 일에 있어서 잃게 되는 것은 아무것도 없기 때문에 사후에 찾아올 영원의 생명을 믿는 쪽에 도박을 걸어야 한다.

이러한 이성적인 설득 방식과 함께 또 한 가지 죽음 준비와 관련하여 소개되는 것은 죽음에 대한 막연한 두려움이 불필요하다는 논리적인 설득입니다. 그 설득의 과정은 다음과 같이 요약할 수 있습니다. 우리가 죽음을 두려워하는 것은 그것이 미지의 것이기 때문이다. 죽음은 결코 알려질 수 없습니다. 그러나 에피쿠로스의 논변대로 '우리가 존재하는 동안 죽음은 없고 죽음이 왔을 때는 우리가 존재하지 않는데(유호종, 2001: 75)' 왜 우리는 죽음을 두려워하는 것일까요? 우리가 죽음을 두려워하는 것은 죽음을 나쁜 것으로 인식하기 때문입니다. 그렇다면 죽음은 왜 나쁜 것인가요? 죽음의 어떤 적극적 특성 때문이 아니라 다만 그것이 우리에게 좋은 것을 빼앗아 가기 때문에 나쁜 것일까요? 죽음이 우리에게서 좋은 것을 빼앗아가기 때문에 나쁜 것이라는 이론을 박탈이론(deprivation theory)이라고 합니다(유호종, 2001: 77). 그러나 우리가 불가피하게 자기의 죽음에 직면하게 되었을 때, 그 죽음은 다른 어느 것과도 비교할 수 없습니다. 굳이 자기 죽음과 비교해야 할 삶이 있다면 자신이 '마땅히 누려야 할 삶'이라고 할 수 있습니다. 그러나 자신이 마땅히 누려야 할 삶이라는 것이 있을까요? 결론적으로 나의 실제 삶을 '마땅히 누려야 할 삶'과 비교한다면 나의 삶은 일종의 덤이며 나에게 우연히 주어진 선물이었음이 판명됩니다. 그렇다면 나의 죽음은 본래 내 것이거나 내가 누려야 할 무엇을 나에게서 빼앗아가는 것이 아니라 다만 선물이 끝났음을 보여주는 셈이라는 것입니다(유호종, 2001: 97-98). 이처럼 죽음 준비의 필요성에 대한 교육 프로그램은 논리적인 추론과 설득의 과정을 통해 이루어집니다.

그러나 제가 살펴본 대부분의 경우 이러한 논리적인 설득은 노인들에게 크게 효과가 있는 것 같지는 않았습니다. 우리가 어떤 사람의 의견이나 주장을 받아들이는 것은 논리적인 설득이 아니라, 그 사람의 마음에 대한 감동을 통해 이루어지기 때문입니다.

2. 죽음과 친해지기

죽음과 친해지기 프로그램은 노인들로 하여금 구체적으로 자신의 죽음을 생각해 보도록 하는 프로그램입니다. 이 프로그램은 크게 두 부분으로 나뉘어집니다. 먼저 소집단을 통해 죽음에 대한 느낌을 나누는 프로그램이 있습니다. 여기서는 자신이 살아오면서 가장 행복했던 순간과 가장 깊이 남아 있는 죽음의 경험을 서로 이야기하도록 합니다. 또한 나에게 단 하루의 삶이 남아있다면 무엇을 할 것인가? 죽기 전에 반드시 해결해야 할 과제는 무엇인가? 등의 주제로 집단 토의를 하는 방법도 있습니다.[121] 또 한 종류의 프로그램은 자서전 쓰기, 유언장 작성, 존엄한 죽음을 위한 선언문 쓰기[122], 장기 기증 서약서

---

121) 도리스 이딩은 자신의 죽음과 관련된 질문을 다음과 같이 11가지로 정리하고 있습니다. 만약 당신이 앞으로 1년(혹은 3개월)밖에 살 수 없다고 가정해 봅시다. 그리고 다음 질문에 대해 생각해 보십시오.
1. 이렇게 가정할 때 가장 불안한 일은 무엇입니까? 2. 정확히 무엇 때문에 이런 불안감이 생기는 것입니까? 3. 이 불안감을 극복하기 위해 일상생활 속에서 무엇을 할 수 있습니까? 4. 남아 있는 시간동안 진정으로 하고 싶은 일은 무엇입니까? 5. 그 일을 하는데 방해가 되는 요인은 무엇입니까? 6. 자신이 원하는 그 일을 완전히 이룰 수 없다면 부분적으로나마 가능합니까? 7. 반드시 처리해야 할 일은 더 있습니까? 8. 아직 유언장을 작성하지 않았습니까? 무엇 때문에 유언장을 쓰지 못하는 것입니까? 9. 장기 기증을 원합니까? 10. 묘지를 만들지 화장을 할 지 충분히 생각해 보았습니까? 자신의 장례식은 어떻게 진행되면 좋겠습니까? 11. 한바탕 싸우고 나서 이제는 만나지 않는 사람이 있습니까? 그 사람과 화해를 원합니까? 그렇다면 화해를 할 기회가 또 있습니까?(심원진 역, 2005: 115-116)

122) 존엄한 죽음을 위한 선언(Living Will)은 인공적인 생명유지 장치, 강제 영양 공급 및 수분 보급 등 말기 의료의 중지를 요청하는 선언입니다. 1976년 미국 캘리포니아주의 자연사법 이후 현재 49개 주에서 법제화 되어 있습니다. 이 선언은 구체적으로 사전의료지시서(Advanced Directive)의 형태로 의사와 병원에 전달됩니다. 자세한 내용은 유희숙(2007)의 "존엄한 죽음준비를 위하여"를 참조하십시오.

쓰기 등의 활동을 하는 프로그램입니다.

죽음과 친해지기 위한 프로그램에서 가장 중요한 것은 다른 사람이 아닌 자신의 죽음을 진지하게 생각하도록 하는 것입니다. 이 때 제기되는 죽음에 대한 물음은 느낌만이 제기하는 물음도 아니고, 지성만이 묻는 분석적인 물음도 아니며, 삶에 대한 희구가 절규하는 의지적인 물음만도 아닙니다. 그 모든 것이 한데 어우러진, 이른바 '전인적인 물음'이 되어야 합니다(정진홍, 2003: 32). 그래서 자신의 죽음과 관련된 언어는 사실을 묘사하는 언어가 아닌 '고백의 언어'이며, 그 언어는 고백하는 사람의 진실성에 의해서, 그리고 고백된 내용에 공감하는 또 다른 진실성에 의해 현존할 뿐입니다(정진홍, 2003: 60).

죽음 준비의 필요성에 대한 논리적인 설득보다도 죽음과 친해지기 프로그램은 그래도 많은 노인들에게 영향을 주는 것으로 보였습니다.

3. 죽음의 실제

죽음의 실제는 상속과 유언에 관한 법률을 중심으로 유산의 처리 문제, 장례식의 방법, 장례식에 와 주었으면 하는 사람의 명단 작성 등을 직접 작성해 보는 프로그램입니다. 이러한 프로그램을 마치고 나면 영안실을 만들어 관에 들어가 직접 자신의 장례식을 체험하도록 하기도 합니다. 이 프로그램 역시 노인들에게 적지 않은 영향을 미치고 있다고 판단됩니다. 종합적으로 판단컨대 이러한 프로그램들은 물론 물질적 욕망 충족을 목적으로 살아가는 현재 우리사회의 노인들의 삶을 변화시키는데 크게 기여할 수 있다고 생각됩니다. 실제로 제가 참여한 프로그램에서 많은 노인들이 프로그램이 끝난 뒤, 자신의 삶의 기준이 많이 변화되었다고 보고하였습니다. 그러나 이것만으로는 부족하다는 느낌을 지울 수 없었습니다. 이러한 프로그램을 통해 노인들이 자신들이 현재 살고 있는 욕망충족적 삶이 잘못되었다는 것을 인식한다고 하더라도 실제로 그들이 자신의 삶을 변화시키는 경우는 드문 것 같았습니다. 이것은 노인에 대한 우리 시대의 시각, 즉 사회에 부담을 주는 골치 아픈 존재라는 시각이 변하지 않는 한 여전할 것으로 생각됩니다. 중요한 것은 죽음교육을 통해 노인들이 진정으로 깨달음을 얻어 탈현대의 주역이 되는 것입니다. 노인들을 위한 죽음교육은 노인들을 통한 탈현대 사회의 실현이라는 보다 적극적인 목표를 가져야 실질적인 효과를 거둘 수 있다고 생각됩니다.

III. 탈현대를 위한 죽음교육

1. 죽음을 맞이하는 사람에게 해 주어야 할 네 가지

현재의 죽음교육 프로그램은 죽음을 '인간의 최후의 성장 단계'로 규정한 엘리자벳 퀴블러 로스의 말(전병술역, 2001: 217)이나, '다 이루었다'고 말한 예수의 말(요한복음 19: 30)이나, '삶의 과정은 결국 죽음을 해산하기 위한 긴 회임의 기간'이라고 규정한 정진홍의 말

(정진홍, 2003: 21)에 미치지 못하고 있습니다.[123] 그 원인은 여러 가지가 있겠지만 궁극적으로는 죽음준비 역시 합리적인 접근과 이해를 통해 이루어지기 때문일 것입니다. 그러나 죽음은 합리적으로 이해될 수 있는 성질의 것이 아닙니다. 죽음은 인간이 직접 체험할 수 있는 커다란 신비입니다. 이러한 신비를 이성을 통해 접근하려는 것은 어리석은 일입니다. 이성은 인간의 최고의 능력이 아니라 인간 본성의 한 가지 표현에 불과합니다. 쇼펜하우어를 빌면 의지가 시간과 공간 밖에서 존재하는 근원적인 것이라면, 표상이란 단지 의지가 드러나는 현상일 뿐이며, 이성은 본능이라는 주인의 노예에 불과하다고 볼 수 있습니다. 유한한 시공간 속에서 일하는 노예에 불과한 이성이 무한한 세계 속에 있는 주인으로서의 본능의 활동 전체를 파악할 수 없습니다. 우리가 세계 속에서 고통을 느끼는 이유는 우리의 이성이 개별화의 원리에 의해 드러나는 현상세계를 인식하여 이것을 세계 전체라고 잘못 이해하는 데서 야기되는 것입니다(정동호외, 2004: 135). 즉 '나'라고 하는 생각은 본능에는 존재하지 않습니다. 개체로서의 우리의 삶이란 거대한 시간의 수레바퀴 속에서 진행되는 무한한 본능의

---

123) 죽음은 모든 것을 포함합니다. 죽음은 삶을 포함하고 사랑을 포함하고, 삶과 사랑이 포함할 수 없는 어떤 것을 포함합니다. 죽음은 모든 것의 정점이고 가장 높은 봉우리입니다. 죽음의 신비를 탐색하는 동안 우리는 피할 수 없이 삶이 무엇인지, 사랑이 무엇인지 알게 됩니다. 만약 죽음이 사라진다면 삶에는 어떤 신비도 없을 것입니다. 죽은 것은 전혀 신비롭지 않습니다. 시체는 그 안에 신비를 가지고 있지 않습니다. 왜냐하면 그것은 더 이상 죽을 수 없기 때문입니다. 삶은 단지 죽음의 표현방법 중의 하나입니다. 죽음을 경험하는 것은 모든 것을 경험하는 것입니다. 왜냐하면 죽음의 경험에서 그는 최고의 높이의 삶을 경험할 뿐만 아니라 가장 깊이 사랑을 경험하기 때문입니다(오쇼 라즈니쉬, 2001: 251).

놀이가 빚어내는 개별화 현상임을 깨닫고, 존재의 이기적 집착에서 벗어날 때 우리는 비로소 개체적 삶의 유한성과 고통에서 벗어날 수 있습니다. 이런 맥락에서 죽음이란 인간을 삶에 집착하게 만드는 독이 될 수도 있고, 그것으로부터 벗어나게 하는 해독제가 될 수 있습니다(정동호외, 2004: 141).

죽음교육에서 분명히 가르쳐야 할 것은 죽음은 삶의 일부분이라는 것입니다. 죽음은 단절이 아닌 연속되는 과정입니다. 죽음은 미래의 어느 한 시점에서 발생하는 사건이 아니라 지금 여기 온전하게 존재하는 실재라는 것을 깨달아야 합니다. 그 다음으로 죽음에 대해 이해해야 할 것은 죽음만이 확실하다는 것입니다. 죽음 이외의 모든 것은 불확실합니다. 다른 것은 일어날 수도 있고 일어나지 않을 수도 있습니다. 그러나 죽음은 우리 삶에 있어서 확정적입니다.

죽음이 삶의 한 부분이고, 우리의 삶에서 오로지 죽음만이 확실하다는 사실을 앞에 두고 우리는 반드시 커다란 방향 전환을 해야 합니다. 삶의 초점을 외면적인 것에서 내면적인 것으로 방향을 바꾸고, 무언가 소유하는 대신 존재라는 새로운 가치영역을 발견해야 합니다. 우리는 죽음교육을 통해 인간의 궁극적인 관심을 외부세계로부터 내면세계로, 존재계를 개발하고 이용하는 것에서 존재계를 이해하고 사랑하는 것으로 바꿀 수 있습니다. 이것이 탈현대의 세계관이다. 탈현대란 나와 존재계간의 근원적인 통일성을 깨닫는 것을 통해 실현되는 세계이기 때문입니다. 우리는 죽음교육을 통해 시공을 초월하여 자신과 우주만물이 하나임을 자각할 수 있습니다. 왜냐하면 죽음은 이러한 진리가 마지막으로 제시되는 순간이고, 우리가 마지막으로 자신과

정면으로 마주치는 시점이기 때문입니다.

탈현대를 위한 죽음교육 프로그램에 앞서 죽음을 맞이하는 사람에게 우리가 해 주어야 하는 네 가지가 있습니다. 그 첫 번째는 죽음을 분명하게 알려주는 것입니다.[124) 많은 경우 사람들은 환자에게 죽음을 숨깁니다. 죽을 것이 뻔한 데도 힘을 내라고 격려를 합니다. 아니면 죽음을 알리면 환자가 가족들이 자신을 포기했다고 생각할까봐 겁을 냅니다. 그러나 이러한 거짓된 관계에서는 환자와 진정한 교감을 할 수가 없습니다. 환자에게 그가 분명히 죽어가고 있음을 알려주고 준비를 하도록 해야 합니다. 죽음을 숨기는 이유가 과연 환자를 위한 것인가 아니면 자신을 위한 것인가를 분명히 해야 합니다. 다가올 죽음에 대해 말하는 것을 꺼려할 때, 우리는 끔찍한 육체적, 정신적 고통의 시기에 죽어가는 사람을 고립시키게 됩니다. '당신은 곧 죽을 것이다' 라고 말하는 것이 그 사람을 죽게 하는 것이 결코 아닙니다. 오히려 자신이 죽는다는 소식을 가장 가까운 사람들에게 듣는 것은, 죽어가는 사람에게 이제 죽음의 길을 편히 갈 수 있다는 안도감을 주고 가족들로부터 허락을 받은 것으로 여기게 합니다. 사실 환자 본인이 자신의 죽음이 얼마 남지 않았음을 아는 것은 결코 어렵지 않습니다. 의사와 간호사의 표정, 그리고 면회 온 사람들의 어색한 말과 표정을 보

---

124) 톨스토이는 『이반 일리치의 죽음』을 통해 죽음을 제대로 알려주지 않는 것이 가장 환자를 괴롭히는 것임을 말하고 있습니다. "이반 일리치를 가장 힘들게 한 것은 바로 거짓이었다. 거짓말, 어찌된 연유인지는 몰라도 모든 이들이 받아들인 거짓말, 그는 죽어가는 게 아니라 조금 아플 뿐이라는 거짓말, 마음을 차분하게 먹고 치료를 받으면 좋은 결과를 얻게 될 것이라는 거짓말, 이것이 그를 가장 괴롭혔다(고일역, 2005: 79-80)."

면 금방 눈치 챌 수 있습니다. 그러나 가족들이 이 말을 하지 않을 때 환자는 아직 가족들이 준비가 되어 있지 않다고 생각하게 되는 것입니다.

두 번째로 해야 할 것은 죽어가는 사람에게 우리의 사랑을 남김없이 보여주어 그가 남은 가족과 친구들에 대한 집착을 버리도록 하는 것입니다. 만약 친한 친구가 죽음을 맞이하고 있다면 그의 손을 잡고 얼굴을 쓰다듬으면서 당신의 관심과 사랑을 보여주어야 합니다. 죽어가는 친구에게 '너를 사랑한다' 고 말해주는 것이 얼마나 중요한 일인지는 그 처지가 되어야 알 수 있습니다. 죽음을 앞둔 사람들은 위안과 안도감, 애정과 사랑을 누구보다도 절실히 원하고 있습니다. 그들은 가장 가까운 사람들과 깊고 의미 있는 교감을 원합니다. 만약 부부라면 남아있는 시간동안 두 사람의 인연을 감사히 여기고, 서로 얼마나 사랑하는지 확인해 주는 것이 필요합니다. 그리고 이제는 모든 집착을 내려놓고 떠나도 괜찮다고 말해 주어야 합니다. 욕망과 집착은 사랑이 부족함을 느낄 때 더 강하게 일어납니다. 욕망과 집착은 결핍감으로부터 오는 것이기 때문입니다. 그렇기 때문에 죽어가는 자를 열망, 집착, 분노의 괴로운 감정들로부터 자유롭게 해 주기 위해서 우리가 얼마나 그를 사랑하는지 분명히 말해야 합니다.

우리는 사랑한다는 말에 너무 인색합니다. 특히 동양 문화권에서는 사랑한다는 말을 하는 것을 비웃기도 합니다. 그러나 이런 태도는 정말 어리석은 것입니다. 사랑한다는 말을 못하는 것은 용기가 없다는 것, 비겁하다는 것을 나타내는 것 이외에 아무 것도 아님을 분명하게 인식해야 합니다.

세 번째로 죽어가는 사람에게 우리의 사랑을 남김없이 보여주는 것과 함께 환자가 죽기 전에 모든 사람과 모든 일을 용서할 수 있도록 배려해야 합니다. 이미 죽은 사람을 포함해서 용서는 자신의 고통을 치유하는 강력한 수단입니다. 용서를 하지 않는 것은 우리의 마음속에 있는 상처를 그대로 방치하여 고통스러운 기억의 감옥에 우리 자신을 가두는 어리석은 일입니다. 용서는 단순히 상대방의 나빴던 말이나 행위를 묵과하거나 수긍하는 것이 아닙니다. 용서는 우리의 상처로부터 고통의 가시를 빼내어 치유하는 것을 말합니다. 환자가 모든 것을 용서하도록 하기 위해서 우리는 죽어가는 사람의 말을 모든 선입견과 주관적 견해를 버리고 경청해야 합니다. 경청이란 말은 상대방이 무슨 말을 할 때, 그 말에 자신의 생각을 덧붙이거나 아니면 그에 대꾸할 말을 찾는 것이 아니라, 상대방의 말 그대로 사물을 보고 그대로 받아들이는 것입니다. 소크라테스는 죽기 전에 수탉 2마리를 갚아 주라고 했습니다. 그리고 퇴계 선생은 매화 나무에 물을 주라고 했습니다. 이 두 사람은 수탉 2마리를 갚는 것과 매화나무에 물을 주는 것 외에는 세상에 아무런 미련이 없다는 것을 말해 주고 있습니다.

마지막으로 해야 할 일은 죽어가는 사람이 어떤 종교적인 믿음을 가지고 있든 죽음이라고 하는 것이 인간으로서 성장할 수 있는, 영적인 성취를 얻을 수 있는 중요한 기회라는 것을 알리고 그 기회를 놓치지 않도록 격려해 주는 것입니다. 사실 이것이 죽어가는 사람에게 해주어야 할 가장 중요한 일입니다. 무엇보다도 죽음을 깨어서 지켜볼 수 있도록 격려해야 합니다. 죽음의 순간에는 많은 고통과 두려움이 엄습하여 깨어 있기가 어렵습니다. 그러나 최근에는 임종 의료의 방향이 병의 치료에서 고통의 완화로 변화하고 있기 때문에, 자신이 집중만 한다면 죽음을 지켜볼 수 없을 만큼의 고통은 없다고 합니다. 만일 누구든지 자신의 죽음을 깨어서 지켜볼 수만 있으면 누구나 평화롭게 죽을 수 있습니다. 롱가커는 다음과 같이 말하고 있습니다(주원현역, 2006: 67).

> 죽어감이란 신체적 힘과 오감, 그리고 우리의 몸을 이루는 크고 작은 요소들과 인지적 능력의 점진적인 해체의 과정이다. 외적인 면의 해체는 우리가 마지막 숨을 내쉴 때 끝나나, 이 시점 이후에는 우리의 내부의 에너지와 함께 우리의 자아를 뒷받침해 온 분노, 욕망, 무지의 상태가 무너지면서 내적인, 즉 정신적 해체과정이 지속된다. … 우리의 의식이 죽음의 완전한 어둠으로부터 깨어날 때, 근원적 광명인 마음의 참된 본성은 구름 한 점 없이 밝은 하늘처럼 출현한다. 이 순간의 핵심은 바로 '알아봄'이다. 만일 우리가 근원적 광명을 우리의 참된 본성으로 알아 볼 수 있다면, 우리는 그것과 합일하고 자유를 성취할 수 있다.

이러한 알아봄을 직접 실천한 대표적인 인물은 소크라테스입니다. 소크라테스는 독배를 받고 다음과 같이 말했다고 합니다(유호종, 2001: 65).

> 나는 삶이 무엇인지 알고 있다. 이제 죽음이 무엇인지 알고 싶다. 나는 커다란 신비의 문 앞에 서 있다. 그래서인지 흥분으로 가슴이 떨리는구나. 나는 마치 미지의 멋진 여행을 떠나는 기분이다.[125]

---

125) 다음과 같은 이야기도 전해집니다. 즉 소크라테스는 독배를 마시고 다음과 같이 제자들에게 말했습니다. "울음을 그쳐라. 나를 방해하지 말라. 내가 죽음을 탐구할 수 .

티벳 불교에서는 죽음의 과정에서 세 가지 결정적인 단계를 거친다고 말합니다(오진탁역, 2006: 549). 첫 번째 단계로 우리 몸을 구성하는 물질적인 요소와 감각, 그리고 의식이 해체된 후 마음의 궁극적인 본성이 잠시 드러납니다. 두 번째 단계로 마음의 본성이 빛의 형태로 펼쳐집니다. 그리고 마지막 단계로 일상적인 마음이 되돌아오고 지난날의 업과 습관에 따라 여러 가지 나타나는 현상들을 자신과 분리된 것으로 간주하게 됩니다. 이러한 이원화는 죽음 이후에 극적으로 확대됩니다.

이러한 세 가지 단계는 죽어감과 죽음의 과정에서만 일어나는 것은 아닙니다. 잠과 꿈속에서 우리는 동일한 국면을 경험할 수 있으며, 좀 더 수행이 깊어지면 생각과 감정의 전개과정에서도 경험할 수 있습니다. 중요한 것은 죽음이든, 잠이든, 일상생활의 생각과 감정이든 그 모든 현상이 우리 마음의 근원적 본성의 발현임을 알아차리는 것입니다. 따라서 죽음교육에서 가장 중요한 것은 마음에 무엇이 일어나든지 그것이 자기 자신의 근원적 본성에서 발현된 것임을 지켜보는 데 있습니다. 만일 어떤 감정이 일어날 때 그것이 진정 무엇인지를, 즉 우리 자신의 마음 본성의 자발적인 에너지인 줄을 알아차릴 수 있다면, 그 때 우리는 그런 감정의 부정적인 결과라든지 가능한 위험으로부터 벗어나서 마음 본성의 원초적 순수함으로 돌아가 해소시킬 수 있습니

있게 놔두어라. 너희들은 내가 죽은 뒤에 얼마든지 울 수 있다. 하지만 지금은 내가 죽음을 탐구하도록 놔두어라. 나는 곧 죽을 것이다. 나는 죽음의 실체를 파악할 수 있는 이 순간을 평생동안 기다려왔다." 이것이 죽음에 대한 탐구입니다. 수태의 순간에서 임종에 이르기까지 인간은 진리를 탐구하는 하나의 질문입니다(손민규역, 1999: 17).

다(오진탁역, 2006: 559).

2. 깨어서 지켜보기

죽음은 삶의 마지막 성장의 기회이고, 삶의 절정이고 삶의 최고봉이 되어야 합니다. 또한 죽음은 최후의 공양이요, 최상의 공양이 되어야 합니다. 그러기 위해서 가장 중요한 것은 자신의 죽음을 깨어서 지켜볼 수 있는 집중력입니다. 그러나 삶을 몽땅 욕망의 충족에 허비해 버린 사람이 어떻게 자신의 죽음에 집중할 수 있겠습니까? 진정으로 삶을 안 자는 죽음을 신과의 만남으로 생각합니다. 삶을 안 자는 죽음을 가장 커다란 복으로 받아들입니다. 그들에게 있어서 죽음은 더 이상 죽음이 아닙니다. 그들에게 죽음은 혼례요, 하나 됨입니다. 더없는 경지요, 완성의 경지입니다. 그러나 죽음이 삶의 정수요, 꽃이 되기 위해서는 장기간의 노력이 필요합니다. 그 노력의 핵심은 지켜봄의 연습입니다. 우리는 언제라도 죽음을 맞이할 준비를 해야 합니다. 『마가복음』에서 예수는 늘 깨어 있으라고 했습니다(13: 33). 아무도 언제 죽을지 모르기 때문입니다. 그리고 『마태복음』의 열 처녀의 비유에서 예수는 신랑이 돌아왔을 때 등불을 준비하고 깨어있지 않으면 어떤 일이 벌어질지 경고하고 있습니다(25: 1-13). 이것은 모두 깨어 있지 못한 죽음의 두려움과 고통을 지적한 것이다.

이처럼 탈현대의 죽음교육에서 가장 중요한 것은 깨어있음입니다. 깨어있음의 목적은 물론 자신의 죽음을 깨어서 지켜볼 수 있도록 하기 위함입니다. 우리가 우리의 죽음을 깨어서 지켜볼 수 있을 때, 우리는 죽음을 삶의 절정으로, 완성으로 만들 수 있는 것입니다. 이러한 깨어있음을 위한 구체적인 프로그램은 다음과 같습니다.

1단계: 지켜봄의 연습

먼저 지켜보는 것이 무엇인지, 어떻게 하는 것인지 알게 하는 것이 중요합니다. 이를 위해서는 초기 불교의 위파사나의 수행방법이 효과적입니다. 위파사나는 몸과 마음의 현상을 일어나는 즉시 파악하는 즉관卽觀과 현상의 변화를 있는 그대로 지켜보면서 놓치지 않고 밀착하여 관찰하는 수관隨觀, 그리고 현상 이전까지 꿰뚫어 실상을 아는 직관直觀, 혹은 내관內觀으로 구별됩니다. 또한 지켜봄의 대상을 중심으로 몸(身念處)과 느낌(受念處), 마음(心念處)과 현상(法念處)으로 구분하여 수행하기도 합니다. 그렇지만 여기서는 위파사나의 초보단계인 호흡과 걷기를 위주로 깨어 있음을 어떻게 하는지 살펴보기로 하겠습니다.

호흡 수행은 자신의 호흡을 지켜보는 것입니다. 천천히 숨을 들이쉬면서 아랫배가 불룩해지는 것을 살피고 천천히 내쉬면서 배가 들어가는 것을 지켜보며 '하나'라고 셉니다. 같은 방법으로 열까지 세고, 다음에는 열부터 하나까지 돌아옵니다. 중간에 상념이 생기면 그 상념을 알아채고 다시 하나부터 시작합니다.[126] 여기서 중요한 것은 눈

---

126) 상념이란 밖으로 나가는 것입니다. 생각하지 않는 것은 안으로 들어가는 것입니다. … 생각 없이는 우리는 밖으로 나갈 수 없습니다. 욕망 없이는 우리는 밖으로 나갈 수 없습니다. 밖으로 나가기 위해서는 욕망이라는 연료와 생각이라는 교통수단이 필요합니다(노호상역, 2001: 111).

을 감는 것입니다. 우리의 눈은 밖으로 향하게 되어 있습니다. 눈을 감음으로써 우리는 내면에 집중할 수 있습니다. 호흡을 지켜볼 때 호흡과 의식은 하나가 되어야 합니다. 호흡이 들어올 때 나도 들어오고, 그리고 호흡이 나갈 때 나도 나간다고 생각해야 합니다. 그렇게 할 때만이 우리는 들숨과 날숨사이에 존재하는 정지 간격을 느낄 수 있습니다. 걷기 수행은 자신의 걸음을 지켜보는 수행입니다. 먼저 왼 발을 내디디면서 '발을 든다', '내민다', '딛는다'를 지켜보고, 다시 오른 발도 마찬가지 방법으로 내디디며 지켜봅니다.

호흡과 걸음에 대한 지켜봄이 익숙해지면 모든 동작으로 지켜봄을 확대합니다. 예를 들어 음식을 먹을 때 일어나는 모든 동작에 대한 지켜봄을 연습합니다. 팔을 뻗을 때 팔을 뻗는 움직임을 알아채고, 손이 숟가락이나 밥에 닿을 때 닿은 것을 관찰해야 하며, 숟가락으로 밥을 떴을 때 그 동작을 관찰해야 합니다. 이 단계에서 중요한 것은 지켜봄이 어떤 것인지 그리고 어떻게 하는 것인지 알게 하는 것입니다.

2단계: 경계의 발견

두 번째 단계인 경계의 발견은 경주 화랑고등학교 등에서 실시하는 마음공부법과 같습니다. 즉 자신의 마음의 변화를 지켜보고 그것을 기록하도록 하는 것입니다. 노인들의 경우에는 기쁘고 즐거울 때보다는 자신의 마음이 불편할 때 그 불편함을 알아차리도록 하는 것이 좋습니다. 그 불편함과 그 불편함의 계기가 바로 경계입니다. 이 수행법을 통해 그 불편함의 이면에는 의도하고 기필하고, 고집하는 '나'가 있음을 깨닫도록 합니다. 중요한 것은 현재 순간을 놓치지 않는 것입니다. 불편함과 그 불편함을 알아차리는 그 곳에 바로 현상의 본성이 있습니다. 우리 마음이 무엇을 기대하면 미래이고, 판단하면 과거가 됩니다. 기대나 판단은 모두 상념에 불과합니다. 개에게 돌을 던지면 개는 돌을 쫓아가지만, 사자에게 돌을 던지면 사자는 돌을 던진 사람을 뭅니다. 상념을 쫓아가는 것의 어리석음을 지적한 말입니다. 마음의 불편함은 그것을 알아차리는 순간 사라집니다. 분노와 짜증, 기쁨과 슬픔 등의 감정은 우리가 그것이 그곳에 있음을 인정하는 순간 더 이상 영향력을 행사하지 못합니다. 이처럼 일어나는 감정에 대해 순간순간 알아차리다 보면 그러한 감정의 배후에 있는 '나'라는 관념도 사라집니다. 쇼펜하우어와 같이 '나'라는 관념은 이 세계에 태어나 자기 보존을 위해 시간, 공간, 인과율이라는 개별화의 원리(principium individuationis)에 의해 작위적으로 만들어진 관념의 망상에 불과한 것(정동호외, 2004: 131)이기 때문입니다.

중요한 것은 생각이 근본적으로 마음의 본성에서 자연스럽게 일어나는 것임을 이해하는 것입니다. 마음에서 일어나는 각가지 상념이나 감정을 부정적으로 인식할 필요는 전혀 없습니다. 생각이 일어나거든 아이들의 놀이를 지켜보는 지혜로운 노인처럼 대해야 합니다. 생각이 마음을 통해 흘러가도록 그대로 두어야 합니다. 그리고 가끔 생각들 사이에 빈틈이 있거든 그 빈틈을 살펴보아야 합니다. 이러한 연습을 통해 일상적인 삶에서 알아차림이 증가하면 상념의 흐름이 점차 느려진다고 합니다. 인도의 신비가인 메헤르 바바(Meher Baba)는 빠르게 흘러가는 마음이 병을 가져온다고 했습니다(이명원역, 2005: 219). 천천히 흐르는 마음은 항상 건강하다고 합니다.

3단계: 항상 깨어 있기

세 번째 단계인 항상 깨어 있기는 주로 잠들기 전에 활용하는 것이 좋습니다. 잠들기 전에 조용히 누워 자신이 잠드는 모습을 지켜봅니다. 잠을 잘 때 우리의 의식은 물질적인 단계에서 벗어나고 감각은 마음으로 대체됩니다. 이것은 우리 마음을 구속하고 있는 두 가지 그물인 미세의식, 혹은 무의식의 그물과 몸의 그물 중 몸의 그물이 없어지기 때문입니다. 그렇기 때문에 꿈속에서는 시간, 공간, 인과 같은 감각의 세계를 한정하는 요인들이 사라지고, 모든 종류의 모순된 일들이 일어나게 됩니다. 그러나 물질적인 육체에서 벗어난 마음은 놀랍게도 항상 있어왔던 모습 그대로 나타납니다. 이것은 마음이 여전히 미세의식, 혹은 무의식의 그물에 갇혀 있기 때문입니다.

잠을 자면서도 깨어있기 위해서는 우리의 의지로 지켜보는 의식을 감각과 마음에서 끌어내 단일한 의식으로 바꾸어야 합니다. 우리가 잠에 대해 지켜보게 되면 잠드는 과정이 사실 죽음이 진행되면서 일어나는 일과 아주 유사함을 발견하게 됩니다. 죽음이 육체를 제압하기 시작하면 의식은 지금까지 육체를 유지해온 호흡을 따라 물질적인 상태에서 벗어납니다. 그 단계에서 우리의 모든 감각은 잠들어 있을 때처럼 모두 정지하며 육체에서의 마지막 순간을 끝내려 합니다. 잠자거나 꿈꾸고 있는 것처럼 죽음이 다가올 때에도 마음은 여전히 욕망, 후회, 희망, 두려움으로 가득 차 있습니다. 만약 우리가 감각적 경험에 집착한다면 의식에서 감각이 인식하는 대상을 떼어내는 것은 아주 고통스러운 일이 될 것입니다(이명원역, 2005: 280). 그러나 의식이 지켜봄에 익숙하게 되면 쉽게 감각과 그 대상에서 벗어나 아득한

옛날부터 있어왔던 존재의 신성한 근원에 다가가게 됩니다.[127)]

이러한 연습은 라마나 마하르쉬의 기법과 유사합니다(손민규 · 백운역, 1999: 372). 마하르쉬의 기법은 한 마디로 "죽는 법을 배우라"는 것입니다. 사실 이것이 마하르쉬 가르침의 전부라고도 할 수 있습니다. 며칠만이라도 적당한 시간을 잡고 누워서 몸이 죽어가는 것을 느껴라. 육체가 죽었다고 송장이 되었다고 느껴 보십시오. 매일같이 죽은 채로 누워 있으면, 그러면 어느 날 자신과 육체 즉 의식과 육체가 분리될 것입니다. 그러면 육체는 죽지만 그 죽음을 지켜보는 의식은 죽지 않음을 깨닫게 될 것입니다. 죽음은 단지 우리의 그림자일 뿐임을 깨닫게 됩니다. 죽음은 실제로 존재하지 않습니다. 우리가 그 그림자로부터 자꾸 달아나기 때문에 그림자가 있는 것처럼 보일 뿐입니다.

이러한 세 단계는 병렬적인 것입니다. 어느 단계든 그 단계의 지켜봄만으로도 깨달음을 얻을 수 있습니다. 이때의 깨달음이란 지켜보는 대상과 지켜보는 마음이 함께 사라짐을 말합니다.[128)] 지켜보는 대상

127) 달라이라마는 죽음의 단계를 8단계로 설명합니다. 신기루-연기-반딧불-등잔불-선명한 흰색이 가득 찬 것과 같은 마음-선명한 선홍색이 하늘에 가득 찬 것과 같은 마음-선명한 검은 색이 하늘에 가득 찬 것과 같은 마음-청명한 빛. 앞의 4단계는 몸을 구성하는 四大의 붕괴를 말하고 뒤의 4단계는 마음의 붕괴를 말합니다. 이러한 죽음의 8단계는 날숨의 멈춤과 함께 시작됩니다. 자세한 것은 『달라이라마, 죽음을 이야기하다』(2005)를 참조하십시오.

128) 중요한 것은 상념과 상념 사이의 연결고리를 확인하고 끊는 것입니다. 부처는 "참된 나는 생각들 사이의 빈틈에서 얼핏 얼핏 보인다."고 했습니다. 마음은 상념의 단절을 죽음이라고 생각합니다. 마음은 생각, 관념, 개념, 의미, 기억, 계획, 걱정, 의심,

과 지켜보는 행위는 마치 담쟁이 덩굴처럼 얽혀 있지만 마지막 순간에는 칼로 잘리워지듯이 함께 끊어져 버린다고 합니다(김열권, 2006: 365). 우리 마음의 본성은 일상적인 마음의 벽에 둘러싸여 있습니다. 그러나 우리가 깨달을 때, 꽃병이 조각나는 것처럼 일상적인 마음도 깨어져 버린다고 합니다(오진탁역, 2006: 93).

낮 동안 우리는 무엇이든 다 볼 수 있다고 생각하지만, 우주적 스케일에서 말하자면 실은 거의 아무것도 못 보고 있는 것입니다. 광활한 우주가 보이는 것은 태양이 진 밤이 되고 나서입니다. 마찬가지로 일상적인 의식이 깨어있는 상태일 때는 우리들의 인식은 강렬한 감각 입력에 압도되어 원래 보여야 할 내적 우주가 보이지 않습니다. 육체의 죽음에 근접함으로써 그 때까지 태양처럼 빛나고 있던 일상적 감각능력, 인식 능력이 모습을 감추고, 그럼으로써 비로소 진정한 내적 우주가 보이기 시작합니다(윤대석역, 2003: 366).

죽음은 우리가 깨달을 수 있는 인생의 마지막 단 한 번의 기회입니다. 이 기회를 놓쳐서는 안됩니다. 죽음의 순간에 우리는 우리의 모든 경험과 지혜를 집중해야 합니다. 그러기 위해서는 지금부터 바로 그 준비를 시작해야 합니다.

상상, 환상, 몽상, 두려움, 억측, 망상, 정서, 감정, 편견, 부정, 투사, 편집증, 공포증, 후회, 죄책감 등 모든 방법을 동원하여 상념의 단절을 막으려 합니다. 깨달음을 통해 이러한 모든 것이 거짓된 자아의 생존 전략에 불과하다는 것을 알게 되면 마지막으로 마음은 다음과 같은 질문을 던집니다. '생존을 확실히 보증해 주는 '내'가 없이 '너'는 어떻게 생존하고 삶을 영위할 것인가? '내'가 계획을 세우지 않는다면 '너'는 어떻게 밥을 먹을 것인가? 삶의 온갖 필요조건을 어떻게 충족시킬 것인가?'

Ⅳ. 웰다잉과 노인혁명

요즈음은 웰빙 대신 웰다잉이 인구에 회자되고 있습니다. 그리고 웰다잉이야말로 궁극적인 웰빙이라고 말하고도 있습니다. 그러나 웰빙이란 오히려 자신의 죽음을 잊기 위한 노력이 아닐까요? 각종 건강식품, 운동기구, 육체에 대한 단련 등은 모두 '자기 주변에서 죽음의 그림자를 몰아내기 위한 처절한 몸부림' (김상우, 2005: 225)이라고 하는 것이 맞지 않을까요?

우리의 유가적 전통과는 달리 인도에서는 노인들의 여생을 임서기林棲期로 표현합니다. 인생의 마지막 1/4은 숲 속에서 자연과 더불어 사색과 명상 속에서 자신의 죽음을 준비하는 시기로 보내라는 것입니다. 이는 향후 우리사회의 노인문화의 대안으로 훨씬 더 적합한 대안이라고 할 수 있습니다. 지금 우리의 농촌은 대부분 60세 이상의 노인들로 구성되어 있습니다. 노인들은 농사 노동과 질병 속에서 살아갑니다. 그들의 유일한 희망은 명절에 자식들이 찾아오는 것입니다. 그러나 이런 현상을 부정적으로 볼 것이 아니라, 이를 하나의 대안적 노인문화로 만들어야 합니다. 이미 농토를 가지고 있는 노인들은 제외하고 60세 이상 되는 노인들에게 일정 규모의 농토를 나누어 주고 농사를 짓도록 하며, 의료진들을 순회하여 건강을 보살펴 주도록 하는 것입니다. 노인들은 현재의 삶을 부정적으로 볼 것이 아니라, 자신의 삶에 자족하면서 자신의 죽음을 조용히 사색하는 것으로 즐거움으로 삼을 수 있습니다. 왜냐하면 죽음은 우리의 일상적인 삶의 자명성을 파괴하고, 그 어떤 세속적 가치로도 환원될 수 없는 독자적인 자기에로 우리를 직면케 해 주는 힘을 갖기 때문입니다.

우리는 죽음을 통해 '나는 존재한다' 는 것을 가장 큰 수수께끼로 경험하게 됩니다. 하이덱거는 이를 '자신의 존재에 있어서 자신의 존재를 문제 삼는다.' 고 표현합니다(정동호 외, 2004: 194). 이러한 자신의 본래적이고 고유한 존재가능성에 대한 사색을 통해 우리는 내가 나 자신의 고유한 삶을 살지 않고 세상이 시키는 대로 살고 있는 '존재의 비본래성' 을 극복할 수 있습니다.

홀로 있음은 대규모의 노인 복지 시설을 지어 노인들을 단체로 수용하는 것보다 바람직한 것입니다. 노인들이 단체 생활을 하면 앞에서 살펴본 부정적인 노인문화가 확대되는 결과를 낳게 할 뿐입니다. 혼자 있음, 홀로 있음이란 커다란 축복임을 느끼도록 해야 합니다. 그러나 이를 축복으로 받아들이려면 노인 자신의 상당한 노력이 필요합니다. 우리는 '외로운 노인' 이 아니라 '홀로 있는 노인' 을 만들어야 합니다. 지금 노인의 문턱에 있는 사람들은 외로움을 홀로 있음으로 만들려는 노력을 경주해야 합니다.

2001년 마지막 날 입적한 혜암 종정은 신년 법어에서 다음과 같은 게송을 남겼습니다.

> 꽃 빛은 찬란해도 지고야 말 것
> 이 세상 뉘라서 죽지 않으리
> 덧없는 험한 산을 오늘 넘어서
> 험한 꿈 꾸지 않고 취한 사람 노릇하지 않으리.
> 꿈속에 밝고 밝게 나고 죽음 있더니
> 깨친 후에 비고 비어 한 물건 없어라.

너와 내가 없고 부처와 범부도 없나니
적멸한 성품 가운데 묻고 찾지 말라.

성철 스님은 깨달음을 해오解悟와 증오證悟로 구분하여 해오란 알기는 분명히 알지만 실제 마음으로 체득하지는 못한 것이라고 하였습니다. 예를 들기를 "얼음이 본래 물인 줄 알았지만 아직 녹지 않고 얼음 그대로 있는 것이니, 중생이 본래 부처인줄 분명히 알았지만 번뇌 망상이 아직 그대로 남아 있어서 중생 그대로인 것"이라고 하였습니다. 반면 증오란 "얼음이 완전히 녹아서 물이 된 것, 중생의 번뇌 망상이 끊어져 실제로 성불한 것"이라고 하였습니다(백련선서간행회, 1999: 78). 해오란 삶과 죽음, 빛과 어둠, 선과 악의 비이원성을 믿고 실천하는 것입니다. 그리고 그 실천의 핵심은 지켜보는 것입니다. 그러면 상념의 고리 사이에서 얼핏 얼핏 고요함과 평화로움을 엿볼 수 있을 것입니다. 내가 그것과 하나 되는 증오는 이러한 실천의 결과 저절로 이루어지게 될 것입니다.

죽음이 확실하다고 느낄 때 시간은 존재하지 않음을 깨닫게 됩니다. 그래서 인도에서는 시간과 죽음이 같은 단어, 즉 칼(kal)이라고 합니다. 시간이 곧 죽음입니다. 왜냐하면 시간 속에서 모든 것은 순간적이고 모든 것은 죽을 것이기 때문입니다. 우리가 시간을 넘어서는 순간 우리는 죽음을 넘어설 수 있습니다(노호상역, 2001: 336). 삶은 죽음 없이 존재할 수 없습니다. 삶이 존재할 공간을 마련하는 것이 죽음입니다. 죽음에 대한 두려움은 내가 분리되어 있다고 믿기 때문입니다. 전체로 부터의 분리 그것이 죽음에 대한 모든 것입니다. 죽음은 부분을 되돌려 받기를 요구하는 전체입니다.

700년 전 페르시아의 한 신비주의 시인은 다음과 같은 시를 썼습니다(윤대석역, 2003: 222).

> 나는 돌로 죽었다. 그리고 꽃이 되었다.
> 나는 꽃으로 죽었다. 그리고 짐승이 되었다.
> 나는 짐승으로 죽었다. 그리고 사람이 되었다.
> 그런데 왜 죽음을 두려워하나.
> 죽음을 통해 내가 더 보잘것없는 것으로 변한 적이 있는가.
> 죽음이 나에게 나쁜 짓을 한 적이 있는가?
> 내가 사람으로 죽을 때 그 다음에 내가 될 것은 한 줄기 빛이나 천사이리라.
> 그리고 그 후는 어떻게 될까.
> 그 후에 존재하는 것은 신뿐이니 다른 일체는 사라진다.
> 나는 누구도 보지 못한 누구도 듣지 못한 것이 되리라.
> 나는 별 속의 별이 되리라.
> 삶과 죽음을 비추는 별이 되리라.

홍승표는 『노인혁명』이라는 책을 통해 현대 사회에서 가장 소외된 노인이 탈현대 사회를 만들어가는 주역이 되어야 하였습니다. 즉 노인들은 욕망으로부터 벗어나 한가한 시간이 많아지고, 죽음에 다가감에 따라 실존적 위기에 직면함으로써 깨달음의 계기를 갖기가 용이하다고 합니다(홍승표, 2007: 123). 우리는 죽음을 모르면 삶을 알 수 없으며, 이별을 모르면 만남을 알 수 없습니다. 질병을 모르면 건강을 알 수 없으며, 가난을 모르면 자신이 가진 것의 소중함을 알 수 없습니다. 따라서 나이가 들면서 노인은 젊은 시절 무심하게 지나쳤던 일상적인 것들 속에 담겨 있는 신비와 아름다움을 느낄 수 있습니다. 삶의 매 순간에 깊이 들어가서, 삶의 경이로움과 아름다움과의 만남을 이룰 수 있습니다(홍승표, 2007: 128).

그러나 홍승표는 아리러니칼하게도 현재의 노인들은 혁명의 주역이 될 수 없다고 잘라 말하고 있습니다. 즉 현재의 노인들은 너무 완고하고 오랜 동안 현대적 세계관을 받아들여 이에 익숙하기 때문에 탈현대적 세계관을 받아들이기 어렵다는 것입니다.[129] 정말 이 시대의 노인들은 혁명의 주역이 될 수 없을까요? 현재의 노인들이 혁명의 주역이 될 수 없다면 노인혁명은 자기 모순이라고도 할 수 있습니다. 근대적인 삶이 근원적으로 소외되어 있다는 것을 깨닫는 것이 의식화의 첫 걸음이고 그러한 근원적 소외를 깨닫는 것은 누가 더 쉬울까요? 어린이나 젊은 층인가요, 아니면 소외된 노인들인가요?

현재의 노인들이 새로운 혁명의 주역이 되기 위해서는 지금과 같이 나이든 노인들도 충분히 삶을 즐길 수 있다는 것을 가르칠 것이 아니

129) 홍승표는 이런 이유로 혁명의 주된 의식화의 대상은 연령적인 측면에서 볼 때 나이가 어리거나 젊은 층이라고 하고 있습니다. 즉 아름답고 행복한 노인이 되기 위해서는, 젊은 시절에 늦어도 중년기부터는 의식화 작업이 진행되어야 한다고 보고 있습니다. 그러나 노인들은 외물을 얻는 일에만 매달려 왔던 자신의 삶에 대한 반성도 어렵고 통일체적 세계관이라는 새로운 생각을 받아들이기 힘들기 때문이라고 합니다. "어린이나 젊은 층은 의식화의 우선적인 대상이 된다. 노인 혁명이라고 하면, 현재의 노인들이 우선적인 의식화 대상이 될 것이라고 생각하기 쉽다. 하지만 사실은 정반대이다. 노인 혁명을 위한 의식화의 우선적인 대상은 어린이나 젊은이 또는 중년층의 사람들이다. 이것은 나이가 많은 집단보다는 젊은 층에 대한 의식화 작업이 상대적으로 용이하기 때문이다. 일반적으로 나이든 사람들은 젊은이들보다 생각이 경직되어 있어서, 새로운 생각을 받아들이기 힘든다. 더군다나 나이 많은 사람들은 젊은이들보다 더 오랜 동안 근대적 세계관을 받아들여 왔고, 거기에 익숙한 상태이기 때문에, 새로운 세계관을 받아들이기가 힘든다(홍승표, 2007: 132)."

라, 그들의 삶이 소외된 근원적인 이유와 그것을 극복하기 위한 방안을 직접 가르쳐야 합니다. 그 구체적인 방안이 여기서 제시하고 있는 '노인들을 위한 죽음교육 프로그램' 입니다. 노인들이 이 프로그램을 통해 삶이 죽음과 분리될 수 없음을, 그리고 죽음이란 인간이 깨달음을 얻기 위한 마지막 성장의 기회라는 것을 깨닫게 된다면 노인혁명은 지금 여기 있는 노인들에 의해 가능하게 될 것이라고 생각합니다.

결론

죽음교육과 탈현대적 삶

죽음교육과 탈현대적 삶

Ⅰ. 새로운 문명의 실현과 교육

지금 우리가 살고 있는 근대 문명은 근대 계몽주의자들이 설계한 것입니다. 근대 계몽주의자들이 설계한 근대 문명은 크게 세 가지 기둥으로 구성되어 있습니다. 즉 분리 독립된 개체로서의 개인, 그리고 그 개인이 갖는 최고의 능력으로서의 이성, 그리고 개인의 자아실현의 수단으로서의 노동입니다.

분리 독립된 개체로서의 개인이란 인간을 원자와 같이 독립된 개체로서 인식하는 것입니다. 이는 그리스의 철학자 데모크리투스가 모든 물질을 구성하는 최소의 단위를 '원자'로 규정하고, 이 원자의 정의를 '물질을 쪼개고 쪼갰을 때 더 이상 쪼개지지 않는 딱딱한 고체 입자'라고 하였던 것에서 따온 것입니다. 근대 계몽주의자들의 'individual'도 마찬가지의 의미를 가지고 있습니다. 'individual'은 부정을 나타내는 'in'과 '나누다'라는 뜻을 가진 'divide'가 결합된 말입니다. 개인을 이와 같이 분리 독립된 개체로 인식할 경우 우리는 망망대해에 떠 있는 섬과 같습니다. 우리는 결코 서로 다가갈 수 없으며 결코 하나가 될 수 없습니다.

그러나 우리는 섬이 아닙니다. 모든 섬이 물 밑에서 서로 연결되어 있듯이 우리는 서로 연결되어 있습니다. 사람뿐만 아니라 모든 존재는 서로 연결되어 있습니다. 틱낫한 스님이 『태양은 나의 심장』이라는 책에서 말하고 있듯이, 태양은 우리 밖에 있는 우리의 심장입니다. 이 심장이 없으면 나뿐만 아니라 지구상의 어떤 생명도 존재할 수 없습니다. 현대인들이 나라고 여기는 나의 몸은 태어날 때 3Kg에 불과하지만 지금은 75Kg입니다. 그렇다면 나머지 72Kg은 무엇인가요? 내가 섭취한 음식과 물과 공기와 햇빛 등입니다. 그것은 내가 아닌 모든 것입니다. 불교에서는 모든 존재는 그것이 아닌 모든 것으로 구성되어 있다고 말하며, 이를 '무아無我'라고 표현합니다. 제임스 러브록의 '가이아 이론'이나 장회익 교수의 '온생명'의 개념은 이런 불교의 무아의 개념과 같은 것입니다.

근대 계몽주의자들이 설정한 두 번째 기둥인 개인이 갖는 최고의 능력으로서의 이성은 근대 철학의 아버지라고 불리는 데카르트로부터 시작되었습니다. 데카르트는 코기토 명제를 통해 인간을 사유하는 실체로 보아 인간의 이성을 모든 진리의 근원으로 삼았습니다. 칸트 역시 그의 순수이성비판을 통해 '내가 스스로 정립할 수 있는 진리는 오직 생각하는 나 자신의 존재에 대한 의식, 즉 나의 자기의식일 뿐'이라고 하였습니다. 이러한 인간의 이성은 자연 과학의 발전에 커다란 기여를 하여 자연을 인간의 목적을 위해 이용 개발하는 데 활용되었습니다. 그리고 우리는 우리의 욕망을 실현시킬 수 있는 많은 물적 자원을 가지게 되었습니다.

그러나 이성은 인간의 최고의 능력이 아닙니다. 인간이 가진 최고의 능력은 모든 존재가 서로 연결되어 있음을 깨닫는 능력입니다. 또한 모든 존재의 근원적인 에너지는 사랑이라는 것을 깨닫는 능력입니다. 나는 내가 아닌 모든 존재라는 것을 온 몸으로 체득하는 능력입니다. 이를 '영성'이라고도 합니다. 이성은 이러한 영성을 위한 보조적인 능력일 뿐입니다.

계몽주의자들이 설정한 세 번째 기둥인 노동은 교육과 직접적인 관련이 있습니다. 동서양을 막론하고 학교의 성립 이후 교육의 중심은 종교였습니다. 학교의 주된 임무는 학생들에게 경전과 그 해설서를 공부하도록 하는 것이었습니다. 그러나 노동이 중심이 되는 근대교육에 있어서 교육목적은 자신의 노동력의 가치-요즈음 말로는 몸값-를 높이는 것이 되었습니다. 그래서 현대 사회에 있어서 교육이란 객관적 지식을 흡수하여 자신의 노동력의 가치를 높이는 활동이 되었습니다. 국가나 사회의 입장에서 보면 교육이란 유용한 노동력, 즉 인적 자원을 양성하는 것이었습니다. 이를 교육학에서는 '교육의 세속화'라고 부릅니다. 이를 조금 자세히 살펴보기로 하겠습니다.

서양의 기독교 문명 속에서 노동은 인간의 타락에 대한 벌과 하나님의 저주의 결과였습니다.

땅 또한 너 때문에 저주를 받으리라. 너는 죽도록 고생해야 먹고 살리라. 들에서 나는 곡식을 먹어야 할 터인데, 땅은 가시덤불과 엉겅퀴를 내리라. 너는 흙에서 난 몸이니 흙으로 돌아가기까지 이마에 땀을 흘려야 낟알을 먹으리라(창세기 3장 17-19절).

그러나 이러한 저주로서의 노동관은 종교개혁 이후 노동에 대한 극단적인 긍정으로 바뀌었습니다. 루터는 세상일을 수도원의 삶과 같은 가치 있는 것으로 보았습니다. 마구간의 하녀나 아기 요람 곁의 어머니의 노동은 하나님에 대한 올바른 예배라는 그의 말은 유명합니다. 종교개혁 이후 노동은 모든 사람들에게 혼돈을 피하기 위해, '육肉'을 죽이기 위해, 그리고 이웃을 돌보기 위해 반드시 필요한 것이 되었습니다(허창수 · 정용교, 2003: 81-82).

막스 베버의 주장과 같이 근대 자본주의는 개신교의 이러한 노동에 대한 인식의 변화에서 큰 영향을 받았으며, 그렇기 때문에 현대사회는 직업적 활동과 시민권을 토대로 건설되었습니다. 근대에 있어 노동은 물질적 생활을 보장하고 시간과 공간을 조직화하는 수단이며, 자기 자신의 존엄성과 사회적 교환의 표현 공간이 되었습니다. 직업과 관계된 노동 시간은 노동 시간 그 자체뿐만 아니라 인생의 여타 순간들에도 그 의미를 부여해 줍니다. 근대 계몽주의자의 한 사람인 루소 역시 '근대=노동'이라고 주장했습니다. 루소는 노동으로부터 독립성과 미덕이 나오며 노동은 소유, 자유, 평등과 같은 사회의 기본적 요소들의 기반이 된다고 하였습니다. 즉 개인의 존엄성의 근거는 그의 노동과 시민권 행사에 공히 존재한다고 주장하였던 것입니다. 우리는 루소뿐만 아니라 아담 스미스와 같은 자유주의 경제학자들, 나아가 당대의 모든 사상가들에게서 근대 사회는 오직 독립적인 노동에 의해서만 진정한 시민이 될 수 있다는 정의를 발견할 수 있습니다. 종교개혁가 쯔빙글리도 이 우주 가운데 일하는 사람의 모습만큼 하나님의 모습을 닮은 것은 없다고 했습니다. 또 존 화이트는 '영성은 땀을 대신하지 아니한다. 기도가 산을 옮길지는 모르겠으나 기도와 육체노동은 훌륭한 동역자이다.' 라고 하였습니다. 마르크스조차도 근대 자본주의의 준거는 자유로운 임노동의 출현이라고 하지 않았습니까?

이처럼 노동이 사회구성의 핵심적인 요소가 되자 교육의 목적 또한 큰 변화를 겪게 되었습니다. 앞에서도 언급하였듯이 동서양을 막론하고 학교의 성립 이후 교육의 중심은 종교였습니다. 그러나 노동이 중심이 되는 근대교육에 있어서 교육이란–교육과정 목표에 제시된 온갖 미사여구를 제외하면–객관적 지식을 흡수하여 자신의 노동력의 가치를 높이는 활동이 되었습니다. 국가나 사회의 입장에서 보면 교육이란 유용한 노동력, 즉 인적 자원을 양성하는 것이 되었습니다.

노동력의 가치를 높이는 것으로서의 교육목적은 생산양식의 변화에 따라 두 가지 형태로 전개되었습니다. 근대를 전기와 후기라는 두 시기로 구분한다면, 근대 전기의 노동은 소품종 대량생산을 위한 것이고, 교육은 이러한 노동력을 양성하기 위한 지식의 주입이 그 존재이유가 되었습니다. 영국의 경험론자인 로크(J. Locke)는 아동은 태어날 때 백지(Tabula Rasa)와 같다는 말을 했습니다. 그의 말과 같이 인간이 태어날 때 아무런 본유관념(innate ideas)도 갖지 않으며, 따라서 그 인간의 선악은 어떠한 의도된 환경, 즉 교육에 의해 결정된다는 생각은 서양 근대 교육학의 초창기부터 지배적인 흐름으로 전개되어 왔습니다. 이러한 교육관을 '주물 모형'이라고 부릅니다. 주물이라고 하는 것이 쇳물을 부어 넣어 일정한 모양을 만들어 내는 것이듯이, 교육이란 아동에게 일정한 교육내용을 전달하여 그 사회에 적합한 인간으로 만들어 내는 것이라는 교육관입니다. 물론 이 모형에서 교육내용이라고 하는 것은 교과 즉 인류의 문화적 유산, 그 중에서도 핵심적이라고 할 만한 것을 간추린 것을 말합니다. 주물모형의 교육관에 있어서 가장 중요한 것은 물론 어떤 모양으로 만들기 위한 '틀'입니다. 그 틀을 어떤 모양으로 만드느냐에 따라 교육받은 인간상이 달라지기 때문입니다. 예컨대 그 틀을 붕어빵 모양으로 만들면 붕어처럼 생긴 모양이 만들어지며, 그 틀을 국화빵 모양으로 하면 국화꽃 모양의 빵이 만들어지는 것입니다.

한편 루소(J. J. Rousseau) 이후 아동은 비로소 하나의 인격체를 가진 존재로 점차 인식되어 교육에 있어서도 교육내용이 아니라 아동의 내적 자연을 중심으로 해야 한다는 생각이 점차 확산되기 시작하였습니다. 이러한 교육관을 '아동중심 교육관'이라고 부릅니다. 이 교육관에서 가장 중요한 것은 바로 학습자입니다. 이 교육관에서는 학습자를 무한한 성장가능성이 있는 존재로 파악합니다. 즉 인간은 태어날 때 아무 것도 없는 백지 상태가 아니라 이미 특정한 능력이나 소질을 가지고 태어난다는 것입니다. 교육이란 따라서 이러한 아동의 성장가능성을 최대한 신장시켜 주는 것이라고 정의되며, 이러한 교육관을 주물모형에 대비하여 '도토리 모형'이라고 부릅니다. 즉 도토리 속에는 이미 커다란 참나무로 자랄 가능성이 들어 있으므로 교사는 그 도토리가 잘 자랄 수 있도록 물도 주고, 거름도 주고, 가지도 쳐주고 해야 한다는 것입니다. 이러한 루소의 아동중심 교육관은 페스탈로찌와 프뢰벨을 거쳐 마침내 미국의 존 듀이로 계승되었습니다.

이 두 가지 근대교육의 모형 중 주물모형의 교육은 근대 초기의 소품종 대량생산에 적합한 노동력을 양성하기 위한 것이었습니다. 그리고 근대 후기의 노동은 다품종 소량생산을 위한 것이고, 여기에 적합한 노동력의 양성은 학습자의 창의력과 개성을 발현하도록 하는 교육을 통해 이루어졌습니다. 도토리 모형의 교육은 이러한 목적을 위해 출현하였던 것입니다.

이러한 두 가지 교육모형은 지금 심각한 위기에 직면해 있습니다. 그것은 다름 아니라 정보화로 인해 노동에 대한 수요가 급격하게 줄어들고 있기 때문입니다. 제레미 리프킨은 『노동의 종말』이라는 책을 통해 정보화의 진척에 따라 향후 노동에 대한 수요는 급격하게 줄어들 것이라고 주장하고 있습니다. 이러한 주장에 조금 과장된 측면이 있고 또 교육과 복지 분야와 같은 영역에서 새로운 노동의 요구가 늘어난다고 하더라도(도미니크 슈나페르, 2001: 50) 여전히 정보화가 가속화되면 노동이 큰 폭으로 감소할 것이라는 주장에는 누구나 동의합니다. 정보화 사회의 첨단을 달리고 있는 우리 사회의 경우도 예외가 될 수 없습니다. 정보화로 인한 노동의 감소가 가장 먼저 나타나는 분야는 주로 대졸자들이 취업하는 사무직 분야입니다. 오늘날의 대졸 실업의 증가는 세계 경제의 위축이 아니라 이러한 정보화의 필연적인 결과로 보아야 합니다.

현대 사회에서의 실업, 즉 노동의 박탈이 의미하는 것은 단순히 생계 수단의 상실만을 의미하는 것은 아닙니다. 필리프 쁘띠는 이를 다음과 같이 말하고 있습니다.

> 실업자의 경우는 사정이 다르다. 그가 굴욕감을 느끼는 까닭도 거기에 있다. 그는 지루하다. 왜냐하면 시간이 파괴적이기 때문이다. 사실 그에게 시간 감각을 부여하는 것은 직업 활동의 수행이다. 실업자이기 때문에 일자리가 없는 것은 휴가 중이거나 여가를 갖는 것과는 다르다. 실업자는 자신이 휴가 활동을 취할 권리가 있다고 여기지 않는다(도미니크 슈나페르, 2001: 50).

정보화로 인한 노동의 종말이 필연적인 것이라면 우리는 이러한 변화에 어떻게 대처해야 할까요? 거시적으로 볼 때 노동의 종말은 노동으로부터의 해방이라는 인류의 오랜 염원을 실현하는 희망적인 것임에 분명합니다. 그러나 노동에 대해 너무나 많은 의미를 부여한 현대문명은 노동=자아실현, 실업=낙오자라는 낙인을 찍고 있어, 이러한 이데올로기에서 벗어나기가 쉽지 않습니다. 취업에 실패한 청년 실업자들에게 '당신은 이제 노동으로부터 해방되었으니 자유다. 이제 당신이 하고 싶은 것을 마음대로 하고 살아라.' 라고 한다면 과연 그들이 기뻐하겠습니까?

현대문명에서의 노동을 통한 자아실현은 '자아'라는 분리 독립된 개체의 자기 확인과 확대를 의미합니다. 그리고 실업이란 이런 자아실현의 가장 강력한 수단을 상실했음을 의미합니다. 따라서 노동의 종말과 청년실업에 대한 대책에 있어 가장 중요한 것은 노동을 통한 자아실현을 대체할 수 있는 수단을 제공해 주는 것입니다. 그것은 무엇일까요?

동양사상에서는 '나'를 분리 독립된 개체로 보지 않고 우주적인 존재로 이해합니다. 이런 관점에서 현대문명에서의 개아個我로서의 '나'는 극복해야할 허상일 뿐입니다. 우주적인 존재로서의 '나'를 융의 표현을 빌어 '자기(self)'라고 한다면, 동양사상에서는 자아(ego)를 극복하여 진정한 '나'인 자기를 실현하는 것을 목표로 삼고 있습니다. 그리고 이러한 자기실현의 방법으로 수행을 제시하고 있습니다. 따라서 수행은 현대문명에서 자아를 실현하는 가장 강력한 수단인 직업으로서의 노동을 대체할 수 있는 가장 강력한 대안이라고 볼 수 있습니다.

근대 계몽주의자들은 백지 상태에서 근대 문명을 설계한 것이 아닙니다. 그들이 모델로 삼은 것은 그리스 로마 문명이었습니다. 그러나 그들이 설계한 근대는 지금 위기에 봉착해 있습니다. 자유와 민주, 그리고 인권을 중심으로 하는 근대의 이념은 인간의 내적 욕망을 팽창시켜 개인과 개인, 집단과 집단, 국가와 국가, 종교와 종교 간의 갈등을 오히려 증대시키고 있습니다. 또한 욕망 충족을 위한 과학 기술의 발전은 자연의 황폐화와 더불어 지구의 종말을 재촉하고 있습니다.

인류는 지금 문턱에 서 있습니다. 멸망하여 아예 지구상에서 사라지거나 아니면 크게 도약하여 새로운 존재로 다시 태어날 문턱에 서 있습니다. 수백만년전 원숭이들이 나무에서 내려오면서 인간이라는 새로운 존재의 역사가 시작되었듯이, 우리는 새로운 존재로 다시 태어나든지 아니면 공멸해야만 하는 문턱에 서 있습니다. 이처럼 새롭게 태어나야할 존재를 유학에서는 작성인作聖人이라고 하고 불교에서는 성불成佛이라고 합니다. 나는 내가 아닌 것으로 구성되어 있다는 불교의 무아無我의 설이나, 작위作爲의 폐해를 극복하기 위해 스스로 그러함(自然)으로 돌아가자는 도가의 무위설無爲說, 그리고 천지 만물이 하나라는 유가의 인설仁說은 모두 새로운 존재로 다시 태어나야 함을 주장하고 있습니다. 작성인과 성불은 노동의 필요가 없던 유한계급의 교육목적이었습니다. 승려나 도사道士, 양반과 같은 무위도식無爲徒食하는 사람들의 교육목적이었습니다. 그렇기 때문에 신라나 고려사회의 불교가 지배 이데올로기로서 작용했으며, 또 유가儒家의 담론이 철저하게 신분에 의존해 있었고, 이기론理氣論, 심성론心性論 등의 형이상학이 당시의 불평등한 현실을 왜곡하는데 기여했습니다. 그렇지만 이러한 전통사상에서 역사적, 시대적 한계를 덜어내고 나면 그 본질적 이념은 새로운 사회를 설계하는데 커다란 시사점을 줍니다. 함석헌 선생이 '박혀 버린 역사의 배를 서양이라는 죽음의 진탕에서 빼내려면, 죽은 듯이 서 있는 저 언덕의 동양 바위를 한사코 박찰 필요가 있다.' 고 했듯이, 우리는 동양사상에서 현대 이후 사회의 청사진을 찾아낼 수 있습니다.

II. 탈현대적 삶과 새롭게 태어나기

여러분은 천수만 가창오리의 군무를 본 적이 있습니까? 수십 수백만 마리의 가창오리가 하늘을 까맣게 덮으며 이리저리 날아가지만 서로 부딪쳐서 떨어지는 오리는 한 마리도 없다는 것이 신기하지 않습니까? 또 바다 속에서 멸치 떼의 유영을 본 적이 있습니까? 일사분란하게 움직이지만 역시 서로 부딪쳐서 상처 입는 멸치는 한 마리도 없습니다. 그러나 상암체육관에서 축구 경기를 관람하고 나오는 우리의 모습은 어떻습니까? 샤르트르가 '타인은 지옥이다.'라고 했던 말이 생각나지 않습니까?

인간과 가창오리의 차이점은 무엇일까요? 가창오리에게는 '나'라고 하는 의식이 없습니다. 무리 전체가 하나의 통일체인 것입니다. 반면 인간은 지구상의 생명체 중에서 유일하게 자연을 대상으로 여기는 존재입니다. 자연을 내가 아닌 내 밖의 타자로 나는 자연으로부터 분리 독립된 개체로 여기는 최초의 생명체입니다. 인간의 불행과 인간의 위대성은 바로 여기에서 출발합니다. 불행이란 인간이 자신을 분리 독립된 개체로 인식함으로 인해 서로 다가갈 수 없는 외로운 바위섬 같은 존재로 여기기 때문이고, 위대성이란 이런 외로움을 넘어 가창오리와 같은 통일체를 다시 회복할 수 있는 존재이기 때문입니다. 이런 존재를 동양사상에서는 성인, 부처, 지인이라고 부릅니다.

그렇다면 가창오리와 성인은 어떤 차이가 있을까요? 가창오리는 자신이 통일체임을 자각하지 못한 통일체입니다. 그러나 성인은 자신이 통일체임을 자각하고 있는 통일체입니다. 이것은 재벌 2세로 태어나 평생 가난함을 모르고 살다가 죽는 사람과, 모든 것을 잃었다가 다시 부자가 된 사람이 부에 대해 느끼는 의미의 차이와 같다고 할 수 있습니다. 사실 이것은 엄청난 차이입니다. 재벌 2세는 결코 부의 의미를 알 수 없습니다.

문명 이전의 삶에 있어서 인간은 소수를 제외하고는 가창오리와 같은 존재였습니다. 그래서 헤겔은 동양사회는 황제 한 사람만이 자유롭고, 그리스 로마는 소수만이 자유롭고, 근대 서구사회는 모든 사람들이 자유로운 사회라고 하였습니다. 중세 봉건사회에서 대부분의 사람들은 주인과 토지에 예속된 존재였습니다. 근대 계몽주의자들은 이런 봉건적 질곡을 파괴하기 위해 인간을 분리 독립된 개체로 견인해내고, 분리 독립된 개체로서의 개인에게 그 누구도 침해할 수 없는 권리를 부여하였던 것입니다. 천부인권과 자유, 민주, 평등과 같은 권리가 그것입니다. 그러나 우리는 언제 이러한 권리를 인식하고 주장합니까? 부부간에 사랑 속에 있을 때 어느 누구도 이러한 권리를 인식하고 주장하지 않습니다. 이런 주장이 나오게 되는 것은 서로 갈등하고 대립할 때입니다.

탈현대의 핵심은 이런 분리 독립된 개인을 극복하여 통일체를 다시 회복하는 일입니다. 이를 화엄사상에서는 일즉다一卽多, 다즉일多卽一이라고 표현합니다. 비유하자면 개체는 기둥, 기와, 서까래와 같은 것이고 전체는 집이라고 불립니다. 즉 모든 개체들은 여러 인연조건들의 화합에 의해 생겨난 것으로 모든 개체들이 서로 의지해 존재합니다. 서까래가 곧 집입니다. 서까래가 없으면 집이 없고 집이 없으면 기둥, 기와 등의 이름도 없습니다. 또 다른 표현으로 무아無我라고도 합니다. 무아란 내가 없다는 것이 아니라 나는 내가 아닌 다른 모든 것으로 이루어져 있다는 뜻입니다. 제 몸을 살펴봅시다. 제 몸은 무엇으로 구성되어 있습니까? 제 몸은 내가 먹은 음식과 물과 공기와 햇빛으로 구성되어 있습니다. 제 몸에서 제 몸인 것은 아무것도 없습니다. 이와 마찬가지로 세상의 모든 존재는 그것이 아닌 다른 모든 것으로 구성되어 있다는 것이 무아의 사상입니다.

탈현대적 삶이란 이런 통일체적 세계관을 체득한 삶을 살아가는 것입니다. 나와 너는 분리 독립된 존재가 아니라 보이지 않는 그물로 연결되어 있으며, 나의 존재 속에는 다른 모든 존재가 공존하고 있음을 깨닫고 상생과 조화 속에서 살아가는 것입니다.

태어남에는 두 종류가 있습니다. 하나는 다른 사람 즉 부모를 통해 태어나는 것입니다. 이것은 육체적인 태어남입니다. 다른 하나는 자기 자신에게서 태어나는 것입니다. 이것이 진정한 태어남입니다. 자기 자신에게서 태어나기 위해서는 스스로 자궁이 되어야 하며, 부모가 되어야 하며, 다시 어린아이가 되어야 합니다. 인류는 다시 태어나기 위해 스스로 죽어야 합니다. 장자莊子는 잠에서 깨어남을 각覺이라 하고, 참된 깨어남을 대각大覺이라고 하였습니다. 각이란 현대문명이 실현한 바와 같이 미신과 이데올로기의 속박에서 벗어나는 것이라고 한다면, 대각을 통해 우리는 현대문명과 현대문명 속의 우리의 삶이 한바탕의 커다란 꿈임을 깨닫게 될 것입니다.[130)]

참된 깨어남을 위해 우리가 배워야 할 것은 듣는 법입니다. 듣는 법을 배우지 못하면 그 어떤 것도 배울 수 없습니다. 때때로 듣는 법을 배우기 위해 몇 년이 걸리기도 합니다. 왜 그리 오랜 시간이 걸릴까요? 왜냐하면 오직 학습자의 마음이 완전히 침묵했을 때만이 비로소 들을 수 있기 때문입니다. 마음속으로 이야기를 하고 있으면 스승의 말을 들을 수 없습니다. 우리 마음은 라디오와 같습니다. 주파수를 마음속 이야기에 맞추고 있으면 아무리 스승의 말에 열중해도 모든 것

130) 『莊子』, 「齊物論」, "大覺而後知此其大夢也."

이 뒤죽박죽되어 버립니다. 올바른 배움, 올바른 듣기를 위해 첫 번째로 해야 할 것은 자신을 비우는 것입니다. 그러나 현대 교육은 이와 정반대로 마음을 채우는 것을 목표로 삼고 있습니다.

듣는 법을 배운 뒤에는 무엇을 배워야 할까요? 사랑은 배워야 합니다. 사랑은 창조적인 기술입니다. 사람은 사랑할 수 있는 능력을 갖고 태어나지 않습니다. 그래서 사랑은 인간이 이룰 수 있는 가장 훌륭한 성취이고 매우 위대한 도약이라고 할 수 있습니다. 우리는 사랑을 통해 나는 더 이상 내가 세상의 중심이 아님을 알게 됩니다. 사랑을 통해 내가 아니라 사랑하는 사람이 세상의 중심이 되고, 나는 그저 사랑하는 사람의 그림자에 불과하다는 것을 깨닫게 됩니다. 사랑을 통해 이제 온통 사랑하는 사람만이 의미를 갖게 되고, 자신이 아니라 사랑하는 사람을 돌보는 것이 행복이 됩니다.

우리의 삶에는 가장 깊은 비밀이 있습니다. 그것은 내가 누군가를 위해 존재할 때 나는 처음으로 존재하게 된다는 것입니다. 나 자신만을 위해 존재할 때 나는 쓸데없이 존재하는 것입니다. 사랑하는 사람을 위해 존재할 때 나는 비로소 자신의 존재를, 그 존재 의미를 확인할 수 있는 것입니다. 그러나 유감스럽게도 현대 사회에서 사랑을 가르치는 학교는 없습니다. 모든 학교에서는 오직 생각만을 가르칩니다. 이제 우리의 학교에서도 학생들에게 느끼는 법과 사랑하는 법을 가르쳐야 합니다.

듣는 법과 사랑을 통해 영성이 자라납니다. 영성의 자라남과 씨앗의 자라남은 다릅니다. 씨와 나무 사이에는 거리가 있습니다. 시간의 거리가 있습니다. 그 거리는 건너가야 할 공간입니다. 그러나 제자는 씨앗과 같은 성장 수단이 없습니다. 제자는 이미 자라남 그것입니다. 자라남은 현현顯現하고 있습니다. 제자와 깨달음 간에는 거리가 없습니다. 깨달음은 이미 거기에 있고 있어 왔습니다. 따라서 깨달음은 성장, 자라남의 문제가 아니라 현현, 나타남의 문제입니다. 그것은 발견입니다. 제자가 '잃어 버렸던' 어떤 것이 아니라, '잊고 있었던' 것을 어떤 것을 문득 깨닫게 되는 것입니다.

인류가 새로운 존재로 다시 태어나기 위한 두 가지 길이 있습니다. 그 한 가지는 진리의 길입니다. 진리의 길은 붓다의 길입니다. 붓다는 많은 사람들을 진리로 깨우쳤습니다. 붓다의 제자들은 학식 있고, 고결하고, 세련된 사람들이었습니다. 그렇기 때문에 그들은 붓다의 설법을 쉽게 이해할 수 있었습니다. 그러나 학식 있는 사람들이 붓다의 말을 쉽게 이해했다고 해서, 그 이해가 아인슈타인의 이론을 이해하는 것과 같은 것은 아닙니다. 붓다는 아인슈타인의 지식을 모릅니다. 그렇지만 붓다는 한 사람의 '아는 자' 입니다. 그는 자신의 존재를 알았고, 그 존재가 온 우주에 편재한다는 것을 알았습니다. 붓다가 발견한 이러한 진리는 과학보다 심오합니다. 붓다의 실험은 외부의 대상이 아니라 '실험자 자신에 대한 실험' 이기 때문입니다. 붓다의 실험에서는 자신과 분리된 어떤 도구도 없습니다. 붓다는 실험 도구이며 대상이며 방법입니다. 그리고 실험은 곧 체험입니다. 이 실험을 통과하고 나면 누구든 새롭게 태어날 수 있습니다.

붓다의 진리는 교과서 속에 있는 객관적 지식과 다릅니다. 객관적 지식은 계량하고, 비교하고, 추론한 결과물입니다. 그러나 진리란 결코 대상화할 수 없습니다. 진리가 대상이 된다는 것은 나는 그 진리

밖에 있다는 뜻입니다. 그러나 그것이 만약 진리라면 나는 결코 진리 밖으로 벗어날 수 없습니다. 한 물고기가 철학적인 물음을 갖게 되었다는 힌두교의 우화가 있습니다. '바다는 어디에 있는 것일까?' 자기들이 바다에서 태어났으며 바다로 사라진다는 것을, 바다는 자기들의 원천이며 목적이라는 것을, 바다는 곧 신이라는 것을 어디선가 들었기 때문일 것입니다. 인간은 신을 파악할 수 없습니다. 신을 벗어난 공간은 없기 때문입니다. 진리도 마찬가지입니다. 진리에 들어가게 되면 그 이전에 미美라고 불렀던 것은 다만 정욕에 불과했던 것을 알 수 있습니다. 그리고 선善이라고 불렀던 것은 통제된 도덕이었으며, 진리라고 불렀던 것은 말과 사물이 일치하는 것에 불과했다는 것을 깨닫게 됩니다. 진리는 나무와 산들 바람과 모든 것들 안에 숨겨져 있는 것을 의미합니다. 그 숨겨져 있는 것이 드러나게 되면 우리는 진리에 다가간 것입니다.

진리는 인간의 이성이 아니라 그 보다 높은 능력, 즉 영성靈性에 의해 드러납니다. 영성은―여러 가지로 정의할 수 있겠지만―한 마디로 우주적 존재로서의 자신을 만날 수 있는 능력이라고 할 수 있습니다. 이러한 능력은 특정한 교리를 따름으로써 얻어지는 것이 아니고, 존재와 직접적이고 즉각적인 관계를 가짐으로써 얻을 수 있습니다. 전체와 조화를 이루고 여기 존재함으로써 생기는 기쁨, 순수한 축복의 느낌이 영성입니다. 나와 존재 사이에 직접적인 교감이 있을 때, 내가 갑자기 전체에 의해 소유될 때, 분리 독립된 개체로서 내가 사라지는 곳에서, 전체는 나를 통해 말하기 시작합니다. 그것이 영성입니다.

동서양을 막론하고 현대 이전 시기 교육의 궁극적인 목표는 영성의 계발이었습니다. 그리고 이성은 영성을 보좌하는 하인에 불과했습니다. 그러나 계몽주의자들이 영성을 내버린 이후, 주제넘게 왕좌를 차지한 이성은 영성과 관련된 모든 것들을 종교적인 것, 신비주의적인 것으로 몰아 인간의 세속적 삶에서 제거하였습니다. 그러나 이성만으로는 결코 우주적인 나, 진정한 나를 발견할 수 없습니다. 어린 아이들의 영성은 이성 중심의 교육과정 속에서 점차 시들어 갑니다. 이성의 비대화는 필연적으로 영성의 쇠약을 부릅니다. 그러나 시체를 해부해서는 결코 영혼을 발견할 수 없습니다. 우주적인 존재로서의 자신을 발견하기 위해서는 반드시 영성을 계발해야 합니다.

새로운 존재로 태어나기 위한 두 번째 길은 사랑의 길입니다. 사랑의 길은 예수의 길입니다. 예수는 평범하고 교육받지 못한 가난한 사람들 사이에서 살았습니다. 가난한 사람들은 부자들보다 많은 사랑을 가지고 있습니다. 왜냐하면 돈과 사랑은 함께 할 수 없기 때문입니다. 또한 가난한 사람들은 머리, 즉 이성을 성장시키지 않아 그 에너지가 가슴에 있기 때문입니다. 사랑은 자신의 전 존재를 내어 맡기는 것입니다. 사랑은 사랑할 대상을 따로 두지 않습니다. 참된 사랑은 사랑하는 대상과 하나가 된 까닭입니다. 이러한 사랑을 통해 우리는 창조자와 하나가 될 수 있습니다. 왜냐하면 참된 사랑을 통해 '자아'가 사라지고 그 사라진 자리를 성령이 채우기 때문입니다. 성령이 가득 찬 사람은 비로소 창조자가 곧 창조물이라는 것을 깨닫게 됩니다.

진리의 길은 사랑으로 통하고 사랑의 길은 진리로 통합니다. 서로 반대되는 것은 반드시 서로 연결되어 있습니다. 그것은 음양陰陽과 같이 양극을 이루고 있습니다. 진리를 통해 깨달음을 얻게 되면 온통 자비심으로 가득 찬 세상을 보게 되고, 사랑의 길을 통해 깨달음을 얻게 되면 존재계 전체가 진리임을 알게 됩니다. 사랑을 궁극적인 봄이라고 합니다. 그것은 사랑의 순간에 보는 자와 보이는 것이 하나가 되기 때문입니다. 사랑을 할 때 우리는 사랑하는 사람을 동떨어진 누군가가 아니라 자신의 확장으로 여깁니다. 나의 심장이 그녀와 함께 고동치고, 나의 숨과 그녀의 숨이 같은 리듬으로 움직이고, 나의 존재와 그녀의 존재 사이에는 아무런 벽이 없습니다. 꽃을 볼 때도 마찬가지입니다. 나는 한 송이 꽃을 봅니다. 꽃은 거기에 있고 나는 여기에 있습니다. 서서히 둘 다 사라져서 마침내 꽃의 체험만이 남게 됩니다. 이것이 궁극적인 봄입니다.

Ⅲ. 탈현대 실현을 위한 죽음교육

누구나 평화롭고 행복한 죽음을 원합니다. 그러나 이런 행운은 극히 소수의 준비된 사람만이 누릴 수 있습니다. 그 준비란 무엇인가? 바로 평화롭고 행복한 삶, 그리고 사랑에 충만한 삶을 사는 것입니다. 그렇다면 평화롭고 행복하고 사랑에 충만한 삶을 살기 위해서는 어떻게 해야 할까요? 죽음을 모든 선택의 기준으로 삼아야 합니다. 우리의 삶은 수많은 선택을 요구합니다. 죽음교육은 그 선택에 있어 죽음이라는 기준을 적용해야 한다고 말합니다. 예를 들어 회사에서 중요한 중역회의가 있고, 또 딸의 생일 파티가 있을 경우 당신은 어느 것을 선택할 것입니까? 세속적인 가치에 따르면 마땅히 중역회의에 참석해야 합니다. 그러나 죽음이라는 기준을 들이대면 고민할 것도 없이 딸의 생일 파티에 참석해야 합니다. 중역회의는 다른 사람이 대신 참석할 수도 있지만, 딸의 생일 파티에 다른 아버지를 대신 참석시킬 수는 없기 때문입니다.

죽음이라는 기준은 무엇이 삶의 본질적 가치인가를 평가하는 가장 중요한 준거가 될 수 있습니다. 그래서 죽음교육은 인류가 새롭게 태어나는데 매우 중요한 역할을 할 수 있습니다. 먼저 죽음은 우리에게 진리의 길을 가르쳐 줍니다. 진리는 내 밖에 있는 객관적인 그 무엇이 아닙니다. 진리는 바로 내 안에 있습니다. 죽음교육은 진정한 나를 찾는 계기를 마련해 줄 수 있습니다. 죽음은 우리의 이성으로는 접근할 수 없습니다. 머리를 써서 자신의 죽음을 이해하기는 어렵습니다. 죽음은 이성보다는 더 높은 인간의 능력, 즉 영성에 의해 발견될 수 있습니다.

우리의 영성은 끊임없이 '나는 누구인가' 라고 묻고 있습니다. 그렇다면 나는 누구일까요? '나는 누구인가' 라고 하는 물음에 대한 가장 분명한 답은 『성경』 출애급기에 있습니다. 모세가 유대인을 학대하는 감독관을 죽이고 미디안으로 탈출하여 양을 치다가 호렙산에 이르러 불붙지 않는 떨기나무를 보았습니다. 하나님이 떨기나무 가운데서 모세를 불러 이스라엘 백성을 애급 땅에서 구해내라고 하니 모세가 하나님께 말하되 '그들이 내게 묻기를 그의 이름이 무엇이냐 하리니 내가 무엇이라고 그들에게 말하리이까?(3: 13)' 하였습니다. 이에 '하나님이 모세에게 이르시되 나는 스스로 있는 자니라(3: 14)' 라고 하였습니다. 이 구절은 영어로 'I AM WHO I AM' 이라고 되어 있습니다.

우리말 성경에는 이 구절을 '나는 스스로 있는 자이니라' 로 번역하고 있습니다. 그러나 이 말의 정확한 의미는 '나는 '나는 누구인가' 라고 묻는 자이다' 라는 뜻입니다.[131)]

진정한 나는 끊임없이 '나는 누구인가' 하고 묻고 있습니다. 그 밖에 '나' 라고 인식되는 모든 것은 진정한 내가 아닙니다. '나는 누구인가' 라는 끝없는 질문은 결국 나를 소멸시키기 위한 것입니다. 나를 소멸시킨 자리에 세계와 나의 괴리감은 존재하지 않습니다. 존재감이 사라진 자리에는 흐리멍덩함, 불투명함, 그리고 혼돈이 대신합니다. 우리는 나와 어머니가 구별되지 않았던 어린아이의 상태로 다시 돌아가게 됩니다.

또 죽음은 우리에게 사랑을 가르쳐 줍니다. 죽음을 목전에 둔 사람이 '그 때 좀 더 노력해서 높은 자리에 올랐어야 했는데…' 라든지 '그 때 돈을 더 많이 벌어야 했는데…' 라고 후회하는 일은 결코 없습니다. 대부분의 사람들이 후회하는 것은 '더 많이 베풀 걸' 혹은 '더 많은 시간을 같이 보낼 걸' 과 같은 것입니다. 한 마디로 더 많이 사랑했어야 했었다고 후회하는 것입니다.

가급적 사람들을 죽음으로부터 분리시키려는 근대적 죽음관에서는 사람들로 하여금 죽음에 대한 막연한 두려움을 갖게 합니다. 이러한 죽음에 대한 막연한 두려움은 사람들의 건강한 성장에 장애를 주며,

---

131) 'I AM WHO I AM' 의 문법 구조는 I AM의 보어가 'WHO I AM' 입니다. 이는 'WHO AM I' 라는 의문문이 보어가 되면서 어순이 본래로 환원된 것이므로 '나는 있는 나이다' 가 아니라 '나는 '나는 누구인가' 라고 묻는 자이다' 라는 해석이 맞습니다.

분리 독립된 자아의 확장에 맹목적으로 돌진하게 합니다. 사람들이 죽음에 대해 막연한 두려움을 갖는 것은 죽음이 삶의 어느 한 구석에 움츠리고 숨어 있다가, 어느 순간 삶을 종식시키는 것이라는 현대적 죽음관을 갖고 있기 때문입니다.

그러나 죽음은 삶의 종식이 아니라, 삶의 완성이고 삶의 절정입니다. 엘리자베스 퀴블러 로스가 말하듯이 삶이란 무조건적인 사랑을 배울 수 있는 학교입니다. 죽음이란 이 학교를 졸업하는 것이고, 삶이라는 이 학교에서 무조건적인 사랑을 배울 수 있는 마지막 기회입니다. 마치 나비가 딱딱한 고치를 벗어나 훨훨 날아가듯, 죽음은 고통스러운 몸에서 벗어나 진정한 자유와 행복을 얻을 수 있는 마지막 기회인 것입니다. 사람들이 이러한 죽음관을 학습할 때 죽음에 대한 막연한 두려움을 넘어서 진정으로 행복을 느낄 수 있게 됩니다.

죽음교육의 목표는 궁극적으로 '아상我相'의 소멸입니다. 근대교육은 분리 독립된 개체로서의 자아와 그 주체의식의 형성에 특별히 주의를 기울여 왔습니다. 이를 자아정체감, 혹은 자아존중감이라고 합니다. 많은 사람들이 특히 초등교육에서의 죽음교육을 부정적으로 보는 이유는 죽음교육이 아동의 자아정체감의 형성에 부정적인 영향을 미칠 것이라는 우려 때문입니다. 자아정체감이란 '나는 누구인가'라는 질문에 대한 답변입니다. 현대교육은 '나'를 분리 독립된 개체로서, 그리고 이러한 분리 독립된 개체의 확장을 교육의 목적으로 삼고 있습니다. 그러나 죽음교육이 추구하는 자아정체감은 분리 독립된 자아정체감이 아니라 모든 존재와 연결되어 있으며, 모든 존재를 자신에 포함하고 있는 우주적 존재로서의 자아정체감입니다. 이런 자아정체감은 분리 독립된 개체로서의 '나'라는 생각, 즉 아상을 버릴 수 있을 때만이 가능합니다. 그리고 이런 아상의 소멸을 통해 죽음이란 개아의 죽음에 불과하고 진정한 나는 죽지 않음을 깨닫게 할 수 있습니다.

혹자는 '아이들은 아직 아상이 크지 않기 때문에 이런 죽음교육의 적용이 어렵지 않을까?' 하고 의문을 제기할 수도 있습니다. 또 '아상이 충분히 성숙해야 마치 열매가 나무에서 떨어지듯이 아상이 소멸하는 것은 아닌가?' 하고 질문할 수도 있습니다. 그러나 현대적 삶은 유아기부터 아상을 키워 왔기 때문에 초등학생이 되면 이미 아상은 충분히 성숙되어 있다고 할 수 있습니다. 또한 아상이 가장 큰 시기인 사춘기가 이미 초등학교 고학년으로 내려왔기 때문에 죽음교육의 적용은 아무런 문제가 없을 것입니다.

새로운 죽음교육은 새로운 문명의 주역을 양성하기 위한 교육입니다. 새로운 죽음교육을 통해 세속적인 가치보다는 삶의 본질적 가치를 추구하는 사람들이 늘어날 때, 모든 사람들이 각자 아름다운 꽃으로 피어나 아름다운 꽃밭을 이루고 사랑이 강물처럼 흐르는 탈현대의 실현도 멀지 않을 것입니다. 시간, 공간, 인간을 세 가지 칸, 즉 삼간이라고 합니다. 죽음교육은 이러한 세 가지 칸을 없애는 것을 말합니다. 즉 시간을 나누는 칸, 공간을 구분 짓는 칸, 사람을 경계 짓는 칸을 없애는 것을 말합니다. 시간의 칸을 없애면 영원한 현재를 살 수 있습니다. 공간의 칸을 없애면 무한한 여기를 살 수 있습니다. 인간의 칸을 없애면 사랑이 강물처럼 흐를 수 있습니다.

참고문헌

경전류

『노자』

『논어』

『논형』

『맹자』

『베스트 성경』

『장자』

『예기』

『사서집주』

『전습록』

『주자어류』

『주희집』

고선일역, Philippe Aries(2004), 『죽음 앞의 인간』, 새물결

고양석역, Nigel Barly(2001), 『죽음의 얼굴』, 도서출판 예문

고일역, Leo Tolstoy(2005), 『이반 일리치의 죽음』, 작가정신
공경희역, Michy Aelbom(1998), 『모리와 함께 한 화요일』, 세종서적
권루시안역, Mary Roach(2004), 『스티프: 죽음 이후의 새로운 삶』, 파라북스
권복규, 홍석영역, David Kuhl(2005), 『웰다잉』, 바다출판사
김교신 옮김, 도미니크 슈나페르(2001), 『노동의 종말에 반하여-필리프 쁘티와의 대담』, 동문선
김기태(2007), 『지금 이대로 완전하다』, 침묵의 향기
김명숙역, Edgar Morin(2000), 『인간과 죽음』, 동문선
김무득역주, 法藏(1998), 『華嚴學體系(華嚴五敎章)』, 우리출판사
김미정역, Emmanuelle Huisman-Perrn(2005), 『아이들에게 설명하는 죽음』, 동문선
김병채역, 슈리 푼자(2005), 『그대는 누구인가』, 슈리크리슈나다스아쉬람
김보경(2002), 『禪과 파블로프의 개』, 교육과학사
김상우(2005), 『죽음의 사회학』, 부산대학교 출판부
김석진(1997), 『周易傳義大全譯解(상,하)』, 대유학당
김석희역, Jim Kreis(2006), 『그리고 죽음』, 열린책들
김성철역주, 용수보살지음(2005), 『중론』, 경서원
김수정역, Nobert Elias(1999), 『죽어가는 자의 고독』, 문학동네
김수청(2004), "죽음에의 접근방법: 유 · 불 · 도교를 중심으로", 석당논총 34
김승동편저(2001), 『불교인도사상사전』, 부산대학교출판부

김열권(1997), 『보면 사라진다』, 정신세계사
김열권편저(2007), 『위빠사나 2』, 불광출판부
김열규, 메멘토 모리(2001), 『죽음을 기억하라』, 궁리
김열규외(2001), 『한국인의 죽음과 삶』, 철학과 현실사
김옥라역, Shigeaki Hinohara(2005), 『죽음을 어떻게 살 것인가』, 궁리
김인호(2003), "옛 중국인들의 죽음 극복 현상 연구", 중국문학 39
김정우(2002), "삶과 죽음에 관한 이해", 인간연구 3
김재영역, Kenneth J Doka, John D. Morgan(2006), 『죽음학의 이해: 죽음과 영성』, 인간사랑
김주경역, Bernard Faure(1997), 『동양종교와 죽음』, 영림카디널
김종석역주(1999), 『心經講解』, 이문출판사
김종철, 김태언역, 헬레나 노르베리-호지(1996), 『오래된 미래』, 녹색평론사
김진엮음(2003), 『너 자신을 혁명하라(함석헌 명상집)』, 오늘의 책
김진(2004), 『죽음에 대하여』, 울산대학교 출판부
김진욱역, Elisabeth Kubler-Ross(2000), 『죽음의 순간』, 자유문학사
김창대역, Robert Morey(2003), 『죽음, 그 이후의 삶』, 기독신문사
김형효외(1997), 『퇴계의 사상과 그 현대적 의미』, 한국정신문화연구원
노호상역, Osho Rajneesh(2001), 『법구경(1-6)』, 황금꽃
니이버 라인홀드, 이병섭역(1972), 『도덕적 인간과 비도덕적 사회』, 현대사상사
대한불교조계종 교육원 역경위원회(2001), 『화엄종관행문』, 조계종

출판사
대한불교조계종 교육원 역경위원회(2001), 『화엄오교장』, 조계종출판사
류시화역, Osho Rajneesh(2000), 『또 하나의 여인이 나를 낳으리라(1-3)』, 정신세계사
류시화역(1995), 『티벳 사자의 서』, 정신세계사
명희진역, Sherwin Nuland(2003), 『사람은 어떻게 죽음을 맞이하는가』, 세종서적
묘원역(2005), 『쉐우민의 스승들』, 행복한 숲
문진희역, David Hokins(2001), 『나의 눈』, 한문화
미셸 푸꼬, 이광래역(1987), 『말과 사물』, 민음사
민족문화추진회(1974), 『국역 퇴계집 Ⅱ』
박규태외역, John Bowker(2005), 『세계 종교로 보는 죽음의 의미』, 청년사
박두환역, Otto Kaiser Eduart Rose(2002), 『죽음 그리고 삶』, 민들레성서마을
박문현(2002), "중국인의 죽음에 대한 사유", 『인문연구논집』 7
박지현(2003), "중국의 영혼 개념과 혼백설", 『중국문학』 38
법정역(2002), 『진리의 말씀』, 나무 심는 사람
불교간행회(1997), 『해심밀경』, 민족사
백련선서간행회편(1999), 『信心銘 · 證道歌 講說』, 장경각
삶과 죽음을 생각하는 회(2007), 『웰 다잉 전문지도강사 매뉴얼』, 각당복지재단

서명석, 김종구역, 스즈끼 다이세츠(1998), 『가르침과 배움의 현상학-선문답』, 경서원
석법성편(2004), 『사망학: 죽음과 삶의 지혜』, 운주사
성백효역주(1993), 『論語集註』, 전통문화연구회
성백효역주(1993), 『孟子集註』, 전통문화연구회
성윤갑(2005), 『행복한 삶을 위한 유식삼십송』, 불교시대사
손민규역, Osho Rajneesh(1999), 『십우도』, 태일출판사
손민규, 백운역, Osho Rajneesh(1999), 『소중한 비밀-까비르 강론』, 태일출판사
송암(2006), 『우리는 어디로 가는가: 불교 죽음학』, 부다가야
심원진역, Doris Iding(2005), 『오늘이 마지막이라면: 삶과 죽음에 대한 지혜의 서』, 문화사랑
안동권(1998), 『깨달은 자의 죽음: 인도문화기행 1』, 문원출판사
양억관, Dakahashi Iwao 공역(1999), 『초감각적 세계인식』, 물병자리
오진탁역, Alfons Deeken(2003), 『죽음을 어떻게 맞이할 것인가』, 궁리
오진탁(2003), 『죽음, 삶이 존재하는 방식』, 청림출판
오진탁역, Sogyal Rinpoche(2006), 『티베트의 지혜』, 민음사
오혜경역, Bert Keizer(2006), 『죽음과 함께 춤을』, 마고북스
유제영역, Omaya Rayge(2002), 『죽음에 대한 대비』, 크리스챤 서적
유호종(2001), 『떠남 혹은 없어짐: 죽음의 철학적 의미, 책세상
유희숙(2007), "존엄한 죽음준비를 위하여", 각당복지재단, 『웰다잉 전문지도강사 메뉴얼』, pp.71-80, 각당복지재단

윤대석역, Dachibana Takashi(2003), 『임사체험(상, 하)』, 청어람미디어
윤미연역, Marie-Helene Encreve-Lambert(2004), 『우리 아이가 죽음에 대해 묻기 시작했어요』, 프리미엄북스
이강수(1995), 『도가사상의 연구』, 고려대학교 민족문화연구소
이강수(1997), 『노자와 장자』, 길
이군호역, Katja Doubek(2004), 『죽음에 관한 잡학 사전』, 을유문화사
이기상(2007), 『존재와 시간-인간은 죽음을 향한 존재』, 살림출판사
이명원역, Eknath Easwaran(2005), 『죽음아 삶에게 보내는 편지』, 예문
이문희역, Tom Hickman(2005), 『사용 설명서 『죽음』』, 뿌리와 이파리
이승연(2009), "개장례에 관한 소고", 『퇴계학과 한국문화』 44
이승재역, Giyom Musso(2005), 『완전한 죽음』, 열린책들
이용주(2001), "귀신, '타자'의 억눌린 욕망", 『전통과 현대』 겨울호
이정우(1999), 『삶, 죽음, 운명』, 거름
이종민역, Phlippe Aries(2002), 『죽음의 역사』, 동문선
이종복역, Jeffrey Hopkins(2004), 『달라이라마, 죽음을 이야기하다』, 북로드
이종수역, 데이비드 홉킨스(1997), 『의식혁명』, 한문화
이찬수역, Garma C, C Chang(1990), 『華嚴哲學』, 경서원
이현정, 조경숙역, Neale Donald Walsch(2001), 『신과 나눈 교감』, 한문화

이현주역, 툴쿠 톤둡(2002), 『티베트 명상법』, 두레
이현주역, 焦竑弱候(2000), 『老子翼』, 두레
이현지(2005), "남녀속의 유교", 『오늘의 동양사상』, 12
이현지(2005), "탈현대적 가족 여가를 위한 구상", 『동양사회사상』 12
임병덕 옮김, 森山樹三郎(1986), 『중국사상사』, 온누리
임종식, 구인회(2003), 『삶과 죽음의 철학』, 아카넷
일지역주, 黃檗希運(1993), 『傳心法要』, 도서출판 세계사
장윤수편저(1992), 『정주철학원론』, 이론과 실천
전경갑(1993), 『현대와 탈현대의 사회사상』, 한길사
전병술역, 傅偉熏(2001), 『죽음, 그 마지막 성장』, 청계
전통문화연구회(2001), 『경전으로 본 세계종교』, 전통문화연구회
정경량(1991), "노자와 장자의 도교사상", 『현대사상연구』 6
정동호외(2004), 『철학 죽음을 말하다』, 산해
정병석(2008), "논어와 장자에 보이는 죽음관", 『동양철학연구』 55
정병조역(1997), 『불교의 심층심리』, 현음사
정순희역, Jidu Krishnamurti(2005), 『삶과 죽음에 대하여』, 고요아침
정승석역, Nawang Gehlek Rinpoche(2004), 『행복한 삶, 행복한 죽음』, 초당
정우성역, John S. Dun(2000), 『사랑과 죽음에 관한 명상』, 양문
정종진역음(1998), 『뉴질랜드의 교육』, 교육과학사
정재걸(2000), 『만두모형의 교육관』, 교육신문사
정재걸(2005), "동양사상에서 본 자기성찰지능", 『대구교육대학교 논문집』 40

정재걸(2006a), “죽음교육에 대한 일 연구−화엄의 사사무애법계를 중심으로”, 『동양사회사상』 13
정재걸(2006b), “『論語』와 탈현대교육의 설계”, 『동양사회사상』 14
정재걸(2007a), “노인을 위한 죽음준비 교육프로그램 개발 연구”, 『동양사회사상』 16
정재걸(2007b), “나는 누구인가−유식30송의 경우”, 『교육철학』 32
정재걸(2008), “불교와 죽음 그리고 죽음교육”, 『동양철학연구』 55
정진홍(2003), 『만남, 죽음과의 만남』, 궁리
조대봉, 김종석 공역(1991), 『완역 心經附註』, 이문출판사
조연현(2001), 『나를 찾아 떠나는 17일간의 여행』, 한겨레신문사
조원현역, Christin Longaker(2006), 『죽음 앞에서 만나는 새로운 삶』, 계명대학교 출판부
중국철학연구회편(1991), 『동양의 인간이해』, 형설출판사
진우기, 신진욱역, Allen Watz(2001), 『자신이 누구인지를 아는 것을 막는 터부에 관한 책』, 부디스트웹닷컴
진우기역, 틱낫한(2003), 『힘』, 명진출판
차미영(2006), 『웰다잉을 위한 죽음의 이해』, 상상커뮤니케이션
차하순(1991), 『르네상스의 사회와 사상』, 탐구당
최석만(2002), “公과 私−유교와 서구 근대 사상의 생활 영역 비교”, 『동양사회사상』 5
최준식역, Elizabeth Kubler−Ross(1996), 『사후생』, 대화출판사
최준식(2006), 『죽음, 또 하나의 세계』, 동아시아
최재목(2003), 『내 마음이 등불이다』, 이학사

최진석(2006), "도교의 생사관" 철학연구 75
최화숙(2004), 『아름다운 죽음을 위한 안내서』, 월간조선사
한국문화신학회편(2004), 『죽음-삶의 현장에서 이해하기』, 한들
한국종교학회편(2001), 『죽음이란 무엇인가』, 창
한명숙역(2005), 『법구경』, 홍익출판사
한자경(2004), 『일심의 철학』, 서광사
허명화(2007), "왕충의 조선제사관", 『중국사연구』 제47집
허재윤(1990), "르네상스 휴머니즘의 종교적 의의", 신오현 외 6인 공저, 『르네상스 휴머니즘의 현대적 의의』, pp. 130-185, 영남대학교 출판부
허탁, 이요성 역주, 朱熹(1998), 『朱子語類』, 청계
현장(2003), 『죽음을 준비합시다』, 우리출판사
홍승표(2002), 『깨달음의 사회학』, 예문서원
홍승표(2003), 『존재의 아름다움』, 예문서원
홍승표(2005), 『동양사상과 탈현대』, 예문서원
홍승표(2005), "통일체적 세계관과 새로운 여가관의 모색", 『동양사회사상』 12
홍승표(2007), 『노인혁명』, 예문서원

Betty R. Green, Donald P. Irish Ed.(1971), Death Education: Preparation for Living, Schenkman Publishing Co
Chales A. Corr, Richard A. Pacholski Ed, Priorities in Death Education & Counseling, Ish Kabible Books

Ernest Morgan(1973), A Manual of Death Education and Simple Burial, Celo Press

G. P. D. Mirandola, "Oration on the Dignity of Man", In The Renaissance Philosophy of Man, edited by Ernst Cassirer, Paul Oskar Kristeller, and John Herman Randall, Chicago: The University of Chicago Press

Hobbes, Thomas(1994), Leviathan. Indianapolis, Indiana: Hackett Publishing Company, Inc

James M. Eddy(1982), Death Education, Mosby–Year Book

James H. Miller, Anthony F. Rotatori(1986), Death Education and the Educator, Charles C Thomas Pub Ltd

Magaret Orbell(1995), The Illustrated Encyclopedia of Maori Myth and Legend, Canterbury University Press

Mirandola, Giovanni Pico della(1948), "Oration on the Dignity of Man", In The Renaissance Philosophy of Man. edited by Ernst Cassirer, Paul Oskar Kristeller, and John Herman Randall. Chicago: The University of Chicago Press

Peter Prunkl(1988), Death Week: Exploring the Dying Process, Hemisphere Publishing co

Taylor & Francis(1991), Children And Death, Hemisphere Publishing co

Thich Nhat Hanh(1987), Being Peace. Parallax Press

T. Hobbes(1994), Leviathan, Indianapolis, Indiana: Hackett

Publishing Company, Inc.
William, G, Warren(1989), Death Education and Research-Critical Perspectives, Haworth Press

三浦國雄(2008),『朱子語類抄』講談社
小野澤精一 以外(1978),『氣の思想』, 東京大學出版會
原田二郎(1988), "養生說における '精' の概念の展開",『古代養生思想の綜合的硏究』, 平河出版社

鄭曉江(1999),『中國死亡文化』, 百花洲文藝出版社
陳宣良(1989),『死与道德』, 江西人民出版社
段德智(1997),『死亡哲學』, 湖北人民出版社
孫利天(2001),『死亡意認』, 吉林教育出版社
顏翩林(1998),『死亡美學』, 學林出版社

찾아보기

ㄷ

ㄹ

ㅁ

ㅂ

ㅅ

ㅇ

ㅈ

저자 소개

정 재 걸

서울대학교에서 교육학 박사학위를 받았으며, 현재 대구교육대학교 교육학과 교수로 재직 중이다. 주요 관심 분야는 동양사상을 바탕으로 탈현대 교육학의 새로운 패러다임을 구성하는 것이다. 저서로는 『만두모형의 교육관』, 『교육사』 등이 있으며, 주요 논문으로는 「나는 누구인가?-唯識 30송의 경우」, 「복기초復其初의 의미에 대한 일 고찰」, 「한국 전통사상과 수행과 낙도로서의 노동」 등이 있다.

홍 승 표

미국 아이오와 주립대학교에서 사회학 박사학위를 받았으며, 현재 계명대학교 사회학과 교수로 재직 중이다. 주요 관심 분야는 동양사상을 바탕으로 새로운 사회이론을 구성하고, 탈현대 문명을 구상하는 것이다. 저서로는 『깨달음의 사회학』, 『동양사상과 탈현대』, 『노인혁명』, 『동양사상과 새로운 유토피아』 등이 있으며, 주요 논문으로 「동양사상과 새로운 노동관의 모색」, 「동양사상과 여가시간의 창조적인 사용의 의미」 등이 있다.

이 승 연

오사카시립대학에서 주자가례를 주제로 박사학위를 받았으며, 현재 주자 예학을 중심으로 공부하고 있다. 주요 관심 분야는 주자예학과 탈현대적 함의에 대한 것이다. 저역서로는 『주자의 기 그리고 몸』, 『동아 · 대동아 · 동아시아』, 『삶 그리고 생명윤리』, 『귀신론』 등이 있으며, 주요 논문으로 「종법과 공사론」, 「소학이념의 연속성과 불연속성」, 「주자예학의 현대적 독해」, 「주자의 예와 몽테스키외의 법」, 「18세기 전후 주자학의 지역적 전개에 관한 일고찰」 등이 있다.

이 현 지

계명대학교에서 사회학 박사학위를 받았으며, 중국 사회과학원에서 박사 후 연수를 했다. 현재 계명대학교 교양교육대학에 재직 중이다. 주요 관심 분야는 동양사상을 바탕으로 가족과 남녀관계의 탈현대적 모델을 구상하는 것이다. 저서로 『동양사상과 탈현대의 발견』, 『동아시아 전통의학의 현대화』, 『성, 가족, 문화』가 있고, 주요 논문으로는 「음양, 남녀 그리고 탈현대」, 「장자 평등사상의 여성학적 함의」, 「장자사상과 탈현대적 웰빙관」 등이 있다.

백 진 호

대구교육대학교 대학원에서 교육사상을 전공하였고, 경북대학교에서 철학박사과정을 수료하였다. 주요 관심 분야는 동양사상을 바탕으로 탈현대의 새로운 심학을 구상하는 것이다. 논문으로는 「퇴계심학의 형성과 특징」, 「퇴계의 공부론」 등이 있다.

동양사상과 탈현대의 죽음

초판 인쇄 2010년 2월 26일
초판 발행 2010년 3월 1일

지은이 **정 재 걸** 외
펴낸이 **신 일 희**
펴낸곳 계명대학교 출판부
(704-701) 대구광역시 달서구 달구벌대로 2800
TEL: (053)580-6233
FAX: (053)583-5213
홈페이지: www.kmupress.com
출판등록: (제347-1998-1호)

ISBN 978-89-7585-505-4 93150 정가 16,000원
*잘못된 책은 교환하여 드립니다.